酒巻芳男著

皇室制度講話

岩波書店刊行

序

洋の東西を通じ、過去に存在し、現在に嚴存する諸々の國家を有の儘に觀察して、其の上に國家論の形而上學的乃至哲學的思想系體を與ふることが出來たら、それは一の働き甲斐ある仕事であらう。是が學生時代から私の腦裡にあつた考である。それを自ら爲さむとするならば、それは固より己を測らざるものである。これはまた自分自身最も良く辨へて居る所である。

然しながら、己の分相應な勉學を續け、そして此の氣持を哺み育てることは、私如き者にとつての一の生き方であらう。是が私の茲二十年來窃に抱き來つた心持である。「行政警察法論」と「歷史以前」と、相たがひに頗る縁遠き事を取扱つた拙い著述は、こんな心持から生れた豚兒であつた。

今また此の貧しき著作を世に送ることは、顧みて誠に腋下冷汗を生ずるの業である。此の小作はもともと私が公務上宮内職員に講じた皇室制度概論の講義案である。それを公刊するなどは烏滸の限りであるが、近しい友人は荐に之を慫慂し、殊に教育に携はる人々は、それが一の御奉公だとまで極論して勸說される。誠意の巧言は漸く私に決意を促し、遂に稿を鉛槧に附するに至らしめた。

印刷後讀み反して見ると、結局、當初自分が虞れて居た通り、法律的な硬い感じを與へられ、實は頗る當惑したのであつた。けれども、飜つて思へば、皇室制度の法典化は、明治初年、憲法制定の準備時代から、之に關連し、之に併行しつゝ愼重に調査し、審議せられ、其の結果、明治二十二年、同四十年乃至四十三年、大正十五年に亙り、數多重要なる制典が公布せられ、今日に於ては其の整備せること實に世界に冠たるものとなつた。而も世人多く之に親まず、世上また此に關する一の著述を存せない。此の點に想到すれば、厚顏寔に度し難きが如くではあるが、先輩諸學者の名著出づるの間、其の缺を補ふ意味ならば、また恕を請ふの餘地なしとせざるべきか。仍て敢て初志に隨つた所以である。

私が年來知を辱うし、日頃啓蒙の勞を惜まれざる倉富勇三郎、一木喜德郎、淸水澄、二上兵治、筧克彥、穗積重遠の諸博士、曾て又現に宮內省參事官の要職に在る大谷宮內次官、渡部圖書頭、淺田參事官、圖書寮、式部職に在りて眞摯なる硏究を續けらるゝ芝編修官、星野掌典の各先生に對しては、特に此の際、斯の如き拙き著述を作したことを御詑すると共に、平素の御厚志に心からの感謝を捧ぐる次第である。

附錄として添へた數篇は、舊稿を整理したものである。之は聊か本文の記述を補足し、兼ねて其の生硬な感觸を救ひ、一般讀者に皇室制度の眞髓と此に溢るゝ皇國精神を酌んで戴かむの用意に出づ。幸に不文を咎めず、作者の微意を容れられむことを冀ふ。

一般國家を硏究し、我が皇國を硏究すればする程、私は我が祖神に、我が皇室に、我が祖先に低頭心から感謝するの氣持に充される。非才の蕪文、若し之が萬一にても傳ふることを得るならば、誠に此の上なき欣びである。

最後に私は、私に古代文明國研究の眼を開けて下さつた原田敬吾先生、此の出版に御盡力を戴いた穂積重遠先生、それから私の日常の氣持に理解と支援とを與へらるゝ友人諸君に深甚なる謝意を上る。

昭和八年(皇紀二五九三年 1933 A. D.)十一月

――世界の非常時、日本の非常時の聲喧しき歳――

皇國永劫の隆昌と皇國精神
無量の力とを確信しつゝ

酒巻芳男識す

目次

附録

第一講　人、社會、國家及皇室

第一　人類と社會

「人は社會的動物なり」とはギリシアの賢哲アリストテレスの有名な言葉である。當時彼は勿論之を實證的に立言した譯ではないが、然るに二千二百年後の今日から見ても、古人骨や、古人の遺物の上からそれが眞理であることが判る。例へばシャンスラード、グリマルヂ、クロマニヨンの太初の諸人種何れも既に立派な葬法に依て埋葬されたものであるのみならず、シャンスラード人種は所謂マグダレニアン石器と云はれる所の頗る進歩した石器を用ゐ、その種類も縫針、釣針の如き精細なものをも作り、繪畫彫刻をすら創作した。そして是等の繪畫彫刻は多く宗教的動機に因つたものであるとされるのである。その以後の後期氷河期の人類に至つては益〻それが進歩して居る。

冲積世時代の人類中現今に迄その遺跡も殘して居るアナウ（ペルシア所在）の住民は少くも今から一萬一千年前に於て五エーカー乃至十エーカー（十エーカーは約我一平方里半强）の都邑を形作り、天日で固めた煉瓦で四角な家を建て、大きな爐を拵らへ、小麥や裸麥を栽培し、之を石臼で碾いて食し、棉を紡いで布を織り、トルコ玉で身を飾り、鑛石を鑄して銅器や鉛器を造つた。それ以後の人類に就いては殊更述べる迄もない。

即ち現人はその當初から立派な社會を營んで居つたのである。

然らば社會とは何か。また人類は何故に社會を作るか。是は大變六ケ敷いことであると同時に、我々の國家觀、皇室觀を打立てる上に非常に必要なことである。然しそれは國家と社會との關係を考察して初めて明白になる譯であるから、その問題に入る前に我々は一應社會、國家とは何ぞやと云ふことを考究して見なければならない。

第二　社會

社會と云ふ用語の語義に就いては、人類の群居を社會なりとする說を初めとして種々な學說があるが、自分は人類愛に基く人間相互の交通關係を客觀的に見て社會と云ふと定義し度い。從て社會の本質は同類意識に依る結合に在ると信ずる。ジンメル等の人類の心理學的相互作用に依り生ぜる社會現象なりとする說、タルド等の模倣說、スミス等の同性說、デユルケイム等の統制說、マキーヴァー等の意思結合說の如き、各〻社會の考察上に大きな貢獻を爲したものであるが、是等は詮ずる所、以てギヂングスの所謂同類意識が社會の根元であるとする說を補整するに役立つものであつて、單一に獨立しては未だ足らぬ所が多いと云はねばなるまい。例へばジンメルは經濟、宗敎、戀愛、藝術等も人間相互の心理作用を離れては社會現象としては成立たないと云ふのであるけれども、之が故に人間の心理的相互作用が社會の本質だと云ふならば、それは極端に論ずれば人間たることが社會の本質であると云ふことになつてしまふ。それからまた、社會は模倣に依て出來ると云ふことは、同類なるが故に模倣も生ずるのであるから、寧ろ當然のことを當然に云ひ表はしたに過ぎない。若し異類者間に大きな模倣があると云ふならば、それは誤である。鵜の眞似をする烏の居るのはお伽噺の世界のみである。同情は同類意識に依て發す。卽ち人類愛は人類結合の楔子である。而して此の同類の共存共榮を圖る慾望はまた人類愛當然の歸結であり、從て結合に對しての統制力も人類の存在と同時に發生する譯である。之が社會の實體である。

現人太初の世界は決して鬪爭の世界ではなく各人が一體として生活した。例へばグリマルヂ、ムスチエー、クロマニヨン、オリニヤツク等の發掘に依れば現人はその出現の當初から死者の葬儀等も立派に行つた。それは死體の橫たへ方にも或は西枕とか東枕とか一定の式を備へ、器具裝飾品等の副葬品と共に埋葬したことから證明せらるゝのである。又器具の如きも隨分精巧なものを作り、而もその產出の方法の如きも分業の法則に依つたものであらうと云はれる位である。是等は明かに人類が太初から社會を成して居たことを示すものであると云はなければならぬ。

第三　國　家

自分は「國家とは人類が民族信念に依て團結し、一團としての生存を自主的統制力を以て維持しつゝある人の公的生活の單位たる社會を云ふ」と定義しやうと思ふ。

此の定義は從來の學說とは大分異なつて居る。現今殊に我が國に於て行はれる通說に依れば、國家と云ふ觀念を社會的現象と法律現象とに分ちて說明し、社會的現象としての國家とは一定の領土の上に於て多數人が獨立の權力に依て統治せらるゝ關係なり、法律現象としての國家とは統治權の主體たる法人なり、と說くのである。然し國家と云ふ樣な人生の根本的―或は少くも人生に最も深い關係のある―事象に就いての概念には、何れの學問の範圍から云つても異ならない普遍的な定義が與へられなければならないと思ふ。換言すれば國家の定義は社會學から云はうが、法律學から云はうが、倫理學から云はうが、將又歷史學から云はうが同じものでなければならない。此の立場から云つて私は未熟ではあるが前に述べた樣に定義すれば略必要にして充分なものであらうかと考へる。

自分は國家と云ふ團體の特色は民族を基礎とすると云ふことと、その統一を自主的統制力に依て行ふと云ふ點にあると思ふ。

民族と云ふのは共同祖先、共同文化を有すると云ふ信念を有し又は有せんとする人類の一團である。我が國に於ても（例之穗積八束博士）民族を國家の要素と爲す學說はあつたのであるが今日に於ては殆んど一笑に附せられて居る。その故は民族と云ふ樣な主觀的な概念を以て、國家と云ふ客觀的存在を律しやうとするのは不都合だ、又之を實際に就いて見てもアメリカ合衆國の如き雜多な民族から一國を成すものもあるではないかと論ずるのである。然し乍ら此の舊いと云はれる說は大に顧みる價値があると思ふ。近時異常な進步をなした考古學、言語學、宗敎學、美學等を綜合して觀察するならば民族と云ふものは決して主觀的概念ではない。またアメリカの如きに就いて見ても現にアメリカ人は時々刻々アメリカ民族たるべく成長しつゝあるではないか。一民族が他民族を征服して一國內に倂合した場合でも被征服民族が征服民族と同一民族たらんとする樣になれば二の民族の一團が一國として完全に成長するし、然らざるときはやがて被征服民族が一國として復活するではないか。民族自決主義運動の如き、決して變態的な國家學上の現象ではないのである。

次に國家は自主的統制力に依て統一を維持することをその特質とする。自主的統制力と云ふのは、その統制力が他人から與へられたのでもなく、屬員の申合せで出來たものでもないと云ふ意味である。故に例へば地方自治體の統制力、國際聯盟の統制力の如きは、前者は國家の承認の下に存在し、後者は各國の申合せに依て生じたものなるが故に自主的のものではないのである。尚或る學者は此の統制力の自主性とその最高性とを同一性質の異なりたる觀方に依る言葉の用方であるとなして居るが、それは觀念の混同に基く誤謬である。

第四　社會と國家

社會と國家の關係に就いては從來の法學者は餘り論及して居ないのであるが、現在の主潮を爲す學說の立脚地はヘーゲル主義の上にあるもののやうに思はれる。此の主義に依ると、總て個人には時々刻々特定のことを慾望し之を實現しやうとする現象意思と、全人格を對象となし、從て現象意思を批評して以て全人格を統一あらしむる實體意思とがある。實體意思は畢竟各個人の現象意思を補整するものであるから、その對象とする所は個人の全本性である。然るに個人の全本性は人類が共同生存を爲すべきものなる限り、社會共同の善と同一性を有すと思考せざるを得ない。而して此の共同善を對象とする本體は社會全體の意思即ち一般意思であり、從て又前者を體現する個人と後者を體現する社會とも同一性を有する。唯兩者の關係は部分と普遍の關係に立つのみ。國家は實體意思の完全なる體現である。然るに前に述べた如く實體意思と一般意思とが同一性を有する以上、個人の場合に於けると同じく個人の實體意思の體現たる國家と共同生存の一般意思の體現たる社會とは同一性を有し、從て完全なる實體意思の體現たる國家は卽ち完全なる社會である。

此の說に對し反對の議論を爲す學說が二つある。一は所謂多元的國家論であり、他は社會主義、無政府主義の國家觀である。

多元的國家論はヘーゲル一派が國家卽ち完全社會であると云ふ說に反對し、國家は他の社會と同等の一組織であつて、それのみが唯一完全なるものではないと云ふのである。その理論を簡單に述ぶれば、「凡そ人類にはその全部又は特定範圍內に於て相互に共通する利益と、之を追求する意思とを存する。一定地域に居住する人類が此の共通利益を追求する共通の心理作用の關係を全體社會（或は基本社會）と云ふ。而して共通の利益の多くは特定人の間に限つて存在するものであるから、同じ人間でも他の色々な人間と色々な組合せの下に色々な共通利益を逐はんとする。此の各〻の共通利益を逐ふ意思は夫々の形式を以て組織的な結合を形造る。換言すれば基本社會から色々な派生社會が生れる。國家と云ふものは民族と云ふ基本社會から分れた派生社會であつて此の意味に於ては政黨とか會社とか云ふものと同じく基本社會の一機關である。ヘーゲル一派の議論は要するに事實に卽せざるものであつて、經驗上許すべからざる形而上學的の獨斷である。」

又社會主義論殊にマルキシズムは國家は社會より出でて社會より超絶し、優勝階級が劣敗階級を强制搾取する機關であつて、各人の自發的な統制力を基根とする社會と云ふものとは全然反對な概念である。故にプロレタリア獨裁の國家を經て完全な社會が實現すれば國家は當然死滅するであらうと論ずる。

それから又是等の諸說の折衷論とも看做さるべき說がないでもない。例へばデュルケイムの如きがそれであつて、彼は「社會と云ふ概念の中には各個の部分社會を包含する一般社會と各群が群たる特性を備へた特殊な部分社會とを含む。政治社會は初め特殊な部分社會として存在し、その成員との關係は機械的であるが、各成員間の利害、感情、職業等が共通依存するに及んで各自の心理は相互に作用し、一定の定型を有する集團が澤山出來、之が有機的に一般社會に歸一することは避くべからざる所である。然し政治的社會だけが全體社會に對する唯一の基本ではないのであつて、宗敎、職業の同類感がまた全體社會を形成する基本となることもある」と說くのである。

以上社會と國家との關係に就いては（一）國家は全體社會なり、（二）國家は派生社會なり、（三）國家は社會に非ず、（四）國家は時として全體社會なることあり、時として然らざることありと云ふ四に分れる。

然らば社會と國家との關係の眞義は何處にあるか。惟ふに我々がヘーゲル主義からも、多元的國家論からも啓示せらるゝところは慥にある。人類は國家に依て無理なく偕調さるべしと云ふことは、過去一萬年の人類の歷史が最も雄辯に證明して居る。此の點に於て道德說は多分の眞理を含んで居る。然し國家のみが唯一の社會でないと云ふことは多元論に充分傾聽すべきである。人類は宗敎性、共同性、道德性（その內異性に對する戀愛、血族に對する愛着は特に深いものである）、經濟性を第一義的に備へて居る。此の個々の本能は色々な關係、色々な組合せで多種多樣な結合卽ち社會を形造るのである。而して此の四個の本能を共に最も深く共通して有する社會は卽ち民族であり之を中心として最も良く四本能を發揮する社會は卽ち國家である。故に多元論を採る學者と雖も「民族は基本社會中最も完全なる型體を有するものであつて、此の民族が自由な顯現を許される時、其處に自生的國家を創生する。總ての派生社會は基本社會の機關であるけれども、唯一つ國家のみは他の總ての派生社會を均整せしむる爲め一段違つた地位に立ち從て彼等に對し優越を要求する」と斷言して居る。人類發生當時の社會を考へれば社會と云ふものが元來同類意識に依る共同生存であるから、その私的生活の方面に於ては男女の關係を基礎とする家であり、その公的方面に於ては人類の諸本能を偕調せしむる自主的統制力に依る結合卽ち國家であらねばならぬ。換言すれば人類當初の社會に在つては國家は卽ち全體社會であつたに違ひない。卽ち人類と民族と國家と全體社會とは同時同一の存在である。此の社會たる國家が他の國家に接するに及んで各その國家（卽社會）はその統一意識を强むると共に更に新にしてより大なる全體社會を形造る。此の場合に於て國家は全體社會の單位となる。又人類當初の全體社會たる國家の內部に於ても男女關係以外の社會を想像することは出來ない。然しながらその社會は人の生活全般に亙て行爲の規制となる樣なものではなかつたらう。此の意味に於ても國家は人の行爲の單位であつた。自分が國家は人の公的生活の單位であると云ふのは此の二つの理由からである。

以上大體、人と國家との關係を觀察し終つたから、次には皇室と國家の關係を考察し以て人、社會、國家と皇室との連關を明白にし我等の皇室觀を正しきに置かねばならぬ。順序として先づ皇室の本義から說かうと思ふ。（以上ヘーゲル「法律哲學」デュルケイム「分業論」マキーヴアー「コムミユニチー」オツペンハイマー「國家」何れも邦譯ありと記憶す。高田保馬博士「社會と國家」中島重「多元的國家論」參照。愚見の實證的資料に就いては拙著「歷史以前」參照）

第五　皇室の本質

皇室とは何ぞやと云ふ問題に就いては我が國の學者は、他の憲法上の論題に就いては極端な反對に立つ人々も殆んど總て異口同音に皇室は一つの家であると說明する。

然し自分は此の通說は必ずしも正確なものとは云ひ難いやうに思ふのである。蓋し皇室と云ふものは決して一個の「家」と同一視すべきものではないのである。家と云ふのは社會生活上に於ける私的生活の單位である。從て戶主及其の近親に依て成立つ團體である。民法が家族を戶主の親族及其の配偶者に限り、親族を六親等內の血族、配偶者及三親等內の姻族に限定して居るのもその爲めである（民法第七三二條、第七二五條）。然るに皇室の存在する所以は決して天皇及皇族の私的な御生活の爲めのみではない。國家になくてはならぬ所の統治權の總攬者を永續して以て國家皇室をして益〻光輝あらしむる所以の體制であつて、國家と皇室とは一體不離の關係に立つものである。皇室の隆昌は卽ち國家の盛繁である。皇室は私生活の爲めの組織ではないのである。從てまた皇室は天皇を首長とする團體であつて自主權の主體であると說くのも間違ひである。何となれば、此の論者は「皇室の自主權とは皇室なる團體が團體員を拘束するが爲に規則を發するの權利を稱するもので、例へば市制町村制に於て認められたる市町村の自主權の如きものである。」と說くのであるが、此の意味に於ての自主權とは自己より上に自己より强い權力者があるが、その權力者の承認の下に妄にその干涉を受けず、自分のことは自分で定め治めることが出來る權利を指すのである。然るに皇室と云ふものに對してそれより强い權力者がありとは觀念せられぬ。國家が皇室より上のものでもなければ、國家が皇室より下のものでもない。國家と皇室とは一體不離のものである。之が忠君と愛國とが一致する根本義である。我が國にて皇室は卽ち家なりと云ふ議論が一般に行はれるのは、皇室典範の制定に際し歐洲諸國の王室の家法を參照したこと、此の論法に依れば國家は家族の繁榮に依て生ず、皇室は國民の宗家なりと說き易きこと、また之とは稍異なり皇室と國家とを嚴格に區別し所謂立憲精神を高調するに便利なること等に依るものであらうが、何れにしても未だ充分な考察を缺いて居るものと云はなければならないやうである。

自分は「皇室とは統治權の總攬者を中心とし、統治權の總攬者を一定不動の地位に置き且つ統治權の總攬者たることあるべき身位の御方及其の御近親をして益〻光輝あらしむべき國家の組織を云ふ」と定義し度いと思ふ。その理由は前にも述べた所で明かだが、更に國家と皇室との關係を吟味することに依て明かになるであらう。

第六　國家と皇室

國家と皇室とは一體不離の關係に立つものである。自分は國家あれば必ず皇室あるべきものの樣に考へるのであるが、その點の硏究は未だ不充分であるから、他日を期して論證することとするが、少くも自生的國家に就いては此のことは斷言し得るものと思ふ。

凡そ或る時期、或る場所に存在する國家はその成立の淵源に考へて自生國と征服國とに分つことが出來ると思ふ。自生國と云ふのは或る民族が歴史上での事實に依ては證明出來ぬ程古くから國家を營んで居る場合の國家である。今日斯の如き國家は先づ我が日本より外にないと云へるのであるが、古代に於ては珍らしくない。例へばバビロニア、エジプト、ミノア、ヒツチツト等がそれである。

民族國家（卽ち自生的國家）と皇室と離るべからざることは、人類の本能からも之を歸納することが出來るし、又之を古代學の上から或る程度迄實證することが出來るのである。

人類がその初發以來宗敎性を有するものなることは後期間氷期人類すらが宗敎畫を描いたことを以ても知らるゝ。宗敎性と云ふのは人類の上に神の存在するを認め、世間の事象が神の力に依るべきことを觀念する性情である。此の性情は卽ち民族の共同生活の上にも働き、民を治むる者は卽ち神である。その權現するもの卽ち君主である。而して神の永久性は君主の永久性でなければならない。換言すれば君主はその一代だけのものでなくその系列が代々君主たるべきであることを認むべきである。卽ち國家と皇室とは離るべからざるものなりと考ふることは極めて當然であり、極めて自然である。

道德性の基礎的のものは「正しきこと」「善きこと」を求むる心と、人を愛する心とである。正善を欲することは團體各員間に爭の起つたときに殊更强い。彼等は神の裁きを求むる。卽ち君主の裁きは神の裁きとして承服することになる。征服國家に於てすら裁判の權能が君位を高かからしむるのである。愛の感情は祖先崇拜を伴ふことが自然である。祖先崇拜の念が益〻民族信念を強め、彌〻皇室と國家とを一體不離のものたらしむることは當然である。是等の事實は如何なる民族國家に就いても同樣であつて敢て實例を述べる迄もない。

共同性は共同生活を破壞されんとするとき最も強く表はれる。一民族が他民族に脅かさるゝときその結束は益〻固くなる。君主の地位が今更の樣に仰ぎ見られるのもその時である。一民族が他民族を侵略せんとするときも同樣である。故に例へば史乘に殘る最古の征服君主國であつたギリシアの各國では王のことをバシレウス(軍隊指揮者)、パゴイ(軍隊長)、アルカゲタイ(人民指揮者)、タゴス(總指揮官)などと呼んだのである。

人間の經濟性は個人の生存の保證と經濟生活の安定を求める。經濟生活の安定は人心の安定を要求するが故に統治者の心のムラのないことを望む。之はやがて皇室の不動安固なることを期する心となるのである。此の事實は敢て之を我が國を唯一の例とするには當らないので、古今東西の皇室の興亡盛衰の歷史を觀れば明かなることである。

以上は國家と皇室(我が國の皇室にのみ皇室の語を用ふれば玆には王室と云ひて可なり)の一體不離なる所以を論述し、何れも國家を成す人類の根本的性格に深く根差して居ることを説明したのである。故に皇室も國民も此の人性を無視したならば國家、皇室及國民が等しく危殆に瀕すべきこと勿論である。此の故に國家は此の理を徹底せしめて國民をして益〻その眞價を發展せしむると共に統治權者及統治權者たるべき御方を益〻光輝あらしめなくてはならない。此の後の國家の組織が皇室であり、その個々の具體的機制が卽ち皇室制度である。

第二講　宮務法と國務法

第一　國務と宮務

君主國は（一）統治權者たる君主（二）統治權者たることあるべき御方及其の御近親（三）一般臣民を成員となす。國家目的から考へて、此の區分に從ひ國家の仕事は（一）君主の地位を安泰ならしむること（二）君主、君主たることあるべき御方及其の御近親をして益〻光輝あらしむること（三）國民の安寧秩序を保ち、國利民福を進め民族意識を滿足せしむることの三つとなる。立憲制度の下に於ては第一の事項の大綱は君主の總攬の下に國民も之に翼贊し、第二の事項はその中重要なる事項は國民重倚に居る者に諮詢の上、爾餘の事は唯大臣の輔弼の下に君主親ら之を行ひ、第三の事項に就いて成るべく國民を參與せしむるの主義を採る。

此の三大原則は我が法制に於ても之を採用して居る。卽ち、憲法が天皇の地位を明昭にし、皇室經費のことを規定し、皇位繼承法は之を皇室典範を以て定むることを示し、尙此の憲法の改正に就いては、勅命に依る提案の下に帝國議會の議に附すべき旨を定めたるは第一原則に基くもの、皇室典範及皇室令の制定改正に議會が參與せず、唯その重要なるものに就いては、皇族會議及樞密顧問に諮詢すべしと爲せるは卽ち第二原則に據るもの、國民の休戚に關する事項に就き議會の協賛を必要とせるは第三原則に則れるものである。

是を統治權を行ふ組織の上から概言すれば、第一及第三の原則に基く統治權の行使は國務大臣の輔弼及責任の下に行はれ第二の原則に據る統治權の行使は宮內大臣の輔弼及責任の下に行はれる。此の輔弼及責任の區分を稱して府中及宮中の別と云ひ、府中の事務を國務、宮中の事務を宮務と呼ぶ。通說に依れば宮中の事務とは天皇が皇室の家長として行ふものであり、府中の事務とは天皇が國の元首として行ふものを云ふと爲すのであるが、自分は兩者の事務、何れも天皇が國の元首たる地位に於て、その總攬し給ふ統治權を行はせらるゝものであると信ずる。

第二　憲法及皇室典範の意義

此の如き原則を法典も體現して、憲法と皇室典範の二が我が國の二大根本法となつて居る。實質的の意義から云へば、民族が國家を成して永久的に活動して行く基礎的な國法は卽ち憲法である。故に例へば皇位繼承の法であるとか、攝政設置の法であるとか云ふものも固より憲法である。然るに近世各國に所謂立憲思想が瀰漫し、之に基いて成つた一國の組織及統治方法の大綱を定むる法を憲法と云ふやうになつた。卽ち今日憲法と云へば此の形式的な意味を含むのであつて、我が國の成文憲法たる大日本帝國憲法も亦此の意味に於ての憲法である。

然らば立憲思想とは何ぞやと云へば政治の局に當るものが、事を專擅せず、政治に際しては大に民論に聽き、國法の制定、國費の經理の如きも民選の議員をして之に參與せしめ、斯の如くにして定まりたる國法を實際に適用して具體的な事件を裁判するに當つて一切他の制肘を容るゝ餘地なからしめ、判決の公平を期することが大眼目である。之を法律的に云へば統治權の作用を立法、司法、行政に分ち、此の三權を分立せしめ互に獨立したる機關をして行はしめ、國の元首之を總攬するの主義精神に基いて立てられた一國の根本法を憲法と云ふのである。

唯玆に注意すべきは普通憲法なる語義の說明を大體以上の樣に說くのであるが、之だけでは尙少し不充分な點があることである。何とならば君主國に於ては、統治權の總攬者及その繼嗣たることあるべき方々の地位をして愈ゝ安固ならしめ且その威德を光被せしむる樣にすることも、その國家の根本法則でなければならないのであるから、假令成文を備ふる立憲的な憲法があつても、それだけでその國の憲法は充足して居るものではなく、必ずや只今述べた方面に就いての大綱を規定する法則がなければならぬからである。換言すれば王室皇室の制度に關する大法が存すべきであるからである。而も此の二大法は等しく國家の大法、統治權の作用の大原則たるべきものであるが故に同じく形式的意義に於ても憲法と云はなければならない。我が國の憲法及典範は卽ち之に該當する。故に普通憲法學者が皇室典範を以て「家」の自治法なると同時に一種の國法であつて、憲法の一法源であると說くのは未だ至らざる所あるものと云ふべきである。簡單に云へば形式的意義に於ける憲法にも廣狹二義あり、廣義に於て云へば國家の組織及國家の統治權の作用の大綱を規定する根本的國法を云ひ、狹義に於て云へば此の中元首の地位及國民統治の根本方針の宣明を主眼とする立場から見た國法のみを特に憲法と云ふのである。更に我が國に就いて具體的に云へば、廣義に於ては形式上の意味から云つても憲、典の二大國憲が憲法であり、その中天皇及皇族を主眼とするものが皇室典範であり、一般國民統治に關する方面を主眼とするものが大日本帝國憲法である。

故に憲、典を一括して一法典とすることも固より立法論として差支ないのであるが、我が皇室は古來德を以て民に臨まれ、民亦皇室を仰ぐこと神の如くであつたから、皇室制度に就き直接民意を反映することは民の欲せざる所なるのみならず、却て之を民の道に非ず、畏むべきものとの信念を抱き續けて居る。此の民族信念は即ち法制の上にもその儘現はれて二つの別箇の法典を成して居るのである。

第三　宮務法と國務法（所謂皇室法と國家法）

我が國の法制は之を大別すれば、國務と宮務の別に從ふ所の二大根本法たる憲法及皇室典範から源を發する二系統に分れる。普通前者を國家法と云ひ、後者を皇室法と稱して居る。然し此の名稱は、皇室を家と觀る概念、國家の統治權と皇室の統治權とを全く異なる權力と觀る思想から起つて居るものであつて、その誤れることは既に前に述べた通りである。余の信ずる所に依れば此の兩系統の法は均しく國家統治の作用に依て生ずる法である。從てその一方をのみ國家法と稱し、恰も憲法系統の法のみが國家の法なるが如く呼びなすは面白くない。寧ろ之は夫々國務法、宮務法と名付けた方が良いと思ふ。以下宮務法の種類に就いて簡單な説明をしやう。

一　皇室典範　皇室典範とは天皇及その繼嗣たることあるべき方々竝にその御近親の地位を固くし、益〻その光輝を揚がらしめむとする國家目的を以て、此の方面に關する統治權の作用の大綱を定めたる國法である。而して此の典範と憲法とは相俟つて我が國の根本法を構成する。

故に皇室典範と帝國憲法との效力は同等のものである。此の事は法律的に云ふならば二つの意味を持つ。第一には皇室典範を以ては憲法を變更することを得ない、第二にはその逆に憲法を以ても亦皇室典範を變更し得ないと云ふことである。

二　皇室令　皇室典範の下に於て天皇に依て制定せられる最高の宮務法を皇室令と云ふ。その形式に就いては公式令第五條が左の如く規定して居る。

皇室典範ニ基ツク諸規則、宮內官制其ノ他皇室ノ事務ニ關シ勅定ヲ經タル規程ニシテ發表ヲ要スルモノハ皇室令トシ上諭ヲ附シテ之ヲ公布ス

前項ノ上諭ニハ親署ノ後御璽ヲ鈐シ宮內大臣年月日ヲ記入シ之ニ副署ス國務大臣ノ職務ニ關連スル皇室令ノ上諭ニハ內閣總理大臣又ハ內閣總理大臣及主任ノ國務大臣ト倶ニ之ニ副署ス

皇族會議及樞密顧問又ハ其ノ一方ノ諮詢ヲ經タル皇室令ノ上諭ニハ其ノ旨ヲ記載ス

皇室令が如何なる法的根據に依て發せられるかと云ふことに就いては、究局するところ皇室典範と同じく、憲法第二條、第十七條、第七十四條等に依り國家が皇室に斯る宮務法制定の權を委任して居るからだと云ふ說と、「皇室令なるものは明治四十年の公式令第五條に依て始めて定められたものである。且それは、帝國憲法上必要のものではなく、公式令を改正することに依て容易に廢止し得るものである。」と云ひて暗にその根據の公式令に在ることを

說く學者とがある。

然し乍ら皇室典範の制定が憲法の委任に依るものではないのと同じく、皇室令も亦憲法に依るのでなく皇室典範に基くものであることは憲法告文、典範上諭に依て皇室典範が宮務法の大綱を示し、その細則は之に基きて定めらるゝものなることは明かである。條文の上でも典範第六十一條、同第一增補第七條、第八條は其の精神を明かにし、前揭公式令の「皇室典範に基つく諸規則云々」の文句は之を承けて居るものであると思ふ。皇室令の根據が公式令にありと解するが如きことを得ないのは、公式令が勅令で定められて居るところから考へても論ずるを俟たない。公式令はその制定前の法慣習たる皇室令の形式を定めたものでその實質を規律するものではない。

皇室令制定に關する輔弼の責任者は主として宮內大臣にして、その國務に關連するものに就いては內閣總理大臣又は內閣總理大臣及主任の國務大臣亦その責に任ずる(宮內省官制第三條)。

三　宮內省令　宮內大臣は主管の事務に關し省令を發することを得る。之を宮內省令と云ふ(同第五條)。此の場合に於て、その規定が國務大臣の職務に關連するものに就いては內閣總理大臣又は內閣總理大臣及主任の國務大臣と協定を經ることを要す(同第四條)。是を換言すれば宮內省令は皇室令を以て公布せられたる宮內省官制に依り委任せられたる宮內大臣所管の事項に關する法規である。

宮內省令にはその形式の上から云へば、二種類ある。その一は勅裁を經て定められるものであり、その二は勅裁を經ず、宮內大臣の專決に依て定められるものである。前者は宮內大臣所管の事項にして重要なるものに關すること勿論である。その形式は何れも宮内省令であるが、その前文に於て「何々の件勅裁を經て左の通定む」と云ふが如く勅裁省令なりや否やを明かにして居る。大臣專決の省令を以て勅裁省令を廢止變更し得ざるは勿論である。

皇室令及省令はその附則に於て別段施行の期日を定めない場合には公布の日より起算し滿二十日を經て之を施行す(公式令第十一條)。

四 宮內省達、訓令、告示　皇室令及宮內省令は皇族、王族、公族、華族、朝鮮貴族、宮內官及一般臣民に交涉ある事項を規定するのであるが、皇室行政組織の內部的事項、換言すれば、皇室行政監督の作用として豫め種々なことが規定せられることがある。その內勅裁を經たものを宮內省達と云ひ、宮內大臣限り制定するものを宮內大臣訓令と云ふ。達及訓令は斯の如きものであるから原則として公布せられないが、一般に知らしむるを適當とするものは特に之を官報の官廳事項欄又は宮廷錄事欄で公示せられることもある。

又或る特殊な事項に付き或る事實(例之皇族の御誕生、皇族の御結婚等)又は或る組織(例之皇宮警察部の設置、陵墓地の設置、名稱等)等を一般に公示する必要あるときは、宮內省告示の形式を以て官報に登載せらるゝ。如何なる事項を告示すべきかは宮內大臣の自由裁量に依るのであるが、重要なる事項に就いては皇室令又は宮內省令が必ず公告すべき旨を規定して居る。而して是等の告示の中には陵墓地の區域、四大節に於ける賀表又は言上書の捧呈、皇室喪服規程の如く法規的性質を有するものもあるのである。

第四　宮務法の性質及限界

宮務法の根本法たる皇室典範が一種の國法たることは既に述べた通りであるが故に、之に基いて發せらるゝ皇室令、宮内省令等の宮務法も亦一の國法であることは勿論である。

茲に國法と云ふには二つの意味がある。その一は國家の統治權に依て定められたる法であると云ふことであり、その二は一般國民を規律すると云ふことである。

然るに此の點に就いての學説は必ずしも一定しては居らない。皇室令、宮内省令は共に憲法の委任に依り皇室家長としての天皇の制定する所であり、その實質は國家の法たるものと、單に皇室内部の法たるものとがあると説く人（例之美濃部博士）もあり、之に反し宮務法には國家の制定法たるものと、私人としての天皇の規則即ち單純なる家法たるものとがあるとする學者（例之佐々木博士）もある。然し自分は前に述べた様に、宮務法は總て國家の統治權者たる天皇、又はその委任に基いて發せられたものであつて、形式、實質共に國家法たる性質を有するものであると信ずるのである。

其處で問題は如何なる事項を宮務法で規定すべきかと云ふことになる。此の點に就いても學者は一般に頗る難かしく論ずるのであるが、それは國家と皇室とを全く引き離して考へるが故に、皇室の自治權などの範圍迄憲法に依て認められて居るかと云ふことを確定せなければならない立場に在るからである。美濃部博士に依れば、憲法上認められて居る皇室典範の內容は皇室制度にのみ限らるゝもので皇室に關係なき事項に及ぶことを得ない、若し典範又は皇室令に於て皇室に關係なき事項を定むることが有れば、それは法律上有效の規定たることを得ない。その著しい例としては皇室典範中に於ける元號に關する規定(典範第十二條)及攝政令中に於ける攝政在任中の詔勅の形式に關する規定(同令第三條)を擧げることが出來ると說かれる。

自分の觀る所を以てすれば、國家の根本法が典憲の二大典章に分たれた主旨からして、宮務法が主として宮務に關する事項を規定すべきは勿論であるけれど、宮務法限界の問題は立法主義の問題であつて、決して立法權限の問題ではない。それは國務法、宮務法均しく統治權の作用に依る制定法たるが故である。故に或る事項に就き、それが主として宮務に關する事項なりや否や、又如何なる範圍に於て國務と關係を有するやの認定に關しては宮內大臣及國務大臣の輔弼の責任に關する事項であるが、家長權に屬せざるが故に無效なりと云ふ問題は生ぜざるべき筈である。典範所定の元號の規定は典憲制定當時の統治權者たる天皇の典範に規定すべしとする意思に基き、當時の官僚亦之を輔弼して是なりとしたのである。攝政令に就いても亦同樣であつて、各國務大臣が副署をして居る。之を無效の法規なりとは斷じて云ひ得ないのである。立法論として、それは憲法に、又公式令に規定した方が妥當であると云ふ批評はあり得ても、效力の問題は生じ得ないものと思ふ。

第五　皇室に對する法律勅令の效力

皇室は一般法律勅令の規律を受けず、皇室令、宮内省令等に依て規律せらるゝを原則とす。典範第六十一條が「皇族の財産歳費及諸規則は別に之を定むへし」と云ひ、同第一增補第七條が「皇族の身位其の他の權義に關する規程は此の典範に定めたるものの外別に之を定む。皇族と人民とに涉る事項にして各〻適用すへき法規を異にするときは前項の規程に依る」と規定し、また同第八條が「法律命令中皇族に適用すへきものとしたる規定は此の典範又は之に基つき發する規則に別段の條規なきときに限り之を適用す」と爲せるは此の原則を明かに示したるものである。此の原則は典憲二大憲章主義を採れる國家法の當然の結果であつて、本來の國法上の原則である。或る學者（例之美濃部博士）の考ふる如く、憲法の委任に依るものでもなければ、典範の特殊性に基き、典範第一增補第七條及第八條の規定に依り、特に現れた法制でもない（例之佐々木博士）。增補規定は皇室典範制定當時は規定なくとも當然斯の如く解釋せらるべしと考へられたことに就き、その後議論を生じたから在來の法慣習を成文化して、議論の餘地なからしめたものに過ぎない。

唯一言之に添ふべきは、徵發令、裁判所構成法、刑事訴訟法等に天皇及皇族に關する例外規定を存して居ることである。論者は時として、之を論據として、法律、勅令が此の如き例外規定を設くる以上、例外規定なければ卽ち一般法令の適用あるものなりと說くのであるが、之は典憲兩分の精神を無視したものである。但し、斯の如き場合に於て公式令等が宮内大臣の副署を必要としないものとしたのは、蓋し所謂國務に就き宮内省の關與を能ふる限り遠ざけんとした用意に因るものであらうが、立法論としては尙論議する餘地あるものと云はねばなるまい。

以上述べたところは法制上の原則である。之を實際問題に照らせば、鑛業法、道路法、河川法、砂防法等の國家的公共規定が皇室に適用ないかどうかと云ふ樣な問題が起る。蓋し、森林法の如く明かに皇室（御料）に適用ある旨を規定したものに就いては（森林法第一條第三十七條の反面解釋）典範第一增補第八條に依り、疑なく皇室にも適用があるのであるが、上に揭げた樣な諸法には斯の如き明文がないから、理論としては皇室に適用がないものと云はなければならないのであるが、しかし之に照應した宮務法が整ふて居らないから、事實上は隨分不都合を生ずるを免れぬであらう。

第三講　天皇の地位

第一　總説

天皇の地位を論ずるに就いては、學者の説明方法が略二つに分れる。その一つは天皇の地位を國法上の地位と、自然人としての地位に分ち、國法上の地位としては、天皇は統治權の主體、又は統治權の主體たる國家の最高機關であるとなし、自然人としての地位に於ては（一）不可侵權、（二）榮譽權（三種神器承有權、宮廷組織權、守衛儀仗權、敬稱權、紋章權）、（三）財產上の特權（皇室經費に對する權、世傳御料に對する權）、（四）皇室に首長たる權、（五）外國の君主を兼ねる權を擧げ（例之淸水、市村等諸博士）、他の一つは天皇の地位は國家の最高機關であり、國法上天皇に屬する所の權能は大權であり、此の大權は（一）國の元首として國の統治權を總攬する國務上の大權、（二）皇室の家長として皇室に關する一切の事務を總裁する皇室大權、（三）陸海軍の大元帥として軍を統帥する統帥大權、（四）最高の祭主として親しく皇祖皇宗竝に歷代天皇及皇親の靈を祀り及天地神明を祭る祭祀大權、（五）國民榮譽の源泉として榮典の制を設け及之を皇族臣民に賜ふ榮典授與の大權となるが、此の外に天皇の尊榮を表はすべき制度として（一）天皇の神聖不可侵、（二）皇位の表彰（敬稱、謚號、神器承有、旗章、紋章）、（三）身位の特權（成年、大婚、大喪）、（四）財產上の特權（御料、經費、會計）等があると說く（例之美濃部博士）。

是等の詳細は憲法上の論議に委ぬべきが故に今茲では詳論を避けるが、自分は天皇は我が大日本帝國を統治し、その統治權を典憲二大章に準據して總攬行施せらるゝことと憲法及典範の明示するが如くであると信ずる。天皇が國家及皇室の機關なりや否やの如きは國法解說上の便宜の問題であつて、その本質に於ては原則として憲法第一條及第四條に依り皇族臣民を統治し、その體用を規制するに憲法及典範あり、前者は以て一般臣民を統治せらるゝの根幹にして後者は皇族統治の丕基なりと解する者である。故に天皇の地位を分けて國法上の地位と自然人的地位と爲すが如きは最も與みせざるところである。その理由は既に述べた所に依て明かであると思ふ。

我が國に於ては、主として國務に關することは國務大臣、主として宮務に關することは宮內大臣、而して兩者に亙る事項に就いては國務宮內の大臣總てその責に任ずべく、加ふるに內大臣が常侍輔弼の責に任ずべきが、統治系體に基く法的責任歸趨の大原則である。何が主として宮務に關し、或は國務に關するかは、各〻輔弼の責任者案を具して聖斷を請ふべき所にして、その決定の責任も亦當該輔弼者の負荷すべきところである。

第二　皇位の繼承

先帝崩御あらせらるれば、皇嗣直に御位に卽かせらる。皇嗣と云ふのは先帝の位を嗣がせらるべき第一順位の方を云ふ。然らば此の順位は如何に定められて居るか。卽ち皇位繼承の順位は如何なる原則に依るのであるか。本節に於てはそれに就いて概説しやうと思ふ。

一　皇位繼承の資格　皇位を繼承し得べき資格に就いては憲法及皇室典範は古來の典例に鑑み一貫せる原則的主義を抽して成文に著してゐる。

(1)　祖宗の皇胤たること　此の原則は古來一度も紛更を見ず。憲法第一條及皇室典範第一條は此の大原則を昭示す。

(2)　男系の皇胤に依り皇統に在ること　即ち我が皇位の繼承は男系主義を採る（典範第一條）。男系主義と云ふのは男子の系統が男子の血統により繼承さるゝことであつて、此の點も天忍穗耳尊以來變更なき成例である。

(3)　男子なること　男系の出なりと雖も女子は皇位を承くることを得ない（典範第一條）。此の主義は上古以來の原則ではあるが、時として異例があつたが百二十四代の御歴代中、推古、皇極、齊明（重祚）、持統、元明、元正、孝謙、稱德（重祚）、明正、後櫻町の十女帝（實數八方）を算するに過ぎないのみならず、是等も當時の事情已むを得ず踐祚せられたのである。

二　皇位繼承の順位　皇位繼承の資格を有する者多數あるとき、その順位を定むる法がなければならない。我が國に於ては皇室典範が之を定めて居る（憲法第二條、典範第二條以下）。その原則を擧ぐれば次の如くである。

(1)　皇位は直系の一列に傳ふ　即ち嫡庶の別なく卑屬あればその一列の系體を以て皇位を繼承し、傍系に移らざるものとする。典範第二條に「皇位は皇長子に傳ふ」、同第三條に「皇長子在らさるときは皇長孫に傳ふ、皇長子及其の子孫皆在らさるときは皇次子及其の子孫に傳ふ以下皆之に例す」とあるのは此の意を表す。

(2) 皇子孫(即ち天皇の直系卑屬)皆在らざるとき初めて傍系最近親の一系列に傳ふ　典範第五條に「皇子孫在らさるときは皇兄弟及其の子孫に傳ふ」、同第六條に「皇兄弟及其の子孫皆在らさるときは皇伯叔父及其の子孫に傳ふ」、同第七條に「皇伯叔父及其の子孫皆在らさるときは其の以上に於て最近親の皇族に傳ふ」とあるのは此の意味である。即ち「皇兄弟及其の子孫」、「皇伯叔父及其の子孫」と云ふのは男系主義及一系列主義を示すものであり、皇伯叔父及其の子孫を皇兄弟及其の子孫の後位に置いたのは、或る一系列が絶えた場合には現天皇の最近親の系列に傳ふる主旨を表すものである。第七條に「其の以上に於て最近親の皇族に傳ふ」とあるのも、同一主義を承けた規定である。「皇伯叔父及其の子孫の以上に於ける最近親」とは「現天皇の伯叔父以上に隔りたる親等の皇族中に就き男系の最近親等所出の皇族」と云ふ意味である。蓋し男系主義を採ることは典範第一條の明示するところであり、最近親等の系列を採ることは同第三條、第五條、第六條に掲ぐる大精神であるからである。

(3) 同一系列内に在りては嫡出系を先にし庶出系を後にす　之は典範第四條及第八條の明かにして居る所である。之道德上當然のことなるのみならず、歷史上から云つても神武天皇の庶長子手研耳命を措きて綏靖天皇を立て給ひたるが如き、上古よりの主義を窺ふべきである。そして一度嫡出の系統に出づれば現實に踐祚される方が他の系列の嫡出に先立つことあるは最近親に傳ふる主義の當然の結果である。庶出を認むるは皇胤の絶えざること、天位に近き皇胤の皇位に即くを適正とするに依るのである。

(4) 嫡出系又は庶出系の間に於ては長系を先にし、幼系を後にす 之典範第二條、第八條の示す所であつて、長幼の序に從はむとする意なること云ふ迄もない。

三 皇位繼承の順位變更 皇位繼承の順位は紊に變更すべからず、能ふ限り確定不動のものとすべきであるが、極めて稀な場合に於ては少許の例外を認むることが、皇位の尊嚴、民人の福祉の上から考へて已むを得ないことがある。現制度の下にては四つの場合を擧げることが出來る。

(1) 皇嗣精神若は身體の不治の重患あり又は重大の事故あるとき は皇族會議及樞密顧問に諮詢し前項（皇位の繼承順位）に依り繼承の順序を換ふることを得る（典範第九條）。

(2) 皇嗣に就き失踪の宣告ありたるとき 戰時事變其の他の場合に於て皇嗣たる皇族の生死不明なること三年に亙るときは皇族會議及樞密顧問に諮詢し勅旨を以て失踪を宣告せられる。此の場合に於てその皇嗣は、生死不明となつてより三年の期間が滿了したときに薨去したものと看做さるゝが故に（身位令第二十一條、第二十二條）、その以後に於て天皇崩御のことあれば、客觀的事實として右皇嗣生存せらるゝも、第二順位の皇族が當然踐祚せらるゝのである。

(3) 皇嗣懲戒に因り剝權又は停權せられたるとき 皇族は懲戒により特權の全部を剝奪せられ、又はその全部若は一部の行使を停止せらるゝことがあり得る（同令第三十六條、第三十九條、第三十八條）。皇位繼承權を剝奪又は停止せられ或は一定の期間中（一年以上五年以下）或る順位を降さしめられたるときは皇位繼承の順位は變更せらるゝのである。

(4) 皇室典範の改正に依り皇位繼承法の變更せられたるとき 此の點は說明する迄もない。

第三　登　極

先帝登遐し給ひ、新帝皇位に卽き、先帝在はすが如く、四臨に光被し給ふを登極と云ふ。

一　踐祚　天皇の御位を皇位と稱す。皇位は神勅に依て定まる神裔の在はすところ、天壤と共に絕ゆるなく、窮まることなき日本皇國統治の源泉である。卽ち皇位は古今を通じて一系一體を爲し、歷代天皇その座を占めさせらる。此の皇位を踐ませらるゝことを踐祚と云ふ。

皇位の性質斯の如きものなるが故に、先帝崩御のときは「天子之位、一日《モ》不レ可《ル》レ曠《シクス》」が故に皇位を繼がせらるべき順位に在らせらるゝ皇族卽ち皇嗣は一瞬の間隙なく、直に皇位に卽かせらる。皇室典範第十條には之を條章に著して「天皇崩するときは皇嗣卽ち踐祚し祖宗の神器を承く」と記されてある。

此の條文の重要な點の一は、前に述べた皇位を一瞬も絕たないと云ふことのほか、それと同時に將來讓位又は廢位を認めないことである。卽ち中古以來讓位等の例ありしも明治以後建國本來の制に還りて天皇は卽位後御一世天皇なるべきことを規定されたのである。

神器とは申す迄もなく神授の三種の神器を指す。八咫神鏡、天叢雲劍及八尺瓊曲璽である。崇神天皇の御時、神器を御座所に奉安するは畏れ多いことに思召され、璽だけを御側近く奉安され、劍鏡の二器は新に分身を作らしめ給ひて之を原器に代へ、原器は大和國笠縫邑に移さしめ給ふた。仍て原器の外此の御分身たる劍鏡をも神器と稱し奉り、此の御分身と御傳來の璽を以て神器の代表、皇位の信徴とし、神勅の隨に宮中に奉齋あらせらるゝのである。

踐祚があると直に宮中賢所に於て神鏡を祀る祭典が行はれ、同時に劍璽渡御の儀と云ふ簡單な儀式があり、茲に新帝の下神器の所在炳乎たらしめられる。次で皇靈殿、神殿に踐祚を御報告になる祭典が行はれる（登極令第一條及同附式）。

二　改元　新帝の踐祚があると、年號を改められる。之を改元と云ふ。元號を改めるの義である（典範第十二條登極令第二條）。

明治天皇は此の點に於ても大改革を行はれ、年號は當該治世の天皇の年代の記號であるから御一代、御一號とすべしとせられ、慶應の年號を改めて明治とせらるゝに際し「今般御卽位御大禮被爲濟先例之通被爲改年號候就テハ是迄吉凶之象兆ニ隨ヒ屢改號有之候得共自今御一代一號ニ被定候依之改慶應四年可爲明治元年旨被仰出候事」と布告され、此の主旨を承けて皇室典範第十二條は「踐祚の後元號を建て一世の間に再ひ改めさること明治元年の定制に從ふ」と規定してゐる。但し慶應四年一月一日以後を明治と爲したるに反し、大正以後は先帝崩御の日以後を新年號と爲したのは明治の定制に依る一世一元の原則を更に昭述した「踐祚の後元號を建つ」る典範の規制に依つたのである。

三　踐祚後朝見の儀　踐祚の後、日を期して、宮中の正殿で朝見の儀が行はれる。當日參列員（範圍は其の都度定めらる）は正殿の本位（所定の位置）に就くや、天皇には、候後の側近者、供奉の皇族男子を從へさせられ、皇后には候後の側近者、供奉の皇族女子を從へさせられ出御、夫々御椅子に著御あそばされたる後、勅語あり、罔極の哀の裡踐祚あらせられたる旨宣示あらせられ、次で內閣總理大臣御前に參進之に奉對するのである。

四　即位の禮　　即位の禮と大嘗祭とを合せて御大禮と云ふのを普通とする。御大禮は天皇一世一度の大典であるから、その事務も鄭重に取扱はれなければならない。此の爲めに特に宮中に大禮使を置かれる。「宮中に」と云ふ意味は此の事務を宮務とするの意味ではなく、天皇に直屬し、事務所を皇居の中に置くと云ふことである。即位の禮は諒闇明け後、秋冬の間に京都に於て行はせらるゝ。その期日は勅定の後宮內大臣及各國務大臣の連署を以て告示せられる（登極令第六條、第十八條、第四條、典範第十一條）。

御式の次第は中古以來支那の風が大分加味されたが、明治天皇の御即位に當り大に改められ、能ふ限り日本式のものとなし、明治四十二年の登極令公布に及んで更に大改革が行はれた。（一）新に賢所大前の儀を制定されたこと（二）紫宸殿の儀の裝飾を日本風に變へられたこと（三）大嘗祭を即位禮に引續き行ふ旨明定されたこと（四）大饗に洋風を加味せられたこと（五）地方饗饌の途をも開かれたこと（六）神武山陵、前帝四代の山陵を祭らせらるゝこと（七）參役者以外の者は洋裝を以て參列せしめらるゝこと等はその重なものである。

即位の禮は京都にて行はせらるゝが故に、その期日に先ちて天皇は神器を奉じて京都へ行幸遊ばされる。之を京都行幸の儀と云ふ（登極令第十一條）。京都に著御になると賢所は京都皇宮內の春興殿に奉安せられ、祭典が行はれる（賢所春興殿に渡御の儀）。

即位禮當日賢所大前の儀は春興殿に於て行はれる。神樂歌奏樂裡に御開扉、掌典次長以下に依て種々の神饌を供へ訖《ヲハ》りて掌典長祝詞を奏し本位に復すると、天皇には御束帶白帛の御袍の御姿にて式部長官、宮內大臣前行、側近奉仕者、皇族男子、內閣總理大臣、內大臣、大禮使長官を從へさせられ、劍璽(侍從捧持)と共に出御、皇后には式部次長、皇后宮大夫前行、側近者、皇族女子、大禮使次官を從へさせられ出御、內陣に著御。次に天皇神前に進ませられ御《オ》告文《コウモン》を奏せらるれば、內掌典御鈕を取つて御鈴を振り參らす。訖りて皇后御拜禮、尋いで皇族御拜禮、兩陛下入御遊ばさる。次に諸員の拜禮、撤饌、閉扉の後に諸員退下して儀を終るのである。

卽位禮當日紫宸殿の儀は紫宸殿上及その南庭で行はれる。庭上には東西相對し南北に亙つて日像纛旛、月像纛旛、頭八咫烏形大錦旛、靈鵄形大錦旛、之に續いて五彩の菊花章錦旛が左右各十旒、金鍔墨柄に赤地錦の小旛を附けた桙左右各十竿が立てられ、大錦旛の前面に赤地錦、嚴瓮《イツベ》及魚を繡り金泥で萬歲と大書した萬歲旛が左右に各一旒樹てらるゝ。

時刻來れば各參列員(範圍は賢所大前の儀に同じきを例とす)は殿上及軒廊《コンラウ》の本位に就き、尋いで式部次長、式部長官、大禮使次官、同長官、宮內大臣、內閣總理大臣、皇族男子等は高御座の前方西側の本位に就き皇族女子は御帳臺前方東側の本位に就く(登極令附式は皇族女子は兩陛下出御の後本位に就くが如く見ゆれど實は然らず)。此の時式部官警蹕を稱ふれば、諸員敬禮中に天皇劍璽と共に出御、高御座の北階より之に登御、扈從の側近者壇下に侍立し、內大臣は壇上帳外に候す。次で皇后出御、同じく北階より御帳臺へ昇御、側近者壇下後面に侍す。明治以前の御儀には皇后出御のことはなかつた。

次に高御座の東西兩階より侍從が、御帳臺の東西兩階から女官が之に登り左右より御帳を搴《カカ》ぐれば天皇は御笏を端《タダ》し、皇后は御檜扇を執り立御遊ばされ、諸員は鉦鼓の合圖に依て最敬禮する。

殿上の內閣總理大臣が西階を降りて紫宸殿正面南階の下に立つと、天皇は玉音朗かに勅語を下し賜はる。昔は宣命使が奉讀した所である。宣命とは和文の勅語の意である。

その翌日は賢所に祭典を行はせられ、終りて曉へかけて南庭に燎を焚き祕曲を奏して神靈を慰め奉る。之を賢所御神樂の儀と云ふ。

以上の記述で明かな樣に我が國の卽位の禮は神人合一、神人共祖、君民和親、世界協同の宣揚をその精神とする。之を西洋の戴冠式等に比べてもその意義に於て異るところがある。戴冠式は新王が神を認め、神と國民とに依て權力を與へらるゝと共に、之に對し從順であり、厚意を保つことを誓ふのである。故にその式は王室の寺院に於て大僧正司會の下に行はれ、塗油の儀、接吻の儀、加冠の儀の後僧正や貴族に扶けられて玉座に上る形式を執るのである。

五　大嘗祭　天孫降臨に際し、天照大神は天兒屋命《アメノコヤネノミコト》、太玉命《フトタマノミコト》を供奉せしめられ、此の二神に「吾が高天原に御《メ》す所の齋庭《ユニハ》の穗を以て、又吾が子に御させ奉るべし」と稻穗を授けられ、是に依て我が瑞穗國に五穀の豐穰を來せるが故に、歷代、毎年の新穀を獻じ、天照大神を初め奉り、天神地祇八百萬の神々を御祭になる。その中新帝卽位當初の御祭を大嘗祭と云ひ、毎年のものを新嘗祭と云ふ。

それ故に祭祀の際供へらるゝ御飯、神酒の材料たる米の栽培地も入念に決定されなければならない。之を決定するには龜卜の法を用ゐ、儀式を以て卜《ウラナ》ひ、勅裁を經て決めるのである。その儀式を齋田點定の儀と云ひ、登極令附式に定められて居る。龜卜の方法は神祕に屬し我々の窺知し得ざるところであるが、書物等に依て傳へらるゝ所によると、海龜の甲の表を鏡の如く磨き、裏を削りて二分程の厚さのものとし、所々に筋で劃した町方《マチカタ》を描き之を波々迦（みぞざくらの木）の火で焙ぶると卜形《ウラカタ》卽ち割目が表面に通るから之に依て事を卜するのだと云ふことである。

齋田には悠紀《ユキ》地方、主基《スキ》地方の二箇所を定むるのを古來の法とする。延喜以降悠紀が近江、主基が丹波備中交互と決つた後と云へども、齋田の地方は國郡卜定と云つて此の儀式は廢することなく之を行ひ來つたのである。登極令は古意を酌んで悠紀地方は京都以東以南、主基地方は京都の以西以北とすることに定められて居る（第八條）。

悠紀、主基の地方が定まると宮內大臣はその縣の知事をして縣內に於て齋田を定めその所有者をして新穀を栽培せしめ、稻が實つた時、勅使（拔穗使）を遣はされて齋田拔穗の儀を行ひ、收穫の後大禮使に供納する。供納米《クナフマイ》の一部は更に白酒黑酒に釀造さるゝ。

大嘗祭の前日には大嘗祭前一日鎭魂の儀を行はる。登極令附式によれば「其の儀御衣振動及絲結の式を行ふ」とありて、神事のことであるから內容を明かにしないが、古書に依ると、奏樂裡に巫女が宇氣槽《ウケフネ》を覆《フ》せたる上に立ち、矛を以て十度槽を衝く度に神祇官人が絲を葛筥に結び、女藏人が御衣の箱を開いて振動するとある。今も略同樣な式が行はれる。但し諸役は掌典長、掌典、內掌典之を承はるのである（昭和大禮要錄參照）。

扨て當日の儀は申す迄もなく大嘗宮に於て行はれる。登極令制定後は舊仙洞御所跡の林間に造營せられる例である。作りは全く太古を偲ぶ簡朴なもので、金物の如きは殆んど用ゐられず、皮付の木材（黑木作）にて木組し家根は萱葺にして千木、堅魚木を立て、壁なくして疊を押緣して蔀となし、緣は竹簀子である。

當日は悠紀主基兩殿に葦簾《キノミス》及布幌《ホロ》を懸け、南面神門及北面神門の外側に神楯左右各一枚、神戟左右各二竿を樹てる。時刻が來ると衞門は各神門の外側に、威儀の本位に就く者は南面神門內所定の地位に就く。此の參役者の服裝は略卽位禮の時と同じであるが、只その上に小忌衣《ヲミノコロモ》と云つて、清淨を象徵するところの白衣を纒ひ冠に日蔭蔓《ヒカゲノカヅラ》と云ふ草を付ける。何れも神に奉仕するが故である。

掌典長は部下を率ゐて兩殿に神座を奉安し、繒服《ニギタヘ》（絹衣）麁服《アラタヘ》（麻衣）を八足案に載せて神座に置く。日暮れになると各殿には齋火《イミビ》（檜にて切りたる火）で燈籠を灯し、神苑には此處彼處に庭燎《ニハカガリ》がたかれる。

定めの時刻になると天皇は廻立殿《クワイリフデン》に渡御、此處にて小忌御湯を浴《メ》させられ祭服にお召替になる。御祭服は御冠の纓を前面に曲げ、折疊んで無紋の白絹で結ばれ（御幘と申す）、白色無紋の生絹で仕立てた御齋衣を召させらる。帶劍は遊ばされない。次で皇后にも此の殿にて白色の御五衣に御著換遊ばさる。

一方參列諸員（範圍は卽位禮に同じ）が悠紀殿南面神門外の幄舍の本位に就くと、膳屋《カシハノヤ》にて樂官が稻舂歌《イナツキウタ》を奏し出し女官が稻舂を行ひ、掌典指揮の下に掌典補が神饌を調理し、又悠紀殿南庭の帳殿には庭積《ニハツミ》の机代物《ツクエノシロモノ》が置かるゝ。庭積の机代物とは日本各地方より獻進せる神饌であつて明治天皇の時より始まりたる制である。古の獻芹の遺意に依つたものと察せらるゝ。尋いで掌典長悠紀本殿に參進祝詞を奏す。之より神饌御親供あるを告げらるゝのであらう。

之より天皇廻立殿より本殿に出御あらせらる。その有樣を拜するに、先頭には左右一人の侍從が脂燭《タイマツ》（しそくと讀む）を持つて御道を照らし、式部長官、宮内大臣前行し、侍從二人が劍璽を捧持する後より、天皇、侍從の御翳《オンサシカケ》掛申上ぐる御菅蓋——白木の長柄の上に靈鳥を附し、その靈鳥が御笠（御天蓋）を嘴ふ——を頂かれて進御遊ばさる。その後には側近奉仕の者が扈從し、皇族男子、國務大臣、樞密院議長、内大臣、大禮使長官等が供奉する。皇后の御列が之に續く。天皇の御列は本殿南階に御待ち受けする掌典長（式部官二人脂燭を執る）に迎へられ、天皇は其の儘本殿に入御遊ばされ、扈從供奉の諸員は本殿の南庭に設らへたる小忌幄舎《ヲミノアクシヤ》に著床する。劍璽は本殿内の案上に奉安せらるゝ。皇后は之を御見送りの上、南殿の帳殿内に入らせられ、その扈從供奉員は殿外小忌幄舎に著床する。

此の時樂官が南庭に參入し、國栖《クズ》の古風を奏し、次で悠紀地方の風俗歌を奏する。國栖の古風と云ふのは應神天皇が吉野宮に幸されたとき、國栖村の民が酒を奉り且謠を歌うたと云ふ故事に倣ひ、古くより、宮内の官人の率ゐる吉野國栖《ヨシノクズ》十二人と奈良の笛工《フエフキ》十二人とで樂を奏したことに則つたものである。風俗歌の起源は明かでないが、齋田の地方（悠紀殿の儀なれば悠紀地方）の名所を詠み込んだ新作の歌を奏するのが古例となつてゐる。

奏樂が終ると皇后宮、諸員、各〻その坐に於て拜禮し、皇后は廻立殿に還御遊ばされ、玆に天皇唯御一人により諸神請餐の儀が行はれるのである。先づ神に獻げらるべき神饌が御列を爲して進めらるゝ。卽ち膳屋にて調理せられた數々の神饌は所部の人々に捧げられて廻廊に立付けられる。之を神饌行立《シンセンギヤウリツ》と云ふ。

天皇は之を内陣の御座に迎へさせられ、先づ御手水の後陪膳《ハイゼン》女官、後取《シンドリ》女官の御介錯《ゴカイシヤク》で神饌を親供遊ばさるゝ（その様式は神祕　屬し知るに難いが、江家次第、大嘗會假名記に依り略その古儀を伺ふことを得べく、「昭和大禮要錄」また御儀の大要を公にす）。次に天皇御拜禮の上御告文を奏せらる。次に御直會《ナンナホラヒ》とて、天皇が御相伴遊ばされて神饌を食召《キコシメ》されて後、陪膳女官は神饌を撤し、天皇に御手水を供し奉ると神饌は再び前同様の行立を以て膳舍に退下し、續いて天皇も供奉員を從へさせられて廻立殿に還御遊ばさるゝ。次で參列員も退いて參集所に下る。之を以て悠紀殿供饌の儀終り、暫くして翌日午前早々に主基殿供饌の儀が行はれる。その次第は悠紀殿に於けると同樣である。

悠紀、主基と云ふのは雪《ユキ》、清濯《スヽギ》などと同語原の和語であつて、何れも清明、清潔、潔齋を表はすもので、これが第一、あれが第二、と云ふ樣な意味はない。

大嘗祭當日は別に伊勢神宮、皇靈殿、神殿、官國幣社に勅使をして奉幣せしめられる(登極令第十二條)。

六 大禮後の大饗　卽位の禮及大嘗祭訖りたるときは大饗を賜ふ(同令第十五條)。大饗は卽位禮及大嘗祭後大饗第一日の儀、同第二日の儀、同夜宴の儀及地方饗饌に分れる。

往昔《ムカシ》は十一月の中の卯の日に大嘗祭を行ひ翌辰の日に齋を解き、辰巳午の三日間に渡つて饗宴を催された。現今の制度は往昔よりの由來を酌み、諸儀を折衷し、且西洋の風をも加味して定められたものである。今その大樣を述べて見やう。

第一日の饗宴は豐樂殿《ブラクデン》に於て行はるゝことになつて居るが、今日未だ豐樂殿の御建營がないから實際は大正度、昭和度共に京都に饗宴場を假設し之を豐樂殿代とされた。當日召されたる者(その範圍は時に臨み定めらる)が本位に就くと、式部官の警蹕あり、則ち天皇は劍璽と共に側近奉仕者、皇族男子、皇后は女官、皇族女子を從へさせられて出御遊ばされる。天皇は登極の典儀を訖り茲に宴を開くの欣情を陳べ、益〻外交を篤うせむことを希む旨の勅語あり、尋いで内閣總理大臣寶祚の無窮を祈りて之に奉對し、外國の首席使節は大典の祝詞と國交の敦厚を願ひて之に奉答する。訖つて兩陛下を初め奉り各員に白酒黑酒が酌がれる。此の時悠紀主基兩地方の獻物が式部長官に依て御披露申し上げられる。次に御膳及清酒が出で、舞臺では久米舞が始めらるゝ。此の舞は神武東征の時、兄猾《エウカシ》と云ふ賊の巨魁を討たせられたるとき、天皇歌を詠み給ひ、道臣命《ミチノオミノミコト》に命じて大久米部をして之を歌はしめたまうたと云ふ故事に基くものである。次に悠紀主基兩地方の風俗舞、大歌《オホウタ》に合はせて五節舞等が奏せらるゝ。風俗舞は兩地方の風景に寄せて祝意を表はした歌に雅樂の舞及曲が附せられ、樂人に依て奏せられるもの、大歌とは歌に合はせて五節の舞が舞はれるのである。五節の舞とは古來大嘗祭、新嘗祭に際し、解齋の後宴を設くるに當り公卿、國司等の童女をして舞はしむる目出度い舞であつて、天武天皇芳野の宮に琴を彈じ給ふとき忽然として天女舞ひ降り、樂に合はせて舞うたと云ふことに起源する。次で侍從女官等より兩陛下に挿花《カザシ》を供し奉り、諸員にも挿花を賜はる。斯くて再び式部官の稱ふる警蹕と共に兩陛下入御、續いて諸員も退下して儀を閉ぢる。

第二日の儀は西洋の晩餐（Dinner）に當るもので召される範圍も狹いのを常とする。西洋風の裝飾を施し、諸員著席の後兩陛下出御、洋食の晩餐を共にせらるゝのである。宴會中は絶えず洋樂が奏せらるゝ。

大饗夜宴の儀は大饗第二日の儀に引續き行はるゝ慣例である（法規上は別に規定なし）。召されたる者（第一日の儀より範圍廣し）著席するや、兩陛下の出御あり、畏くも衆司と共に萬歲樂《バンザイラク》、太平樂《タイヘイラク》の舞樂をみそなはせらる。萬歲樂は隋の煬帝が大樂令白明達をして作らしむる所と傳ふる古樂曲であつて、聖壽萬歳を壽ぐ意味の雅樂であり、太平樂は、鴻門の會飮の時、楚の項莊、漢の高祖の御前に劍舞し、之に事寄せて高祖を弑せむとしたが、項白危しと見て自らも亦立ちて舞ひ袖を飜して莊の劍を遮りて天子を救ふの狀を摸したる舞なりと云はれる。是が我が邦にも傳はつて聖壽の萬歳を賀するの意を以て文德天皇以來舞はるゝところなりと傳へらる。

舞樂が濟むと一同は宴席に就いて洋風の立食(慣例)を賜はり、此の間洋樂が奏せらる。宴終れば兩陛下入御遊ばされ、次で諸員退下して玆に大饗の儀を終るのである。

地方饗饌は大饗第一日の儀の一部とも見るべきものであつて、登極令の附式、卽位禮及大嘗祭後大饗第一日の儀の末項に「當日文武官有爵者竝夫人にして召されさる者には各其の所在地に於て饗饌を賜ふ但し饗饌を賜ふへき者の範圍服裝及其の場所は時に臨み之を定む」と規定されて居る。是は明治天皇御制定の登極令に依て創めて制せられたる式であつて、大饗と云ふものは獨り宮廷の饗饌にとどまらず、擧國の官民皆宜しく之に霑ふべきであると云ふ御趣旨に出でたものである。從て單に官吏のみならず町村長等も皆召され、之を通じて國民全部と共に天皇が慶福を頒たれ、新代の將來の覺悟を決めると云ふ重大な意味を含むものである。

斯くして御大禮の重な典儀を濟ませられると天皇は御勞れを休めさせらるゝ御暇もなく神宮、神武天皇山陵、前帝四代の山陵に行幸遊ばされ、親しく御祭典を行はせらる。之を卽位禮及大嘗祭後神宮に親謁の儀、同神武天皇山陵竝前帝四代山陵に親謁の儀と云ふ(大正天皇の陵は關東に在るを以て東京に還幸後直に行はせられた)。關西に於ける之等の儀が終ると東京に賢所と共に還幸あらせられ（東京に還幸の儀）賢所は溫明殿に還御遊ばされ、卽夜掌典長の司祭にて祭祀あり、兩陛下の御代拜あり、引續き賢所御神樂の儀を擧げさせられて神靈を御慰め申し上げ、また皇靈殿、神殿にも御親謁あらせらるゝ（東京還幸後賢所御神樂の儀、還幸後皇靈殿神殿に親謁の儀）。

第四　空位

我が國の歷史上の事例としては極めて稀ではあるが、事實上の空位、卽ち皇位ありて之を充たす天皇なき期間があつたが、之は全く異例であつて、皇室典範は斯の如きことを繰返さゞる爲め天皇崩ずるときは皇嗣卽時踐祚せらるゝ旨を規定した。天皇崩御の當時皇子なければ假令皇后御懷姙中であるとも、皇位は支系に移るのである。少數の學者（例之美濃部博士）は胎中皇子の御誕生を待ちて、若し男子であらせらるれば、法律上は胎內に於て既に皇位に在ましたものとなるべきであり、然らざれば皇弟又はその他最近の順位に當らせたまふ皇族が先帝崩御の時より既に皇位に在ましたものとなるのであると說く。此の說の論據の最も强い點は相續について胎兒は出生したるものと看做さるゝことは世界的の法律原則であると云ふことと、我が法制上直系主義は最重要な原則であると云ふこととである。然し皇位の繼承は決して相續ではない。何人が次代の統治權者となるかと云ふことと相續權の問題とは自ら異なる。假に相續と同樣なものでありとしても、出生せざる者に權利を認むることは法の擬制を待つて初めて可能であることは現在の法制上疑ないところであらう。又直系主義は勿論皇位繼承上の重要な原則であるが、皇位は一日も曠しうすべからずと云ふことは、より以上に重要な原則である。故に今日の皇室典範の解釋としては胎中皇子が即位せらるゝことを認むる譯にはいかないのである。

皇室典範は皇位の繼承を天皇崩御のときに限れるが故に、典範の改正せられざる限り、讓位、重祚、院政等のことなきは勿論である。若しそれ所謂廢位（前帝の强制に依る退位）、遜位（外戚等の强制に依る退位）等の如きは法理上認めることの出來ないことは言ふ迄もない。

第五　未成年天皇

人はその意思能力が發達して初めてその行爲も社會的に平衡を得るものであるから、或年齡に達する迄は、社會共同の利益及その本人の利益の爲めにその行爲に就き法律上の完全な能力を認めない期間を設ける。その期間内をその人の未成年期とする。故に何歳を以て成年とするかと云ふことは、主として當該國家の社會事情に依り法制の定むべき所である。我が國に於ては一般國民は滿二十年を以て成年に達するものとして居るが、天皇に就いては之を滿十八年と爲してゐる（典範第十三條）。之蓋し天皇は統治權の總攬者であらせらるゝが故に一日も速に完全な御親政を遊ばさるゝのが我が日本國の利益であり、之を實際から考へてもその御身位に鑑みて一般國民の成年期より早むるも差支なきが故である。未成年の天皇はその意思能力未だ充分ならざるが故に、天皇（具體的に云へば明治天皇）の御裁定遊ばされたる憲法（第十七條）皇室典範（第十九條、第三十六條）は、此の場合に於ては攝政を置き、攝政として大權を天皇の名に於て攝行せしめらる。

簡單に云へば、攝政が凡て天皇の意思全部を攝行するものとせらるゝのである。天皇の意思を決定し之を發表せらるゝのである。但し此の場合に於ても輔弼の責任は國務大臣、宮内大臣、内大臣等に在るは勿論である。その法文上の根據は憲法第十七條に「攝政は天皇の名に於て大權を行ふ」と云ふに存する。詳しくは後段攝政の條に於て述ぶることとする。

攝政に依る大權の代行は天皇に代つてその意思を發動するものであるから、意思に關係なき事柄に就いては未成年天皇の地位は成年天皇と少しも變りはないのである。例之天皇の神聖不可侵、敬稱、天皇に對する犯罪の重罰等の如き天皇の尊榮に關する規則は少しも變更せられないのである。儀禮に就いても其の擧否、次第、勅語の内容等大權に依り決定すべきことは攝政の攝行せらるゝ所であるが、天皇が儀式に親臨遊ばさるゝことは必ずしも大權の行使、又は意思の表示でないのであるから、法令に別段の規定なき限り、又事實上天皇に事故なき限り、親臨せらるゝのを本體とすべきであらう（美濃部博士の所論も略同樣なり）。

天皇未成年の間は統治權總攬の爲めに攝政を置き之を攝行せしむるが、此と別に保育を掌らしむる爲めに太傅を置かれる。保育とは保護養育の義であつて天皇御一身の御人格の成育を完うするに外ならない（典範第二十六條）。而して往古に於ては幼冲の天皇の爲め特設の機關はなかつたのであるが皇室典範が此の制度を設け（太傅とは大寶令に皇太子の輔導の役を傅と稱したるに因る）たのは攝政卽ち統治權總攬の攝行と、天皇保育とを全く區別し、兩者相渉らしめず、天皇未成年の期間に權力を特定人の一身に專屬せしめる危機なきを期したのである。故に攝政及其の子孫は太傅となることを得ないのである（典範第二十八條）。

攝政は皇位に離るべからざる關係があるから未成年天皇の場合には、先帝の遺命又は特別の手續を要せず、原則として皇位繼承の順位に依り（女子亦之に準ず）當然攝政の任に就くのであるが（典範第十九條第一項、第十九條乃至第二十二條）、太傅は只天皇の御人格の完成を輔導し奉るものなるが故に、皇位そのものとの關係は攝政の如くではないと同時に、太傅たるべき者の素質も亦自ら攝政の就任と異り愼重なる選考を要する譯であるから、典範は先帝の遺命を以て之を選任するを原則とし、若し遺命がなかつた時は、攝政が發案して皇族會議及樞密顧問に諮詢して之を選定することとし（典範第二十七條）、攝政の如く法定の順位に依り當然に就任することとはしないのみならず、皇族たることをもこの要件として居らないのである。また太傅の職掌は天皇と密著する所が多いから攝政との關係も頗る微妙であるが故に、その身分も充分に保障せらるゝを要すると共に、一方また之を絶對的なものとすることも出來ない。そこで、法は「攝政は皇族會議及樞密顧問に諮詢したる後に非されは太傅を退職せしむることを得す」と規定して居る（典範第二十九條）。

第六　天皇の成年及成年式

一般臣民及一般皇族は滿二十年を以て成年とし、完全なる行爲能力を認められるが、天皇の如く國の中心とならせらるゝ方に就いては一日も早く天皇としての完全な法律上の能力を帶ばせらるゝ方が、國家の安固、民心の安定に取り極めて適當である。是に於て皇室典範（第十三條）は天皇は滿十八年を以て成年とする旨を規定して居る。即ち天皇滿十八年に達せらるれば攝政太傅の任は當然に解かれ、天皇は完全に國家の統治權者とならせらるゝのである。

天皇が成年に達せらるれば成年式を擧げさせられる。皇室成年式令は「天皇成年に達したるときは其の當日成年式を行ふ但し事故あるときは其の期日を延ふることあるへし」と規定して居る。之蓋し法律思想の進歩したる今日に於て成年に達するの期日を精確にせむとしたるものに依るものである（第一條）。

成年式を擧げさせられる當日には賢所皇靈殿神殿に奉告の儀を行はせられ、又勅使をして神宮、神武天皇山陵竝先帝先后の山陵に奉幣せしめられその爲めに神宮に勅使發遣の儀、山陵に勅使發遣の儀、山陵に奉幣の儀（以上皇室祭祀令附式中その式の如し、後章參照）、神宮に奉幣の儀（神宮の祭式に依る）等が行はれる。先帝先后は必ずしも、先考（御父）先妣（御母）ではあらせられない（先帝に御直系なく皇弟皇位を繼がせられたるとき）のであるが、神宮及神武先帝先后の山陵のみに奉幣を限られたるは、皇祖たる天照大神、神武天皇及歷代皇宗の御代表として先帝及その皇后の山陵に奉幣あらせられるのである（皇位は全一なり、皇室が家、親子等普通の家族制度と異る一證左なり）。

成年式は賢所大前に於て行はれる。之を賢所大前の儀と云ふ。當日諸員（召すべき者の範圍は時に臨み定めらるゝ）參列の下に天皇は闕腋御袍、空頂黑幘にて出御、外陣にて前攝政（事故あるときは他の皇族男子攝政女子なるときは前太傅）御冠（先帝の御物を用ふ）を冠し奉りたる後內陣に進ませられ御拜禮、御告文を奏せられ更に外陣に移御の上掌典長の捧ぐる神盃を受けその獻ずる神酒を食召され、再び御拜禮の後入御遊ばされる。次で皇靈殿神殿に謁せらるゝが、此の時は縫腋立纓の御冠にて全く御成年天皇の御服裝を召させらるゝ。次で皇太后及太皇太后の本宮に行幸御對面の儀（皇太后に謁するの儀）がある。然る後宮中に於て文武官有爵者優遇者及外國交際官を召させられその朝賀を受けさせられる（天皇朝賀を受くるの儀）。此の儀に於ては內閣總理大臣先づ壽詞を奏し次で勅答あり、諸員萬歳を稱ふるを受けさせられて後入御在らせらるゝ。是の如くにして重要なる御儀終れば改めて宮中饗宴の儀あり、その次第は時に臨み定めらるゝこととなつて居る。

第七　攝政

攝政を置かるゝは（一）天皇未だ成年に達せられざるとき（二）天皇久しきに亙るの故障に由り大政を親らすること能はざるときに限る。前の場合には攝政の順位に在す方が當然に攝政に任ぜられるが、後の場合には皇族會議及樞密顧問の議を經ることを要する（典範第十九條）。天皇未成年の場合の攝政の順位は親王及王が皇位繼承の順位に從て之に任じ、親王、王なきときは、皇后、皇太后、太皇太后、内親王、女王の順位とし、内親王、女王の間に於ては皇位繼承の順に準じてその順位が定まる。但し御配偶の在る方は攝政に任ずることを得ない（典範第二十一條乃至第二十三條）。最近親の皇族が未成年なるか、其の他の事故に由り、詳言すれば精神若は身體の重患あり又は重大の事故あるに因り皇族會議及樞密顧問の議を經て攝政の順位變更せられ他の皇族が一旦就任せらるれば、その後になつて最近親の皇族成年に達し又は事故なきに至つても、最近親の皇族が皇太子又は皇太孫でない限り、その任を讓られることは出來ない。又既に攝政に任ぜられた方が、精神身體の重患又は重大なる事故あるときは、同じく皇族會議の議を經てその順序を換へることを得る（典範第二十四條、第二十五條）。

攝政に就任するときは賢所に御祭典を行ひ、攝政御告文を奏せられ、且皇靈殿神殿に就任の旨を奉告遊ばされ（攝政令第一條）一方宇內には詔書を以て之を公布せらる〻（同第二條）。但し之は攝政の攝行行爲として行はれる所である。

攝政の地位は天皇の名に於て大權を行はせらる〻こと前に述べた通りである。從てその任に在はす間は刑事の訴追を爲すことを得ない（同第四條）。

攝政が置かる〻の原因止みたるときは天皇大政を親らせらる〻。此のときは詔書を以て之を公布する（同第五條）。果して事故止みたるや否やの決定に就いては明文を存せないが、皇族會議及樞密顧問の議を經べきは勿論であらう。

第八　皇居

法律に所謂皇居とは東京宮城及京都皇宮と解する（刑法、航空法等參照）。皇居とは天皇の御住所卽ち御生活の中心たる場所を云ふのであるか、或は又實質的な住所の意ではなく、形式上何時にても天皇の御在所たることあるべき所と定められたるものを指すのであるかは、議論もあり得るが何れにしても宮城及皇宮は之に該當する。

宮城はもとの江戶城であつて、長祿元年（皇紀二一一七年）太田持資の創めし所、後德川家康此處に幕府を開きしが、王政復古と共に朝廷に收め（皇紀二五二八年明治元年四月）、七月江戶を東京と改め十月明治天皇御東行宮城に入り給ふ。明治六年炎上、赤坂離宮を假皇居と定め給ひ、出費の御節約の思召にて十五年に至り漸く新皇居御造營に著手せしめられ二十一年十月竣成、宮城と稱せしめらる。表宮殿に正殿、鳳凰ノ間、桐ノ間、豐明殿、豐明殿東ノ間、千種ノ間、牡丹ノ間、竹ノ間、葡萄ノ間、化粧ノ間、東溜ノ間、西溜ノ間、南溜ノ間、北溜ノ間、東ノ間、西ノ間、左廂、右廂、御車寄、北御車寄、東御車寄等があり、奥宮殿と表宮殿との間に表御座所あり。表宮殿は公式の儀式拜謁酺宴等に用ゐさせられ、表御座所は日々出御、政事をみそなはせらるゝ所、奥宮殿は御常御殿、皇后宮御殿等大奥に屬するのである。奥宮殿の西、吹上御苑との間に一劃をなしたる地を卜して宮中三殿及神嘉殿あり。宮中三殿とは神器御鏡を奉齋する溫明殿(中央)御歴代の皇靈を祀る皇靈殿(西方)八神及天神地祇を祀る神殿を云ふ。皇靈殿より稍西に當る神嘉殿は新嘗祭を行はせ給ふの宮である。神器御鏡は之を賢所と稱し奉るが、之を奉齋する溫明殿をも賢所と稱し、また更に廣く宮中三殿の一劃をも賢所と稱し奉ることがある。

京都皇宮は京都市上京區にあり、もと桓武天皇の延曆十二年(皇紀一四五三年)平安の都制を奠められ爾來永く皇居たり。現在の宮殿は安政二年の御造營である。紫宸殿、清涼殿、小御所、御學問所、常御殿、花御殿、飛香舍、大宮御所等が主な宮殿である。大宮御所と連なる庭苑を仙洞御所と云ひ、大正度、昭和度の大嘗祭の大嘗宮は此處に營まれた。紫宸殿の東に春興殿がある。是は東京の溫明殿に當る御殿で、御大禮の際天皇神器と共に京都に行幸あらせらるゝときは、御鏡を此の御殿に奉齋あらせらる。

行幸の際の行宮、御遊行、外國貴賓の接待等の御目的に成る御料の御建物も所々にある。その規模の大なるを離宮と稱せられ、その小なるを御用邸と名附けらるゝが、是等はもとより皇居ではない。

宮城の御警衛は外部は、東京警備司令部、憲兵司令部、警視廳の職務であり、內部は近衛師團司令部、皇宮警察部の所管である。京都にては其の地の衛戍司令官及京都府廳外部を衞り、皇宮警察部內部を警衞する。

第九　勅旨の表示

勅旨の表示にして、形式を定むべきものに就いては、公式令（勅令）が定められて居る。今その概要を述べれば、

一　憲法の改正、典範の改正、皇室令、法律、勅令　には上諭を附し、親署の後御璽を鈐し內閣總理大臣、宮內大臣、各國務大臣、主任の國務大臣等夫々輔弼の責任に從つて之に副署して公布する。正本は內閣又は宮內省之を保管し文書はその儘官報を以て公布するのである。議會の協贊、皇族會議樞密顧問の諮詢を經たるものなるときは、その旨を上諭に記載する。上諭とは大臣輔弼の下に裁定公布せしむる勅旨を宣誥する文章であり、皇室典範の增補の如き重要なるものに就いては其の公布するに至る所以の聖旨を明徵にせらるゝ場合もある（公式令第三條乃至第七條、第十二條）。

二　國際條約　は必ずしも發表を要するものでなく、また中には發表すべからざるものもあるが、之を發表するときは樞密顧問の諮詢を經たる旨を記載したる上諭を附し親署の後御璽を鈐し內閣總理大臣年月日を記入し主任の國務大臣と倶に之に副署し、官報を以て公布する（同令第八條、第十二條）。

三　豫算及豫算外國庫の負擔となるべき契約に關する件　は帝國議會の協贊を經たる旨を記載し親署の後御璽を鈐し內閣總理大臣年月日を記入し主任の國務大臣と倶に之に副署して官報を以て公布する（同令第九條、第十二條）。

四　國書其の他外交上の親書、條約批准書、全權委任狀、外國派遣官吏委任狀、名譽領事委任狀及外國領事認可狀　には親署の後國璽を鈐し主任の國務大臣之に副署する。外務大臣に授くる全權委任狀には內閣總理大臣が副

署する（同令第十三條）。

五　官記及免官の辭令書　　親任官卽ち親任式を以て任ぜらるゝ官の官記は親署の後文武官のものは內閣總理大臣、宮內官のものは宮內大臣年月日を記入し之に副署する。但し內閣總理大臣の官記には他の國務大臣又は內大臣、宮內大臣の官記には內大臣、前述の內閣總理大臣又は宮內大臣に代はる（同令第十四條）。勅任官の官記は親署なく御璽を鈐し、內閣總理大臣又は宮內大臣之を奉じ、奏任官の官記には內閣又は宮內省の印を鈐し、內閣總理大臣又は宮內大臣之を宣す。奉ずとは上奏裁可を仰ぐが故に「何大臣何某奉」と記し、宣とは奏聞允裁を仰ぐが故に「何大臣何某宣」と記すのである。

免官の辭令書も是等に略同じであるが、親任官のものと雖も御名なく御璽のみを鈐し且副署にあらずして奉ずるのである（同令第十五條）。

六　爵記及襲爵、爵返上に關する辭令書　　爵記には親署の後御璽を鈐し宮內大臣年月日を記入し之に副署する。宮內大臣授爵のときは內大臣副署すべきであらう。辭令書は宮內大臣年月日を記入し之を奉ずる（同令第十六條、第十八條 襲爵辭令書の明文なし）。

七　位記及位の返上に關する辭令書　　一位の位記は爵記、二位以下四位以上の位記は勅任官の官記、五位以下の位記は奏任官の官記と同樣であるが、奉宣は總て宮內大臣である。辭令書は爵のものに同じ（同令第十七條、第十八條）。

八　勳記　　勳二等功三級以上の勳記には親署の後國璽を鈐し、勳三等功四級以下の勳記には國璽を鈐し、內閣總理大臣旨を奉じ賞勳局總裁をして年月日を記入し之に署名せしめ、且勳章の種別に從ひ號數を附し簿冊に記入する旨を附記し、賞勳局の印を鈐し賞勳局書記官之に署名する（同令第十九條）。勳章褫奪の辭令書には内閣總理大臣旨を奉じ賞勳局總裁をして年月日を記入し之に署名せしむ（同令第二十一條）。

九　記章の證狀竝外國勳章及記章の佩用免許の證狀　是等には内閣總理大臣旨を奉じ、賞勳局總裁をして年月日を記入し、別に御親署のことなく、勳三等功四級以下の勳記に同じである。佩用免許狀の褫奪の辭令書も勳章褫奪の辭令書と同樣である（同令第二十條、第二十一條）。

十　詔書　皇室の大事を宣誥し及大權の施行に關する勅旨の宣誥に就き前述の樣な別段の形式に依るものは、その形式に依るが、さうでないものは詔書と云ふ形を以て宣誥する。皇室の大事とは立后立太子の如きがそれである。その宣誥を詔書を以てすることを皇室令が定めて居るものもあるが、例へば長慶天皇を御歷代に列せられし件の如く皇室令には何等規定の存せない場合もある。大權施行に關するものに就いても議會の會期延長、解散後の選擧、開會及閉會、解散後の選擧期日の決定の勅命、議會召集の勅諭（憲法第四十二條、第四十三條、第四十五條、議院法第五條、第三十六條、衆議院議員選擧法第十八條）の如く法令を以て定められて居るものもあるし、明治四十一年の所謂戊申詔書の如く全然法規に據らないものもある。詔書には親署の後御璽を鈐し皇室の大事に關するものには宮内大臣年月日を記入し内閣總理大臣と倶に副署し、大權施行に關するものには内閣總理大臣年月日を記入し、之に單獨副署し、又は他の國務大臣と倶に副署する（公式令第一條）。

十一　勅書　文書に由り發する勅旨にして宣誥せざるものは別段の形式に依るものを除くの外は勅書を以てせらるゝ。勅書にも皇室の事務に關するものと、國務大臣の職務に關するものとがある。前者には皇族婚嫁の勅許、世傳御料の設定編入等（典範第四十一條、第四十六條）法規に依て定まつて居るものと、親王内親王の號の宣賜、皇族臣籍降下の勅許の如く法令上その形式の定めてないものがある。國務大臣の職務に關するものには慣例上元勳優待の特旨、前官の禮遇を賜ふの特旨、元帥府に列し元帥の稱號を賜ふの勅旨等がある。勅書には親署の後御璽を鈐し皇室の事務に關するものには宮内大臣年月日を記入副署し國務大臣の職務に關するものには内閣總理大臣年月日を記入副署する（公式令第二條）。

公式令の外勅旨表示の形式に軍令がある。陸海軍の統帥に關し勅宣を經たる規程を軍令と云ひ、その公示を要するものには上諭を附し親署の後御璽を鈐し主任の陸軍大臣海軍大臣年月日を記入し之に副署する。その公示は官報を以てす（明治四十年軍令第一號軍令に關する件第一條乃至第三條）。

是等の外法律上の用語として告文（憲法告文、典範告文、祭祀の告文等）御誄（喪儀令）詔勅（憲法第五十五條）勅諭（議院法第一條）等の語がある。告文とは天皇の神に對する御意思を表はされたる文書、御誄とは死者を葬はれる勅旨文、詔勅とは詔及勅卽ち勅旨にして文書を以てするものの意である。大寶令義解には、「詔書勅旨、同是綸言、但臨時大事、爲詔、尋常小成、爲勅也」とある。又此の語は日常の用語としては、詔書、勅書、勅語、勅諭、御沙汰等法規的ならざる勅旨を總稱するものの如くである。勅諭の意味は必ずしも明確ではない。議會召集の思召を勅諭と云ひ表はし、軍人に訓示し給ふ勅旨を勅諭と名附けられても居る。勅語は勅旨の文書に由らざるものを文語體を以て宣はせらるゝものを云ふと解すべきであらう。教育勅語には御名御璽があるが、之は公式令制定前のものである。今日ならば恐らく詔書を以てせられたか、或は御名御璽は無かつたであらうと拜察さるゝ。御沙汰とは思召を宮內大臣、侍從長を介して傳へさせらるゝもので、之を文書を以てするときは「右御沙汰あらせらる」等の句を附し、公示する場合には、官報宮廷錄事欄に登載せらるゝ。

第四講　皇族の地位

第一　皇族の意義

普通に皇族とは皇家に屬する家族を稱するとされるが、皇室は家ではないから此の定義は正確なものとは云へない。皇族とは皇統の出自の方及その正配又は正配たりし方にして臣籍に在らせられざるを云ふ。故に法律の委任に依る王公家軌範の規定に依り王族譜公族譜（一種の戸籍なり）に登錄せらるゝ方は皇族では在らせられない。皇室典範が「皇族と稱ふるは太皇太后、皇太后、皇后、皇太子、皇太子妃、皇太孫、皇太孫妃、親王、親王妃、內親王、王、王妃、女王を謂ふ」（典範第三十條）、「皇族女子の臣籍に嫁したる者は皇族の列に在らす」（同第四十四條）とあるは之を表はすものである。太皇太后とは先々帝以前の天皇の御正配、皇太后とは先帝の御正配、皇后とは天皇の御正配、皇太子とは儲嗣たる皇子（同第十五條）、皇太子妃とは其の御正配、皇太孫とは皇太子在らざるときに於ける儲嗣たる皇孫（同條）、親王とは皇子より皇玄孫に至る皇男子孫（同第三十一條）、親王妃とは其の御正配、內親王とは皇子より皇玄孫に至る皇女子孫（同條）、王とは五世以下の皇男子孫（同條）、王妃とは其の御正配、女王とは五世以下の皇女子孫（同條）を稱し奉るのである。古制に於ては特に太皇太后、皇太后、皇后の稱を上るの例があつたが現制度に於ては特定の身位に就かるれば當然に此の稱號を有せらるゝのである。又親王の稱號は大寶令に於ては皇兄弟姉妹及皇子皇女のみ有するものとされたが淳仁天皇以後は皇子皇女と雖も特に宣賜なければ親王の稱を有せず、後には更に伏見宮、桂宮、有栖川宮、閑院宮の所謂四親王家の當主には親王の稱を世襲せしめらるゝこととなつたが、現制度は之を廢止し（典範第六十條）、唯典範制定の當時現に宣賜せられたる親王にのみその號を其の儘享有せしめられた（同第五十七條）。又將來起り得る宣下親王の唯一の例は天皇の支系より入りて踐祚された場合にその御近親の榮譽の爲め特にその兄弟姉妹の御身位上の號が王、女王なるとき之に特に親王、內親王の號を宣賜せられる場合である（當該天皇の御直系は常に親王內親王の號を有せらるゝこととなる。典範第三十條、第三十一條）。此の場合と雖もその號を有するは一代に限り、世襲すべきでないことは典範第三十一條が例外規定なるが故に當然である。

是等の號は皇族の身位を表はすものなるが故に臣籍に入らるれば當然に消滅する。唯一例外として女子に限り特旨に依り之を保有せしめらるゝことがあるが（同第四十四條）、而も法は之を單に出自を示す稱呼として使用することを認めたに過ぎず決して皇族に在ると同樣なりとするのではない。典範第三十二條及第五十七條に「號」と云ひ、第四十四條の場合に特に「稱」と云ふて居るのは之が爲めであると考へられる（李王妃方子女王殿下に就き實例を存す）。天皇支系より入りて大統を承繼する時は、その子、孫等は典範第三十一條に依り親王、內親王となるが、皇兄弟姉妹は當然そう云ふことにはならないから、典範（第三十二條）は特に是等の方に親王、內親王の號を宣賜すべきことを規定して居るのである。

第二　皇族の身位の發生

皇族身位の發生原因は男子に就いては出生あるのみである。我が國最古の制は所謂永世皇族の制であつたが、唐制の輸入後大寶の令に於ては「凡そ皇兄弟皇子皆親王と爲す、以外は竝べて諸王と爲す、親王より五世、王名を得と雖皇親の限に在らず」となしたが、その後色々な變遷あり、皇室典範制定に至り永世皇族の主義に復し、明治四十年の第一回増補に及び之に少許の例外を認めたのである（後段參照）。卽ち我が國に於ては苟くも男系による皇胤は總て皇族であると云ふ主義を取ると共に、天皇は勿論皇族も亦養子をなすことを得ないのみならず（典範第四十二條）、一旦臣籍に降下したる皇族は男女共に皇族に復することを得ない（典範第一增補第六條）。又庶子の制を認むるけれども認知の法を設けて居らない。失踪の宣告は取消あれば既往に溯つて皇族たる身位を繼續するが故に身位發生の原因とはならない。唯皇族男子の配偶者は皇族女子に限らず勅旨に由り特に認許せられたる華族の女子も亦皇族妃たることを得るが故に（典範第三十九條）臣民たる華族女子は皇族男子との婚姻に依て皇族の身分を取得するのである。

皇族の誕生及婚姻に就いては後章に於て說明するから茲には省くこととする。

第三　皇族の身位の喪失

皇族はその身位を失ひて臣籍に降ることがある。その原因には左の數種がある。

一　賜姓降下　我が國は原則として百世皇族の主義を採るが、皇胤の臣民に流るゝことは國體上望ましきことであり、また皇族數の過多なるときは爲めに內帑を整ふるに適せず、また時として皇室の尊位を保ち難き事態を釀成する虞もないではないから明治四十年に此の主義を緩和して例外として臣籍に降り得るの途を開かれた。その一が賜姓降下である。卽ち王は勅旨又は情願に依り家名を賜ひ華族に列せらるゝことがある（典範增補第一條）。情願に依る臣籍降下には(イ)王が滿十五年以上たること(ロ)王未成年なるときは情願に先ち親權を行ふ父の同意、親權を行ふ父なきときは後見人及親族會の同意を受くること(ハ)皇族會議及樞密顧問の諮詢を勅許あること（勅書を以てするを例とす）を要する（皇族身位令第二十五條、第二十六條、第三十條○以下單に身位令と記す○典範增補第五條）。勅旨に依る賜姓降下に就いては特別な要件は附せられて居ない。

斯の如くして臣籍に降下されたる者は一家を創立してその戶主となる。此の新家の維持の爲めには世襲財産を賜はることあるべきことも明文がある（身位令第二十六條、第二十七條）。

二　他家相續　前項と同樣の理由を以て皇室典範第一增補第二條は王は勅許に依り華族の家督相續人となり又は家督相續の目的を以て華族の養子となることを得る旨規定して居る。此の場合に於ては(イ)被相續人が華族（有爵者）なること(ロ)家督相續人として指定又は選定ありたることを知りたる時より三箇月内に勅許を受くること（此の期間内に勅許を受けざるときは家督相續人の指定又は選定はその效力を失ふ）(ハ)王未成年なるときは勅許を請ふに先ち親權を行ふ父又は後見人及親族會の同意を受くること(ニ)勅許を請ふこと、但し王十五年未滿なるときは親權を行ふ父、親權を行ふ父なきときは後見人に於て親族會の同意を得て本人に代て勅許を請ふことを得（此の場合に於て期間の計算は父又は後見人が相續人の指定又は選定ありたることを知りたる時より起算する。養子の場合は後見人の代理權を認めない）(ホ)皇族會議及樞密顧問の諮詢を經勅許あることを要する（典範增補第五條、身位令第二十八條、第三十條、第三十一條、第三十二條）。法定の期間内に勅許がなければその家督相續人の指定又は選定は當然無效となり（身位令第二十九條）、勅許なき養子緣組は當初より無效である（同令第三十三條）。又指定又は選定の家督相續人となることを勅許せられたるときはその相續は單純承認ありたるものと看做される（同令第二十八條第二項）。之蓋し斯の如き場合に限定相續を認むるは皇族の尊嚴を保つ所以でないからである。

三　夫又は父の臣籍降下　賜姓降下又は他家相續の爲め王が降下せられた場合に於ては其の妻、直系卑屬（他の皇族に嫁したる女子及其の直系卑屬を除く）及直系卑屬の妻は王の創立し又は相續し若は相續せむとする家に入る（典範增補第三條）。

四　內親王、女王の臣籍降嫁　內親王、女王が臣下と結婚せらるればその皇族たる身位を失はるゝは勿論である。

五　皇族女子の離婚　前述の如く皇族女子華族の男子と結婚すれば當然その華族の家に入る。臣民所出の皇族女子離婚すれば臣下たる實家に復籍し其の實家なきときは一家を創立するか、實家を再興せねばならない（親族令第三十三條）。又皇族女子皇族男子と結婚後離婚したる場合に於て其の女子の直系尊屬が既に臣籍に降り創立したる家ある時は當該皇族女子はその家に入り臣籍に降る（同令第三十二條）。

六　寡妃の復籍　臣籍より入りたる妃がその夫たる皇族と死別されたときは情願に依り勅許を經て實家に復籍することを得る（身位令第三十四條）。

七　懲戒降下　懲戒に依り皇族は勅旨に由り臣籍に降さるゝことがある。此の場合に於ては手續の愼重を期する爲め皇族會議及樞密顧問の諮詢を經なければならない。臣籍に降下せしめらるゝ皇族が男子である場合には妻は夫婦の彜倫に依り夫と共に臣籍に降り夫の創立する家に入るが、直系卑屬に就いては父の懲戒の結果を子に及ぼすべきでないから依然皇族の列に留まらしむる（典範增補第四條）。

賜姓降下、他家相續及之に因る臣籍降下及寡妃復籍の場合には賢所皇靈殿神殿に謁し且天皇、皇后、太皇太后、皇太后に朝見する（身位令第三十五條）。

斯の如くして一旦臣籍に降下したる者あるときは之に由り君臣の分を紊すことを得ないから、皇室典範（增補第一第六條）は「皇族の臣籍に入りたる者は皇族に復することを得す」と規定して居る（親族制度の章參照）。

此の外皇族がその薨去に依り身位を失ふは勿論であるが、薨去の事實の有無に拘はらず尙薨去と同樣の效果を生ぜしむるものに失踪の宣告がある。

戰時事變其の他の場合に於て皇族の生死不明なるときは勅旨を以て其の財產の管理に就き必要なる處分を命ぜらるゝ（身位令第二十條）。民法に於けるとは異なり皇族の場合に於ては一に勅旨に依るものとし、その財產管理の方法も或は管財人を命じ或はその他の方法に依ることを得る。民法の如き巨細の規定の存せないのは皇族の身位より觀、また組織の整備に鑑みその必要なきが故である（民法第二十五條乃至第二十九條參照）。

皇族の生死不明の狀況が三年以上に亙るときは皇族會議及樞密顧問に諮詢し、勅旨を以て失踪を宣告せらるゝ。失踪の宣告ありたる後生死の事實分明となりたるときは勅旨を以て失踪の宣告は取消さるゝ（身位令第二十三條）。取消は宣告と異なり明確な事實に基くものであるから皇族會議、樞密顧問の諮詢を要しない。

皇族の身位と臣民の地位の差異は失踪宣告の取消の效果に就いても著しく異なる所あらしめる。卽ち民法に於ては失踪宣告後其の取消前に於ける法律關係は宣告なかりしものとなすを原則とするが、皇族の失踪の宣告は其の取消あるも、失踪の宣告に基きたる事項及行爲に其の效力を及ぼさず、從て其の間に起りたる踐祚、改元、財産上の諸行爲の如き何れも有效に其の效力を續けるのである（同令第二十三條）。

失踪の宣告及其の取消は勅書を以てし且宮內大臣之を公告して庶民に周知せしむる（同令第二十四條）。

第四　未成年皇族及成年式

皇太子及皇太孫は滿十八年、その他の皇族は滿二十年を以て成年とする（典範第十三條、第十四條）。未成年皇族の行爲能力に就いては原則として民法總則の規定の適用がある。詳しいことは後章皇室財産制度の條に於て述べる。

皇太子、皇太孫、親王、王成年に達したる時は成年に達せられた當日（年齡計算に關する法律は民法附屬の法令ではない故當然には皇族に適用はないが、天皇、皇太子、皇太孫の成年を一般臣民の成年より早くしたる法意から見れば、誕生の日から計算すべきであり、從て成年に達するのは誕生日の前日の午後十二時卽ち誕生日の午前零時であるから式は誕生日に擧げらるゝこととなる）に賢所の大前にて御成年式が擧げらるゝ。

成年式は皇太子、皇太孫の成年式と其の他の皇族の成年式とで輕重がある。

皇太子、皇太孫の成年式を行ふ期日は宮內大臣之を公告し（成年式令第十二條）、その當日は先づ宮內高等官參列の上賢所皇靈殿神殿に奉告の儀が行はれ、掌典長祝詞を奏し、皇太子の御代拜（東宮侍從奉仕）、參列員の拜禮がある。その後賢所大前の儀が行はれる。賢所の大前に天皇出御、掌典長をして皇太子に冠を加へしめさせらるゝのである。次で皇太子皇靈殿神殿に謁せらるゝの儀がある。此の儀には天皇の出御なく、皇太子は闕腋御袍を縫腋御袍に御召替遊ばされ、掌典長祝詞奏上の後參進御拜あらせらるゝ（同令第九條及附式）。成年式の終りたる後に天皇、皇后、太皇太后、皇太后に朝見の儀がある。何れも宮城及本宮の正殿に於て式部長官前行の下に正殿に參進、御對面、謝恩の意を言上あらせらるゝに對し、陛下方よりは勅語又は懿旨を賜はる（同令第十一條及附式）。朝見の儀も滯りなくお濟みになると百官を召されて宮中饗宴の儀があるが、その次第はその時々に定めらるゝことになつて居る（同令第八條、第十二條及附式）。

皇太孫の成年式等は皇太子のものに準じて行はれる（同令附式）。

皇太子、皇太孫以外の親王及王の成年式は之より簡單に行はれる。卽ち奉告の儀はなく成年式の前に勅使をその殿邸に遣はされて冠を賜ふの儀あり、賢所大前の儀に於ても天皇の出御なく、掌典長加冠を奉仕するのみである。宮中饗宴等のことはない（同令第九條、第十二條及附式）。

親王、王成年式を終りたるときは其の當日宮內大臣之を公告する（同令第十三條）。參內朝見の儀、太皇太后に朝見の儀、皇太后に朝見の儀は皇太子の場合に於ける各〻その儀に準じて行はれる（同令附式）。

第五　皇族の特權

皇族は前に述べた樣な尊貴な方であるが故に色々な點に於て一般臣民とは別な權利、卽ち特權を有せらるゝ。今その重なものを掲げれば次の如くである。

一　皇位繼承の權　我が國の皇位は皇男子孫のみ之を繼がせらるべきものである（憲法第二條典範第一條）。而して君臣の分は上古より定まり、假令皇族でも一旦臣籍に入れば再び皇族たることを得ず（典範第一增補第六條）、故に皇位を繼承し得るは皇族のみに限られるものである。卽ち法制上皇位繼承の資格は皇族の特權なりと認められる。

二　公職に就く特權　攝政に任ぜらるゝは皇胤たる皇族及皇后、皇太后、太皇太后に限り（典範第二十條、第二十一條）、皇族會議員は成年たる皇族男子に限る（典範第五十五條）。又成年以上の皇族男子は當然貴族院に列し（憲法第三十四條、貴族院令第一條、第二條）、在京の親王にして成年以上のものは樞密院會議に列し發言及表決に加はるの權を有せられる（明治二十一年五月十八日及十九日勅旨）。皇太子、皇太孫は滿十年に達したる後陸軍及海軍の武官に任じ、親王、王は滿十八年に達したる後特別の事由ある場合を除くの外陸軍又は海軍の武官に任ぜらるべく、一般臣民の如き任官の資格條件を要せない（身位令第十七條）。

三　一般法令の適用を受けざる權　皇族は一般臣民と異なるを以て原則として臣民の權義に關する國務法の適用を受けず。皇室典範第一增補が「皇族の身位其の他の權義に關する規程は此の典範に定めたるものの外別に之を定む」（第七條第一項）、「法律命令中皇族に適用すへきものとしたる規定は此の典範又は之に基つき發する規則に別段の條規なきときに限り之を適用す」（第八條）と規定するのは是を示したのである。その結果皇族と人民とに亙る事項の適用法規が別々になる樣なときは、之を一律に皇族に適用する方の法規に依て法律關係が決定されるのである（第七條第二項）。

四　榮譽權　皇族の榮譽を保持せしめらるゝ爲め皇族には種々な特權が認められる。

（イ）皇族の班位は天皇に次ぐ（後章儀制の條參照）。

（ロ）敍勳は普通の例規に依らずして行はれる。卽ち皇太子、皇太孫は滿七年に、親王は滿十五年に達したる後、大勳位菊花大綬章を、王は滿十五年に達したる後、勳一等旭日桐花大綬章を敍賜せられ、皇后は大婚の約成りたるとき、皇太子妃、皇太孫妃は結婚の約成りたるとき、親王妃は結婚の禮を行ふ當日、內親王は滿十五年に達したる後、勳一等寶冠章を敍賜せられ、王妃は結婚の禮を行ふ當日、女王は滿十五年に達したる後、勳二等寶冠章を敍賜せらるゝ（身位令第八條乃至第十六條）。是等敍勳の規定の外勳章記章に關する法令は皇族にも亦適用あるものとされるが、特旨に依る場合は法令の適用を見ないのである（同令第十九條）。

（ハ）特旨ある場合に於ては文武官に關する法令は適用せられない（同條）。

（ニ）儀禮上に於て榮譽を顯彰せられる。例へば太皇太后、皇太后、皇后は陛下、その他の皇族は殿下の敬稱を享けられ（典範第十七條、第十八條）、特別の紋章、服裝、鹵簿を用ゐられ（後章儀制の條參照）、喪儀に當りては或は國民、附屬職員等喪を服し、宮中喪廢朝仰出さる（後章喪儀の條參照）等がそれである。其の外陸海軍には敬禮法に就き細き規定を存する。

（ホ）宮號を賜はりたる皇族には勅任待遇の別當を附屬せしめ、宮內事務官、宮內屬亦皇族に分屬して之に奉仕し、皇族武官を附屬せしめられ、妃殿下には御用取扱（女子奏任待遇）が附せらるゝ。

（ヘ）皇族に對する犯罪は特に重く罰せられ（刑法第七十三條乃至第七十六條、新聞紙法第四十二條、第四十三條）且その裁判手續に就いても特別な規定がある（裁判所構成法第五十條）。

五　司法上の特權　皇族は又司法上の特權を有せらるゝ。詳しきことは裁判制度の章に於て說く豫定である。

六　財產上の特權　皇族は身位に應じ皇室經費中より歲費を受け、またその所有財產に就いても種々特別な取扱を受けらるゝ。後段財産制度を說く時詳述するであらう。

第六　立　儲

前項に於て述べたやうに太皇太后、皇太后、皇后、皇太子、皇太子妃、皇太孫、皇太孫妃は皇族中に於ても特別な身位特權を有せらる。故に往昔に於ては立后の儀、贈皇后、贈皇太后の儀等があつたが、現代に於ては時世に適順してその大部分を廢し唯立坊の儀の遺意を酌みて立儲の事のみを定めて居る。但し嫡出の長皇男子が儲嗣に在すことは立太子の禮、或は立太子の詔書に依て定まるのではない。唯斯の如き手續を取り本來の地位を特に威儀を正して國民に周知せしめ、所謂その瞻望を緊かしむるものである。

先づ勅旨に依り皇太子を立つるの禮を行ふことが御治定になれば、その期日は宮內大臣之を公告する(立儲令第一條、第二條)。當日は立太子の式に先ち賢所皇靈殿神殿に奉告の儀があり、天皇皇后兩陛下の御代拜が立つ。又勅使發遣の儀に依り勅使は勅命を蒙り、幣物を神宮、神武天皇山陵竝先帝の山陵に奉幣を奉仕する。

續いて立太子の儀は賢所大前に於て行はれる。開扉、供饌、祝詞奏上(掌典長奉仕)の後、天皇は御束帶黃櫨染御袍にて劍璽と共に、皇后は御五衣、御唐衣、御裳にて內陣の御座に出御、天皇御拜禮御告文を奏させられ、內掌典御鈴を奉仕す。訖て皇后の御拜禮ありたる後、兩陛下は外陣の御座に移御遊ばされる。次で皇太子、同妃相次で內陣にて御拜禮、外陣に御出ましになり、兩陛下の御前に參進(妃は拜座)さるれば、天皇は勅語を賜ひ侍從長の奉る壺切御劍を皇太子に授けられ、皇太子は之を奉じ（東宮侍従奉仕）妃と共に簀子に候せられる。次に皇族の御拜禮あり、兩陛下入御。續いて皇太子同妃兩殿下退下、諸員拜禮、撤饌閉扉の後諸員退下して儀を終るのである（同令第四條及附式）。之に引續いて、皇太子同妃兩殿下は式の如く皇靈殿神殿に參進御拜禮遊ばされる（同令第六條）。

又此の日に立太子の詔書は公布せられる（同令第五條）。

立太子の禮訖りたるときは皇太子同妃兩殿下は天皇、皇后、太皇太后、皇太后に朝見遊ばされる。兩陛下に朝見の時（參内朝見の儀）には兩殿下謝恩の御詞を奉り、兩陛下の勅語懿旨あり、次で御饌御酒供せられ兩陛下より御盃を賜はり、御祿を進められ兩殿下之を拜謝され、訖て兩陛下入御、次で兩殿下退下遊ばさる。太皇太后、皇太后に謁するの儀も略同樣であるが、御饌御酒の儀はない（同令第七條及附式）。

以上の諸儀が濟めば日を期して古の立太子節會に當る宮中饗宴の儀が行はれる。その次第は時に臨みて定められる（同令第八條及附式）。

第七　皇族の特別義務

皇族はその御身位の上から、種々特別な義務を御負擔になる。又從て天皇の特別の御監督の下に立たれるのである（典範第三十五條）。

(1)　皇室に對し忠順にして、且皇族の品位を辱めざること（典範第五十二條）。

(2) 皇族男子は陸海軍の任務に服すること。他の職務に就く爲めには勅許を要する（身位令第十七條）。

(3) 皇族會議員、及貴族院議員に列し、在京の親王は樞密院の會議に班列せらるべきこと（憲法第三十四條、典範第五十五條等）。

(4) 居住の制限を受くること。皇族はその住所を東京に定むべく（身位令第四十三條）、若し以外に定むる必要あるときは勅許を經ることを要す。御任務の爲め地方に在勤するを要することあるべきは皇族身位令第十九條の結果勅許を要しないが此の時と雖も住所は依然本邸（賜邸と云ふ）に在りと解すべきである。

(5) 紊に外國に旅行せざるべきこと。皇室典範第四十三條は「皇族國疆の外に旅行せむとするときは勅許を請ふへし」とある。

(6) 親族法上各種の制限を受くること。例へば親族の範圍、婚姻、養子緣組、認知、直系卑屬の保育等に就き色々な制限がある。後に親族制度を說く際に詳述する。

(7) 財產法上各種の制限を受くること。皇族は商工業を營み營利を目的とする法人其の他の團體の社員會員又は役員となることを得ない。只株式を所有し株主となることだけは出來る。又任官に依る場合の外報酬を受くる職に就くことを得ず、又特定の皇族は遺贈を受くることをすら禁止せられて居る（身位令第四十四條、第四十五條、財產令第二十三條）。

(8) 行政法上の制限を受くること。例へば皇族は公共團體の吏員又は議員となることを得ない（身位令第四十六條）。即ち是等の公職に推薦又は選擧せられても之を受諾せざるべき義務を負はれて居るのである。

以上は法規に現はれた分であるが、此の外皇族は概括的に天皇の監督に服するものなるが故に、此の監督權に依て具體的事項に就き天皇の命令があるならば之に從ふ義務を負ひ從て廣汎なる範圍に亙て特別義務の生ずるは勿論である。一般臣民に對し憲法が保障するが如き權利の保障は皇族に就いては存せない。憲法第二章が皇族に適用ありや否やに關しては固より論ずべきことが多いのであるが、今は暫く之を憲法學の研究に委ねることとする。

第八　皇族の懲戒

皇族其の品位を辱むる所行あり又は皇室に對し忠順を缺くときは皇族會議に諮詢したる後勅旨を以て之を懲戒す（典範第五十二條）。

皇室典範第五十二條の規定をうけて、皇族身位令には特に懲戒の章（第五章）を設けて居る。皇族の懲戒はその輕重により、謹愼、停權及剝權の三種とする（身位令第三十六條）。謹愼は後來を訓戒し十日以上一年以下特旨に依り命ぜらるゝ場合の外參內を禁ずるもの（同令第三十七條）、停權は一年以上五年以下皇族特權の一部又は全部の行使を停止するもの（同令第三十八條）、剝權は皇族特權の全部を剝奪するものである（同令第三十九條）。その手續は三種とも宮內大臣の奏請に依り皇族會議に諮詢せられたる後勅裁に依るのであるが、停權、剝權に關しては諮詢以前に於て同じく宮內大臣の奏請に依り樞密顧問官及宮內勅任官三名以上の委員を勅選し其の情狀を審査せしむる事を要する（同令第四十一條）。

懲戒を受けたる皇族が改悛の狀顯著なるときは勅旨を以て其の懲戒の一部又は全部を解除せらるゝ。その手續及形式は懲戒の場合と同樣である（同令第四十條乃至第四十二條）。

第五講　宮中の祭祀

第一　總說

祭祀とはマツリのこと、マツリとは人間を超越し、而も人間と最も密接な關係にある靈卽ち神を、形を整へて慰め、また神の靈を人が感じ神人合一の境地に立て惡を祓ひ人の神性を發揮し個人、近親、民族、國民、人類等の幸福を念ずることを云ふ。我が國に於てマツリとは特に我等の民族神をマツルことを指す。

祭祀卽ち日本の民族神をマツルことを司ることは天皇の大權に屬する。是を美濃部博士は祭祀大權と稱《ナツ》けらるゝ。博士に依れば祭祀大權は祭祀に伴ふ行政事務とは異なり、事務は或は國務大臣の或はまた宮內大臣の主管とするが、祭祀自體は「天皇の親祭の場合に於ても國務大臣又は宮內大臣の輔弼する所に屬せず」、「祭祀は必ずしも攝政の當然に代行する所に非ず、天皇未成年と雖尙親祭を以て常則と爲すべく、天皇故障あるが故に攝政を置く場合に於ては攝政之を代行し又は他の皇族若は掌典長をして之を行はしむるを常則と爲すべしと雖尙一時故障止みたる場合に於ては或は親祭あることとあるべし」と云ふ。然し祭祀自體に就いて大臣に輔弼の責なしと云ひ、攝政の攝行權が祭祀に及ばないと云ふことは未成年天皇の場合の外法文上の根據なく、慣習上の論據も缺け聊か行き過ぎた議論のやうに思はれる。

祭祀の大權は形式上或るものは國務とし、或るものは宮務とし、又或るものは兩者相互るものとして現はれる。例へば神宮及官國幣社以下各神社の祭祀の事務は多く國務として取扱はれ、神宮祭祀令、官國幣社以下神社祭祀令は勅令を以て規定せられ、宮中三殿の祭祀は宮務とし皇室祭祀令は皇室令を以て規定せらるゝが、神宮の祭祀の中なる神嘗祭遷宮祭に就いては皇室祭祀令中にも規定を有し、又新嘗祭祈年祭等の奉幣に關しても神宮に奉幣の儀は皇室祭祀令に規定を設け、官國幣社に就いては同令中に同令又は他の皇室令に別段の定あるものを除くの外宮内大臣勅裁を經て之を定むる旨を明かにしてゐる（同令附式及第七條）。然し何れの場合に於ても祭祀を遊ばす方は統治權の總攬者たる天皇であり、御親祭なきときと雖も神宮祭主、宮司、掌典長が天皇の機關として祭典を行ふのである。神宮祭主が原則として皇族であることは古來の制であつて、天皇の大御《オホミ》手代《テジロ》として奉齋されるのは最も之を明かにして居る（神宮司廳官制第二條）。

第二　皇室祭祀令所定の祭祀

一　大祭　天皇、皇族及官僚等を率ゐさせられ御親ら御祭典を行はせ給ふを宮中の大祭と云ふ（祭祀令第八條）。

皇室祭祀令の定むる大祭及其の期日は左の如くである（同令第九條）。

元始祭　一月三日

紀元節祭	二月十一日
春季皇靈祭	春分日
春季神殿祭	春分日
神武天皇祭（式年祭を含む）	四月三日
秋季皇靈祭	秋分日
秋季神殿祭	秋分日
神嘗祭	十月十七日
新嘗祭	十一月二十三日より二十四日に亙る
先帝祭（式年祭を含む）	毎年崩御日に相當する日
先帝以前三代の式年祭	崩御日に相當する日
先后の式年祭	崩御日に相當する日
皇妣たる皇后の式年祭	崩御日に相當する日

式年とは崩御の日より三年五年十年二十年三十年四十年五十年百年及爾後毎百年を云ふのである（同令第十條）。

是等大祭は神嘗新嘗二祭の外は皆明治時代になつてから創制せられたところである。以下各祭に就きその概略を述べやう。

（イ）元始祭　は毎年一月三日賢所、皇靈殿、神殿に於て行はる。此の御祭典は明治二年神祇官に神殿御造營あり、翌三年正月三日行幸御親祭の御豫定の處、明治天皇御微恙の爲め三條右大臣を御使として參向せしめらるゝと共に「朕恭しく惟みるに大祖業を創むるや神明を崇敬し蒼生を愛撫し給ふ、祭政一致由來する所遠し矣。朕寡弱を以て夙に聖緖を承く。日夜怵惕天職の或は虧けむことを懼る。乃祇して天神地祇八神曁《オヨビ》列皇の神靈を神祇官に鎭祭し以て孝敬を申ぶ。庶幾くは億兆をして矜式する所有らしめよ。」と詔し給ひ、翌四年正月三日御親行御親祭あらせらる。茲に於て之が恆典たるべきの議起り、五年以降年々元始祭と稱して御祭典を行はるゝこととなつた。本儀の精神は此の沿革に依て明かである。元始祭なる名稱は古事記の序に「元始綿邈、先靈に賴りて生神立人の世を察す」の句あるに依り、開國、創業、年頭の各義に通ぜしめられたものであらうと考へられる（同令第十一條）。

（ロ）紀元節　は云ふ迄もなく神武天皇卽位の應當日に於て建國の鴻業を追仰して同天皇の神靈を奉祀すると共に君民倶に建國の精神を喚起し國運の隆興を祈る祭である。昭和三年より、もと皇靈殿に於てのみ行はれしを賢所及神殿に於ても亦執行せらるゝやうになつたのは此の精神を擴充せられたものと拜察する（同條）。

（ハ）春秋二季の皇靈祭及神殿祭　皇靈祭は歷代天皇及歷朝の皇族の神靈を慰藉し奉り、併せて皇國の彌榮を祈る御祭典である。往昔代々皇靈を祀られたことは史書にも散見するところであるが恆例の御祭典の次第等は今は詳かでない。殊に佛敎隆盛となりてより皇親多く法體とならせられてからはその祭祀慰靈も多く佛式を以てせられたのであつた。明治維新以後之を改めて總て神式の御祭典を行はさるゝやうになり、明治二年十二月には神祇官にて天神地祇八神と共に皇靈を祀らせられ、爾後歷代の御式年祭及御正辰祭を行はせられた。然し我が國の如く皇統連綿たる國土に於て年々歲々是を祀らるゝことは精神を去て形式に墮し却て神威を冒瀆する虞があるが故に明治十一年六月、爾後神武天皇竝に先帝四代を除く外式年祭竝に正辰祭を廢せられ、玆に春秋二季の皇靈祭を制せられた。然も之も餘り御歷代に對し奉り御手薄なりとの聖旨により皇室祭祀令に於ては先帝祭（大祭）、先帝以前三代の式年祭（大祭）、先帝以前三代の例祭（小祭）の外第二代綏靖天皇以下先帝以前四代に至る諸帝に就いてはその式年祭（小祭）を擧げさせらるゝこととせられた（同令第二十一條）。

春秋二季の神殿祭は年二回を期し天神地祇に對し奉り天皇親しく恩を謝し神佑を請ひ、以て皇國の彌榮を祈念せらるゝ御祭典である。

（ニ）　**神武天皇祭**　は神武天皇の崩御相當日に同天皇の皇靈を祀る。同天皇御卽位第七十六年三月十一日（陰曆）橿原宮に崩じ給ひ、畝傍山の東北に葬り奉り畝傍東北陵と稱し奉りしこと記紀に明かなり。然るに建武以來戰亂相尋ぎ爲めに御陵地の明確を缺くに至つたが、孝明天皇の文久三年再び確定せられ、翌元治元年三月十一日天皇親しく清涼殿に出御御遙拜の式を擧げさせられ、山陵に勅使を參向せしめられた。明治三年三月十一日明治天皇神祇官に行幸御親ら祭典を行はれ、同四年には全國一般の遙拜式を定められた。斯の如き沿革に依り四月三日（陰曆を陽曆に改む）を神武天皇祭とし皇靈殿に祭典を行はせられ、祭典中東游を行はれ又山陵には奉幣せしめらるゝのである。

神武天皇祭が式年卽ち崩御後二千六百年、二千七百年等に當るときは恆例の神武天皇祭を行はせられず、更に御鄭重な式年祭が行はれる（同令第十二條第二項、第九條第二項）。

（ホ）　神嘗祭　はカムナメノマツリ、カムニヘノマツリ又カムナメサイと訓《ヨ》む。毎年新穀を諸神に先ちて神宮並に賢所に獻ずる祭典である。此の祭典はその縁由最古きものの一つであつて、二十二社註式に「例幣（九月十一日神嘗祭）天曆勘文云、於二濫觴一者、垂仁天皇御宇也」とある。明治になりてよりは奉幣の外賢所にても御祭典を行はせられ、御遙拜式の勅使發遣の日なりしを改めて奉幣の日（九月十七日）とせられた（御遙拜は明治三年賢所御祭典は明治四年より行はれしが如し）。神祇に新穀を獻ずるは古來十月を以てせられたのを神宮に限り斯の如く古くより九月とせられたことは以て神嘗祭の御精神を窺ふに充分である。改曆後は九月は新穀を獻ずるに適せないところから十二年七月七日の正院布告を以て十月十七日に改められ以て今日に及んで居るのである。卽ち現制（皇室祭祀令）に於ては「神嘗祭は神宮に於ける祭典の外仍賢所に於て之を行ふ。神嘗祭の當日には天皇神宮を遙拜し且之に奉幣せしむ」（同令第十四條）と規定して居る。

（へ）　新嘗祭　ニヒナメマツリ又シンジヤウサイと訓む。毎年天皇親ら諸神を招請せられ相共に新穀を食召され、登極の初めに於ける大嘗の眞義を年々新にせらるゝ御祭典である（天皇の章大嘗祭の條參照）。世間多く大嘗新嘗の儀一にして二義なしと說くが、之は大寶令延喜式共に新嘗を大嘗と記し、北山抄にも卽位の大嘗、毎年の大嘗など載するが故であるが、玆に述べたやうな區別のあることは古來大嘗のみを大祀としたことからでも想像せらるゝのみならず、その規模に於ても大に異なるのである。起源は神代の大嘗祭に存するも、皇極天皇の頃に至るまではその期日は確定しなかつたが、同帝以後は十一月下の卯日（三卯なれば中の卯の日）に行はれることとなつた。明治遷都以後は宮城山里の神嘉殿に於て、又皇居炎上後宮城御造營までは赤坂御殿にて行はれたが、今は同時に御造營になつた神嘉殿に於て行はれる。また期日は明治六年の改暦に際し、同年十一月の下の卯日たる十一月二十三日を以て永制とせられた。

新嘗祭は夕の儀と曉の儀とに分かるゝことを初めその次第は大嘗祭と同様ではあるが比較的簡素に行はせらるゝ。卽ち特に大嘗宮の如き奉祀殿を作らず、從て廻立殿、悠基殿、主基殿、本殿、帳殿、小忌の幄舍等なく、衞門、威儀の者の配置もなく、庭積の机代物、齋田米及齋田米にて釀せる白酒黑酒の供進、國栖歌、風俗歌等もない。又皇后を初め奉り皇族女子の御參列もない。祭祀令の附式に依り、その次第を掲ぐれば次の如くである。尙前一日鎭魂の儀は登極令に於けると同じである（其の條參照）。

新嘗祭の當日には賢所、皇靈殿、神殿に神饌幣物を奉らしめ且神宮及官國幣社に奉幣せしめらる（同令第十五條第二項）。此の儀は何れも明治の創制にかゝるけれど、その起源は古儀相嘗祭《アヒナメノマツリ》に在る。相嘗祭は令義解に「新穀を嘗めて神祇を祭るなり、則ち朝に諸神に奉り、夕に至尊に供す」とあるが如く新穀奉上の祭であつて、十一月上の卯日に神祇官の官人が京都、山城、大和、河內、攝津、紀伊の諸社に幣帛を班《ワカ》つのである。中世以後此の古儀は廢絶に歸したが、明治の初年新嘗祭に當り此の古意を酌み新嘗祭班幣の制を定められ、祭祀令にも亦之を規定せられたのである（同令第十五條乃至第十七條）。

（ト）　鎭魂の式　天皇喪に在らざる限り、新嘗祭を行ふ前一日卽ち十一月二十二日、綾綺殿に於て鎭魂の式が行はれる（同令第十六條）。八神及大直日神を祭り天皇の御魂を鎭め聖壽の萬歲を祈る神事である。

（チ）　先帝祭　は先帝の崩御相當日にその神靈を奉祀する祭典である。神靈の御慰藉が主なるが故にその夕御神樂が行はれ、勅使をして山陵に奉幣せしめらるゝ。尚先帝祭は第二年目から行はれる。第一年は尚凶祭なるが故である（同令第十二條）。

（リ）　神武天皇式年祭及先帝式年祭　神武天皇祭及先帝祭が式年に當るときは式年祭とし皇靈殿のみならず、陵所に於ても御祭典が行はれ、天皇は山陵にて御親祭遊ばされ、皇靈殿にては掌典長司祭の下に祭典を行はれ、天皇御名代が立つ。尚附式の規定より見れば先帝式年祭には皇后及皇太后は山陵の御祭典に御參列御親拜あらせられ、皇靈殿には御名代が立つを本體とされ皇族は夫々に分れて參列されることとなつて居る（同令第十八條）。

（ヌ）　先帝以前三代、先后、皇妣たる皇后の式年祭　は皇靈殿に於て行はれ、當日各その山陵には奉幣せしめられる。御祭典中東游が行はれる（同令第十二條及附式）。先后とは先帝の皇后を云ひ、皇妣たる皇后とは現天皇の母君に當らせらるゝ御方にして先帝以外の天皇の皇后たりし方を指す。例へば現天皇が支系より入りて兄たる天皇の大統を承けたる場合に於ける先々帝の皇后の如し。

二　小祭　小祭には天皇、皇族及官僚を率ゐて御親ら拜禮し給ひ掌典長をして祭典を行はしめらる（同令第二十條）。

小祭及其の期日は左の如くである（同令第二十一條）。

歲旦祭　一月一日
祈年祭　二月十七日

明治節祭　十一月三日

賢所御神樂　十二月中旬

天長節祭　毎年天皇の誕生日に相當する日

先帝以前三代の例祭　毎年崩御日に相當する日

先后の例祭　毎年崩御日に相當する日

皇妣たる皇后の例祭　毎年崩御日に相當する日

（綏靖天皇以下先帝以前四代に至る）歴代天皇の式年祭　崩御日に相當する日

（イ）歳旦祭及四方拜　は一月一日早旦、賢所、皇靈殿、神殿にて行はる（同令第二十三條）。年頭に際し祖宗天神地祇の神靈を祀り神祐を祈る御祭典であつて、古來の節朔祭の故掌を遺すものである。節朔祭は毎月朔日及節日に行はれたもので、既に禁祕御抄等にも毎月一日賢所に神饌を供進することを記すところから見れば古くより行はれたものであらう。明治維新以後は年頭祭又は正月三箇日祭と稱して三箇日の御祭典を行はれたが、祭祀令は時世に鑑み祭事の頻數は却て神威を瀆すの因とならむことを虞れ歳旦祭のみを行ふこととせられた。

歳旦祭に先ちて四方拜が行はれる。四方拜の起源は明かでないが皇極天皇が南淵の川上に行幸し四方を拜し、天を仰いで雨を祈り給ひし事等より察すれば四方を拜して神祇を崇敬するは上古よりの風なるべしとせらるゝ（國史大辭典）。又一說によれば江家次第、延喜式等より察すれば寛平以前より既に祭典の式を備へたるものであらうと云ふ（佐伯有義氏）。

（ロ）　祈年祭　トシゴヒノマツリ又はキネンサイと訓む。賢所、皇靈殿、神殿にて五穀の豐穰を祈り併せて國家皇室の安泰隆昌を禱る御祭典である。又當日は掌典又は地方官を勅使とし神宮及官國幣社に奉幣せしめらる（同令第二十三條）。此の祭祀も極めて古い起源を有するものの一つである。神祇令の義解には「歳災作《おこ》らず時令順度たらしめんと欲し、卽ち神祇間に於て之を祭る。故に祈年と曰ふ」とある。

（ハ）　明治節祭　は明治天皇の御誕生相當日を明治節と定めらるゝに當り其の趣旨を承け當日同天皇の偉業を稱へ御遺德を景仰すると共に明治中興の精神を振作し、寶祚國運の隆興を祈請する爲め昭和三年祭祀令を改正して新に制定せられたる御祭典である。之を皇靈殿のみの祭祀とせず、賢所、神殿にても行はせらるゝのは單に同天皇の神靈を慰め奉るのが主意でなく、御神德に依て國家全一の發揚を祈るの精神なるが故であり、その小祭に列せられたるは紀元節祭と較量せられたるものと拜察せらる（同令第二十一條、第二十三條）。

（ニ）　賢所御神樂　は恆例として賢所の神靈を慰め奉る爲め神饌を供し祝詞を奏し、天皇御親拜の上御神樂を奏し奉る御祭典である。夜間庭燎を焚き神樂舍の三面を幔にて張り神に面する一面のみを開き、笏拍子の調節に依り本歌末歌の一雙歌はれ、和琴、笛、篳篥、聲に和す。採物と稱する種類の曲に在りては、奏樂者（召人と云ふ）中の長（人長《ひとをさ》と云ふ。纓冠を戴き笏を搢み太刀を帶び、榊の枝を持つ）が舞ふ。

十二月中旬行はせらるゝ恆例の御神樂の外にも紀元節祭、神武天皇式年祭、先帝祭、先帝式年祭の夕には必ず御神樂が上げられ（祭祀令附式）、その他でも、例へば社殿御修築等に當り御動座等があると臨時に御神樂を行はせらるゝこともある（紀元節祭の御神樂の儀は同時に三殿に對し奉獻せらるゝものである點に於て他の場合の御神樂と主旨を異にす）。

（ホ）天長節祭　は天皇の御誕生相當日即ち天長節に際し賢所、皇靈殿、神殿に於て神を祭り聖壽の萬歲、皇室國家の安穩隆盛を祈請せらるゝのである。古儀にはなき御祭典で、明治五年に初めて行はれ、祭祀令亦之を規定したのである（同令第十三條）。

（ヘ）先帝以前三代、先后、皇妣たる皇后の例祭　は每年崩御相當日に皇靈殿に於て行はるゝ。その式年に當るときは例祭は之を行はれず、式年祭として大祭を行はれること前述の如くである（同令第二十二條、第二十五條）。

（ト）前揭以外の歷代天皇式年祭　はその式年に當る崩御相當日に皇靈殿に行はれる小祭である。東游等のことなし。明治初年一度廢されたるを祭祀令に依り再興せられたものである。

三　陵墓祭及官國幣社の奉幣祭　官國幣社の奉幣の祭式に就いては祭祀令の附式は之を定めず、陵墓祭及官國幣社奉幣に關する規定は本令又は他の皇室令に別段の定あるものを除くの外宮內大臣勅裁を經て之を定むべき旨を同總則に於て規定して居る（第七條）。之蓋し細きに亙ると、是等の祭典が時に應じ所に從ひ色々な事情を參酌するを必要とすべく、劃一的規定を設くるに適せないとした爲めであらう。陵墓祭とは例へば從來不明なりし山陵又は皇族御墓の確定した場合に於ける御祭典の如きを指すのであつて、陵墓令により、大概豫想し得べき陵墓の御祭典は規定せられて居る（後章陵墓の制參照）。

四　準大祭　左の場合に於ては大祭に準じて祭典を行はせらるゝことになつて居る。之を準大祭と稱して宜からうと思ふ(同令第十九條)。

(イ)　皇室又は國家の大事を神宮、賢所、皇靈殿、神殿、神武天皇山陵、先帝山陵に親告するとき　皇室又は國家に大事あるとき、神祇を祭りその加護を祈ることは、我が古來の風習であると共に、國體上正に然るべきところである。延喜式に「凡そ常祀の外祭に應ずるは事に隨て之を祭るなり」とあるのもその爲めである。外國との開戰、平和克復、皇室典範增補、大震火災の復興等に就いては現に本條による御祭典が行はれたのである。その祭儀の次第は時に臨みて定めらるゝことになつて居る(同令附式)。

(ロ)　神宮の造營に因り新宮に奉遷するとき　古來神宮は二十年每に新宮を造營して、東西兩殿交互に遷宮せらるゝ。之を式年遷宮と云ふ。是は天武天皇の御創めになつたもので、持統天皇の時その第一回式年遷宮行はせられたと傳へられ、延喜大神宮式にも「凡そ大神宮二十年一度造替す」と記されてある。此の典例は中世數回假殿遷宮の事があつたのみで、殆んど缺かれたことなく昭和四年の十月には實にその第五十八回目が行はれたのであつた。

遷宮の次第は祭祀令には定められて居らぬ(附式に神宮奉幣に就いての規定はあるが遷宮は奉幣ではない)。之を實際に就いて見れば祭典の期日は全く勅旨に依て定まり宮內大臣之を公告し(同令第十九條第二項)、本儀の式次第の原案は內務大臣之を立てて宮內大臣に致し、宮內大臣上奏して御裁可を經るものなりと拜承する。其の準備の諸祭典及遷宮本儀は多く古例に依て行はるゝところである。

式年の外萬一遷宮を必要とする場合も固より祭祀令に依て準大祭が行はれるべきである。

（ハ） 賢所、皇靈殿、神殿の造營に因り本殿又は假殿に奉遷するとき　宮中三殿に就いては神宮に於けるが如き式年遷宮はないから時に臨んで假殿に御遷し申上げて修築造營を行ひ、工成るとき再び本殿に遷御せらるゝのである。三殿御神靈の御動座は重大なことであるから、假殿へ遷御、本殿へ遷御遊ばさるゝに當り御祭典を行はせらる。之皇室祭祀令が、此の場合に於ては大祭に準じて祭典を行ふべく、その期日は時に臨み勅定せられ、宮内大臣之を公告すべきものとした所以である（同令第十九條）。その御次第は時に臨み定めらるゝこととなつて居る（同令附式）。

（ニ） 天皇、太皇太后、皇太后の御靈代を皇靈殿に奉遷するとき　大行天皇（即ち崩御遊ばされたる天皇）、太皇太后、皇太后の御靈代は、一周年祭を訖る迄は權殿に奉安し、その後に於て之を皇靈殿に奉遷遊ばされる（喪儀令第十條）。而して是等の方々はその喪儀に就き、天皇御親ら喪主とならせらるゝ程重き御身分で在らせらるゝが故に（同令第八條）、その御靈代を皇靈殿に奉遷せらるゝに就いても大祭に準じ御祭典を行はせらるゝこととし、その御次第も皇室祭祀令の附式に依て定められて居る。期日は勅旨に依て定まり、宮内大臣之を公告することになつて居る（祭祀令第十九條）。

附式に於ては天皇の靈代奉遷の儀を細く規定し、太皇太后、皇太后の靈代奉遷の儀は之に準ずべきものとして居る。此の御祭典は皇靈殿奉告の儀、權殿の儀、皇靈殿親祭の儀の三つに分れる。皇靈殿奉告の儀は某日何天皇の御靈代を皇靈殿に奉遷する旨を皇靈殿に奉告せらるゝ御祭典である。權殿の儀は遷御に先ち神饌を供し祝詞を奏し天皇御代拜あらせらるゝ御祭である。

此の儀が訖ると御車寄へ出御、此の處より御羽車に乘御。皇宮警部、皇宮警察部長、皇宮警部、舍人、式部官、式部次長、樂師、掌典補、掌典、掌典次長、御羽車（近衞將校側衞）、掌典長、掌典、掌典補、宮內大臣、式部長官、宮內高等官、先帝側近奉仕の高等官、式部官、舍人、皇宮警部の鹵簿を整へて賢所正門に至り、是にて式部職職員以外は鹵簿を退り、皇靈殿に至り、掌典長奉仕して殿內に安置し奉る（大正天皇御例）。右訖りて皇靈殿親祭の儀を行はせらるゝ。此の儀は御親祭であつて、大祭に於ける皇靈殿の儀に同じ次第に依て行はせらるゝのである。

五　準小祭

以上は準大祭であるが、準小祭即ち小祭に準じて行はれる御祭典が一つある。それは太皇太后、皇太后を除く皇族の御靈代を皇靈殿に奉遷せらるゝの儀である。皇后の御靈代は一周年祭を訖る迄權殿に奉安し、皇太子以下の皇族の御靈代は同じく一周年祭を訖る迄其の殿邸內に安置し奉る（喪儀令第二十條）。殿邸內御遺骸安置の御部屋を權舍と云ふ。一周年祭後に於て期日を勅定せられて（宮內大臣の公告を要せず）御靈代は皇靈殿に奉遷せらるゝ。その御祭典も、皇靈殿奉告の儀、權殿（又は權舍）の儀、皇靈殿祭典の儀に分れる。前二者は天皇の靈代奉遷の儀中各〻その式に準じて行はれる。皇靈殿祭典の儀、卽ち皇靈殿に合祀の御祭典は小祭たる例祭に準じて行はれるが、天皇の御親拜は特旨に依る場合の外は之なきことを原則とし（祭祀令第二十六條）特旨に依り御親拜あるときは例祭の次第の如くに行はれる。皇后の靈代奉遷の際は天皇の御代拜（侍從奉仕）あり、皇太子以下各皇族は御自拜とする（太皇太后、皇太后あるときは同じく御自拜と解すべきが如し。尤も儀注節略することを得る規程なるが故に御代拜とするを得べし）。皇太子の靈代奉遷のときは天皇、皇后ともに御代拜（太皇太后、皇太后亦同じと解す）、皇太子妃の靈代奉遷のときは天皇、皇后、皇太子とも御代拜とす。其の他の皇族の靈代奉遷のときは參列拜禮する人々は、其の際御任意にて御參集遊ばされたる皇族及薨去せられた皇族に附屬の高等官のみである。

六　祭祀令所定外の恆例祭祀　皇室祭祀令は典型的な祭祀を掲げて共の次第等を定めたものであるから、本令に規定して居ないときは古來行はれたものでも之を執行してはならないと云ふ譯ではない。また事實上に於ても恆例として行はれるものもある。今その重なものに就いて簡單に書き記さう。

（イ）旬祭《シユンサイ》　神宮及三殿は皇室の最も尊崇遊ばすところであつて、御祭典も絶えないのであるが、而も毎日、日供と稱して神饌の御供進を缺かしめ給はざるのみならず、畏くも、聖上には毎朝神宮及賢所を御遙拜遊ばされ、且宮中三殿へは侍從を差遣はされて御代拜せしめらるゝのである。之は固より祭祀とは申上ぐべきでないが、更に一月一日（歳旦祭）、二月十一日（紀元節祭）を除き、毎月一日、十一日、二十一日には御内輪にて、即ち參列員なく掌典其の他の神祇に奉仕する職員のみに依て御祭典を行はせられ、御親拜又は侍從御代拜の儀があるのである。之を旬祭と云ふ。

（ロ）大祓《オホバラヒ》　大祓は毎年六月三十日、十二月三十一日に皇族及官吏の總代を招集し、その知らず識らず冒した無顯の罪穢を祓ひ解きて清むる神事である。當日は親王王各一人在京各廳勅奏判任官總代各一人、賢所前庭に參集し、祓物を安き、祓詞を讀み、大麻を以て祓ふの式を行ひ、式後祓物は河に流し棄てられるのである。百官を通じて日本國民全體が宮中にて祓ひ清められ（古は各國々で行はれたことを省みよ）、官僚は之に依て益〻公事の公明を期するの機緣を得る。大祓の眞精神誠に味ふべきであると云はねばならない。

右は恆例の大祓であるが古から大嘗會、神宮奉幣使發遣、天災地變ありしときなども臨時に大祓が行はれた。現在でも亦之を襲がせられて居る。

(ハ)　節折《ヨヲリ》　我が國には古から節折と云ふ神事が行はれる。此の行事は江家所引に依れば村上天皇勅撰清涼抄に現はるゝを初見とするものであつて毎年六月晦日、十二月晦日大祓の後、天皇の爲めに行ふ祓であつて、後には中宮、東宮の爲めにも特に行はれたと云ふ。之を節折と云ふは「竹にて御たけの寸法をとりて、其の程に折あてかへばなり」と公事根源に見ゆ(大嘗祭の條參照)。

(ニ)　除夜祭《ジョヤサイ》　は十二月三十一日の夜宮中三殿にて行はせらる。旬祭と同じく御内輪の御祭典であるが、去る年の天佑を謝し來む年の神助を祈請するもので、次第等も略旬祭に同じである。

(ホ)　皇族靈殿祭及墓所祭　皇室祭祀令に依れば先后、皇妣たる皇后の式年祭又は例祭の外は皇族の神靈を祭ることは春秋二期の皇靈祭を除いては執行せられないこと前に述べた通であるが、各宮には必ず各宮歷代の御靈の御分靈を御靈殿に奉祀遊ばされて居る。そして其の式年の薨去相當日には御靈殿御墓所にて御内輪の御祭典を行はせられ、陛下よりも御供物を遊ばされ、御緣故深き宮方のときは御代拜をも差遣はさるゝを御例とせらるゝ。

第六講　宮中の儀制

此に儀制と云ふのは、儀容を整ふる事に關する制度の謂である。大寶令の中に、儀制令があり、令義解は之を釋して、「謂ところの儀は朝儀なり。制は法制なり」と云つて居るが、此の場合の朝儀とは、朝廷の儀禮、威儀の意味、法制とは人民相互間の禮儀を稱するもののやうである。又現在皇室令に皇室儀制令があるが、其の內容は朝儀、紋章及旗章、鹵簿、宮中席次を規定して居るのであつて、大體から見れば、朝儀を中心とし、之に必要なる事項を定めてあるものと云へる。故に古今の儀制令は儀制の語義從てまたその內容を異にし、そして又私が此に用ゐた儀制の意味は是等の何れもより廣いのである。

第一　天皇・皇族の稱謂、敬稱及稱號

天皇が公式に第一人稱を用ゐさせらるゝ時は「朕」と稱せらるゝこと人の知るところの如し。又抽象的に天位の御人格を表すには「天皇」の語を以てし、但し對外的の事項には「日本國皇帝」の語を用ゐらる。是等の稱謂はものに書き記す時に必ず用ゐらるゝ所であつて、令義解に所謂「風俗の稱する所」は固より必ずしも之に限られない。

例へば「聖上」と申し奉ることは屢々ある。大寶令は天皇、皇帝の外に天子（神祇に告すとき）、乘輿（服御に稱する所）、車駕（行幸に稱する所）等を書記の稱謂として居るが、是等は現在では法制上の用語ではない。神事に於ては「天皇」と書して「スメラミコト」と訓ずるを常とする。皇族が公の文書を以てせらるゝ場合の第一人稱は「予」の語を以てせらるゝことは今迄屢々公表せられた令旨に依ても明かである。

臣民からの上表上啓には臣名（上啓の時も名を附する例多き樣なり）を稱するのが現在の慣例のやうである。

天皇、太皇太后、皇太后、皇后の敬稱は陛下と申し上げ、其の他の皇族の敬稱は殿下と申し上げる（典範第十七條、第十八條）。皇族には御身位に基く親王、王等の稱號の外、現天皇の（或時代に現に御位にあらせらるゝ當時御誕生の）直系卑屬たる皇族には、其の御呼名として特定の御稱號を宣賜せられ、御命名と共に告示せらるゝを例とする。最近の御例次の如し。

宮内省告示第六號（昭和六年三月十三日官報號外）

本月七日午後零時二分御誕生アラセラレタル内親王御名ヲ厚子《アツコ》ト命セラレ順宮《ヨリノミヤ》ト稱セラル

昭和六年三月十三日　　宮内大臣　一木喜徳郎

此の御稱號は御呼名なるが故に、その皇族の御一身に專屬するものであつて、所謂宮號とは性質を異にす。宮號は皇室内に在りても特にその御血統に就き御近い方々の一團を認め、その中心たる方に賜はる稱號であつて、從てその一團に屬する方々もその宮に屬すと認められ、その宮號を賜つた御中心の方の薨去後はその御繼嗣が相續されるものである。但し現制度の下に於ては宮號そのものは常にその一團の御中心たる方の有せらるゝ稱號の如くに規定されて居る（宮内省官制第二十九條、皇族附職員官制等參照）。

第二　朝　儀

朝儀とは朝廷の儀式、換言すれば天皇又は皇族を中心とし又は宮中を擧行の場所とする儀式のことである。然らば儀式とは何であるかと云ふに、之を一言にして云へば、形を整へ次第を定めて、或る事柄の精神を發揚することを指すものであると云つたら宜しからうと思ふ。

儀式と云ふものは何處の文明國でも古くから發達したものであつて、我が國は神武天皇時代は固より、神代に於ても行はれたことは登極の事を說いた際述べた通りである。爾來次第に整備し、弘仁儀式、延喜式等出づるに及びその極致に達し江家次第、北山抄の如き儀式解說書も澤山出る樣になつた。明治維新後は進んで泰西の風をも加へ而も古來の精神を失はないのみならず、その眞精神の發揚に努められ、その成果は各種の皇室令制の中に法典として編成さるゝに至つた。

一　新年朝賀の式　新年朝賀の式は一月一日及二日宮中に於て行はせられる（儀制令第二條）。新年朝賀（往古はミカドヲガミと訓ず）の起源に就いては舊事本記神武記に「辛酉元年と爲し正月庚辰朔橿原宮に都し肇めて皇位に卽く。（中略）。宇摩志麻治命天瑞寶を奉獻す。（中略）。時に皇子大夫、群官臣連伴造國造等を率ゐ元正朝賀禮拜す。凡そ厥れ卽位、賀正、建都、踐祚等の事竝に此の時に發す。」と記され、公事根源の如きも亦之を引用（日本紀とすれど誤なり）して居る。

今の新年朝賀の式は是等の行事の精神を執り、西洋の風をも酌みて制せられたものである。新年朝賀の式は拜賀の儀と參賀の儀とに別たれる（儀制令附式）。今先づ拜賀卽ち陛下に拜謁奉賀する式の方からその大樣を記さう。其の式次第は儀制令附式に定められて居るが、現今宮中の御手狹の關係上その本文通りに執り行はせられ難いので、附式の注意書に依り「宮中席次第二階以下の者に付ては天皇皇后出御前、班を分ちて臚列し出御の時一齊に拜賀せしむ」るのみならず、式を一日には四回、二日には二回に分ちて行はせられて居る。尙第一回の臣下及外國人の拜賀の行はれる以前に兩陛下は鳳凰ノ間に出御、式部長官、宮內大臣、侍從長、侍從武官、式部次長、皇后宮大夫、女官長、女官侍立の下に各皇族王公族の拜賀を受けさせられる。之は往古の小朝拜の遺意を酌むものと云ふべきであらう（延喜五年小朝拜廢止の時と雖も皇太子親王の小朝拜は止められなかつた）。

二　晴御膳《ハレノゴゼン》　一月一日より三日に至る間は毎朝八時、晴御膳の式が行はれる。古は宮中の節會其の他の盛醼に際しては威儀御膳、晴御膳、腋御膳、殘御膳等を供ふる式があつた。その遺意を殘されたものであつて、天皇鳳凰ノ間に出御、御式の御膳に就かせられるのである。

三　新年宴會　新年宴會は一月五日宮中に於て行はる（儀制令第四條）。此の儀の起源は古の元日の節會にある。

明治維新後に於ては、同二年節會を行はれ、明治五年よりは新年宴會の名稱を以て行はれ爾後引續き一月五日を以て催させらるゝを例とし、儀制令も之に從て規定を爲した。饗宴の場所としては、正式の饗宴場たる豐明殿の外、近來は召さるゝ者の多人數なる爲め、豐明殿東ノ間、千種ノ間をも之に充てらるゝを例とする。諸員の參集するや從一位以下の者、先づ式部官の前導にて各饗宴場に參進本位に就く。次で聖上には御正裝を召させられ左右各一人の式部官の御先導、式部長官、宮內大臣の前行、侍從長、侍從武官長、皇族、王公族、侍從、侍從武官の候後供奉にて、先づ牡丹ノ間に出御、便殿たる牡丹ノ間を通御の際同間に參集伺候せる諸員に拜謁あり、畢りて豐明殿に出御、是等の諸員も亦扈從同殿に至る。次に聖上御座に著御、供奉竝に扈從の諸員亦本位に就く。諸員最敬禮。次に勅語あり、次に內閣總理大臣、外國交際官首席者相尋いで御前に參進恭しく奉對文を奏す。

勅語竝奉對畢るや御膳竝に御酒を供す。御膳は御臺盤に銀器に盛りて供進す。主膳監之を奉仕する。此の時豐明殿南庭に作られたる舞臺にて樂官の舞樂始まる（雨儀の時は豐明殿後にて歐洲管絃樂）。曲目は萬歲樂、延喜樂等瑞佳の義あるものが選ばれるを御例とする。同時に諸員にも膳竝酒を賜ふ。膳は豫め卓子に供へられて居る。執酌は膳手等之に從ふ。宴畢れば入御。此の時樂官長慶子を奏す。供奉は出御の時の如くである。次で諸員は御料理を拜戴して退下し、玆に儀全く終る。

四　政始《マツリゴトハジメ》の式　　政始の式は一月四日宮中に於て行ふ（儀制令第三條）。此の儀式は古の神宮奏事始及政始に起源す。神宮奏事始とは歲前に當り伊勢神宮の事を奏聞する始なり（禁中恒例年中行事正月の條）。政始は年頭御齋會の儀の畢つた後、吉日を擇んで行はれた。之は上卿《シヤウケイ》（公卿の上首）が始めて政事を議する朝儀である。次に御式の概要を述べやう（儀制令附式）。

時刻、先づ國務大臣、宮內大臣、樞密院議長通常服又は通常禮裝にて東二ノ間に參集す。聖上には式部長官の前行、內大臣、侍從長、侍從、侍從武官長、侍從武官の候後にて東一ノ間に出御あらせられ、玉座に著御。內閣總理大臣以下參進本位に就く。內閣總理大臣御前に進み先づ神宮の事を奏し續いて各廳の事を奏し、奏し畢て復席すると、更に宮內大臣御前に參進皇室の事を奏し、畢て復座す。玆に聖上出御の時と同じき供奉で入御遊ばされ、尋いで諸員も退下して式を畢る。

以上の諸儀（宮內省の賜饌を除く。之同省に於ては之を朝儀と認めざるに依るなるべし）と四方拜、元始祭、陸軍始（後出）とを併せて宮內省に於ては新年式と稱し、其の日時、服裝等を告示するを例となして居る。此の名稱は明治初年から用ゐらるゝ所である。

五　紀元節の式　紀元節は神武天皇が橿原宮にて御位に卽かせられた日に應當する日に於て皇運の彌榮を祝し且つ天皇の創業を欽仰し、建國の精神を反省して國運の隆替を記するの式である。

御式の概要を述ぶれば、當日召されたる者の參集畢れば、樞密院副議長以下先づ式部官の前導にて饗宴所に至る。豐明殿だけでは御手狹なる爲め、同東ノ間、千種ノ間も之に充てられる。

次に聖上には新年宴會の時と御同樣の御列にて牡丹ノ間に出御、宰相、樞相等の重臣に謁を賜ひ、畢て是等諸員扈從の下に豐明殿へ出御。此の時、諸員最敬禮、一齊に拜賀す。次で供奉竝扈從の諸員本位に就く。諸員立ち定まるや、新年宴會の時と同樣勅語を賜はり、內閣總理大臣及外國交際官首席者の奉對あり、畢て宴に移る。此の時前庭に於ては神武天皇に最も御由緣の深い久米舞が奏せられる（登極の條參照○雨儀の節は舞樂なく豐明殿後に於て歐洲管絃樂あり）。次に聖上入御。續いて諸員退下して儀を訖る（儀制令第四條）。

六　明治節の式　明治節の式は十一月三日之を宮中に行はせらる（同令第四條）。明治節の創立に就いては既に大正十二年衆議院に於て請願を採擇したが、昭和二年に至り、その一月二十五日、貴族院は「明治天皇の御偉業を永久に記念し奉る爲毎年十一月三日を祝日として制定せられむことを望む」旨の建議案滿場一致にて議決し、同日衆議院に於ても「明治天皇の盛德大業を永久に記念し奉る爲十一月三日を以て明治節とし之を大祭祝日に加へられむことを望む」旨一致議決した。次で同年三月三日、內閣總理大臣の副署にて左の詔書を宣誥あらせられた。

朕カ皇祖考明治天皇盛德大業夙ニ曠古ノ隆運ヲ啓カセタマヘリ玆ニ十一月三日ヲ明治節ト定メ臣民ト共ニ永ク天皇ノ遺德ヲ仰キ明治ノ昭代ヲ追憶スル所アラムトス

以て明治節の精神炳乎たるものあると共に御制定の緣由に至つては實に我が國體の美を高く顯表して居ると云ふべきである。尋いで同年十月十四日祭祀令改正せられて明治節祭の規定を置かれ、十一月一日儀制令に明治節の式を加へられた。

七　天長節の式　天長節の式は天皇の誕生日に相當する日宮中に於て之を行ひ、別に天長節祝日を定めたるときは天長節の式は其の日に之を行ふ(同令第四條)。

續紀考證に「封氏見聞記に云ふ、太宗降誕日を以て長孫無忌と謂ふて曰く今日は是れ朕が生日、俗に云ふ生日は喜樂すべしと云々、玄宗開元十七年(中略)八月五日を以て千秋節と爲す(中略)是日樓に御し樂を張り城を傾けて縱歡す(中略)其の後亦改めて天長節と爲す」とあるから、天長節の名稱が唐制から出でて居ることは明かである。天長の熟字は老子經の中に「天長地久」の字が出で居るに基くのであらう。

我が國に於ては光仁天皇の寶龜六年「勅して、十月十三日は是朕が生日、此の辰に至る每に感慶兼集せよ。宜しく諸寺尼僧に令して每年是日勤經行道せしむべし。海內諸國竝べて屠を斷つべし。內外百官に酺宴を賜ること一日。仍ち此日を名けて天長節と爲す。庶使斯の功德を廻して先慈を虔奉し、此の慶情を以て普く天下を被はしめよ。」とせられ（續日本紀寶龜六年九月壬寅の條）たるを起源とするが、その變遷は詳かでない。

儀制令に定められて居る天長節の式次第は紀元節の次第と同じであるから再び記述することは略する。但し天長節及明治節には邦樂を行はせられず、歐洲樂を奏せしめらるゝを御例とする。四大節と云ふ時は新年朝賀の儀及新年宴會を合せて一の節と見、之に紀元節、明治節、天長節を加へて四大節と稱ふるものと解すべきである。

八　講書始の式　講書始の式は一月宮中に於て行はせられる（儀制令第五條）。日時は定められて居ないが、多く二十日前後のやうである。

往古から我が宮中に御講書又は講義と云ふことがあつたが、新年の讀書始と云ふことは宮中の行事としては古籍に所見なきが如くである。新年の讀書始に就いては寧ろ武家の行事に多く見え、例へば折たく柴の記に「每年正月の初に講筵を聞かるるの儀あり、かねてより講章を奉らしめ給ひ其日講訖りぬれば時服二領を賜はる事つひにかはらず」、常憲院殿德川綱吉御實紀卷五天和二年壬戌正月元日の條に「此の日御讀書初の式行はれ小納戶柳澤彌太郎保明に大學三綱領を講ぜしめらる。これより年々の常規となされ、保明登庸の後も歲首の經筵に講書をつとめしとなり云々」とある。是に依て觀れば現在の講書始の式は寧ろ武家の制度に類するものの如く思はれるが、故細川博士

（細川潤次郎著「明治年中行事」）は「此の御式は明治以前にも行はれつることありし由なるが、いつの頃絶えたりしにや」と云はれて居る。此の點は尙後來の研究に俟つ。

現制に於ける御式の次第は儀制令附式に定められて居る。先づ前年内に進講者及同控が銓衡任命せられる。御式は多く鳳凰ノ間に於て擧げられる。陪聽仰付けられたる宮内勅任官、同奏任官及特に陪聽差許されたる陪聽者（人員は時に臨み之を定む）、次に進講者、同控（附式に進講者とあるは兩者を含むと解す）は通常禮服にて參進著床、次に宮内大臣、内大臣著床する。此の時天皇陛下、續いて皇后陛下出御。聖上には御間内北寄中央の玉座に、皇后宮にはその東方の御座に著御あらせらる。次に進講者等しく御前に進み、豫て作へたる座に就き御進講申し上ぐる。御進講は國書、漢書、洋書の順に進む（御進講の内容に就いては公表されたものはないが、穗積八束、同陳重兩博士の「御進講錄」が刊行されて居る）。洋書の進講者御進講終りて舊の席に復すれば、兩陛下入御、續いて諸員退下して儀式終る。

九　歌會始の式

和歌は我が國固有の詩であつて、神代既に行はれ、年と共に單なる藝術でなく、一の道とまで一般に考へられるやうになり、敷島の道、御國振等の同義語も生じ國風宣揚の一方と爲さしむるに至つたから、民間に於てもその研究が起り、公卿間に擴まるにつれ宮中の歌道も愈ゝ揚がり、其の披講即ち歌會も一の儀式となつた。其の起源は明かでないが、八雲御抄（二作法）中殿會の條に「上古者尋常會唯中殿也、自中古爲晴儀云々」とある所から見ても、上古既に其の端を發したものと想像される。

明治に至りても同二年正月二十四日京都禁裏小御所にて御會始行はせられ、東京遷都後も特別の事由なき限り、年々之を行はせられ、儀制令も之を朝儀と爲し、一月中宮中に於て、同令附式の定むる次第に依り行はせらる（第五條）。先づ御式に先ち前年内に奉行、題者、點者等任命せられ、次で勅題仰出され、宮内省告示を以て周知せしめらる。現今では何人も詠進することを得るのであるが、是は全く明治天皇の深き思召に因るものである。

歌會始の當日は、早旦先づ鳳凰ノ間が装飾せられ、時刻至るや、御歌所長、御歌所主事、御歌所寄人、御歌所參候、次に奉行、題者、點者、讀師、講頌、發聲等孰れも小禮服又は通常禮服にて參進著床する。續いて參列すべき宮内勅任官、宮内奏任官、召人《メシビト》（親任官以上の者にして詠進せる者あるとき特に歌會始に召されたる者）及特に願出に依り陪聽差許されたる陪聽者等通常服又は通常禮裝にて參進著床。次に宮内大臣、内大臣著床す。此の時奉行は親王以下皇族方の御歌、詠進歌、預選歌を認めたる懐紙を御淺硯蓋に載せたるを、玉座前の卓上に置く。天皇には鳳凰ノ間北側正中に南面して設けられたる玉座に、皇后には其の東方の御座に就かせられ、候後の侍從、女官は文筥に納められた御製、御歌の御懐紙を捧じて御前に參進、筥より御懐紙を出して御卓上の御小蓋の上に安く。御製の御懐紙はみちのく紙、御歌は襲懐紙である。御懐紙は之を折疊みて安くを法とする。太皇太后、皇太后あるときは續いて出御、御座に就かせらる。

御座定まりて、讀師恭々しく御前に參進豫て作へたる披講の席に就く。讀師卽ち懐紙を硯蓋より執り、蓋は之を裏に返し、披講の用意を整へ順次講師以下に目し、所役諸員同じく參進著席する。次に讀師懐紙を一枚づつ硯蓋の上に載せて之を披講せしむる。懐紙は凡て聖上に向け奉る。講師先づ全歌を朗讀し、次で發聲上五字を唱し、次で講頌之に和す。披講は下より上に及ぼし、親王以下各皇族及臣下各〻一反を唱す（但し臣下は資格に依り音調を甲調と爲し、或は乙調と爲す。皇族の披講は甲調なり）。

披講を受くる作者座に在れば卽ち起立す。披講終るや講師以下披講の座を退かむとするの所作あり、讀師之に目して留め、御座に參進、御歌を拜受し所役をして式の如く讀み奉らしむ。奉唱三反りにして御懷紙を返上、更に玉座に參進、御製を拜受し讀み奉らしむること五反。懷紙は講師の方に向くるを法とす。かく御製、御歌の奉唱終れば講師以下復床、讀師御懷紙を折り整へて參進し奉還して舊の座に復す。次に天皇、皇后、太皇太后、皇太后入御（御歌使をして御歌を獻ぜし時は入御の後同使御座に參進御歌を筥に納めて退下）、次で諸員退下す。式後參候以上には祝酒を下し賜はるの御例なり。

十　帝國議會開院式及閉院式　議會は立憲國に缺くべからざる機關であるから、其の開院式、閉院式は各國共威容を張つて行ふ所である。殊に開院式は重要な國儀として君主國に於ては必ず皇帝が公式鹵簿を以て議會に臨み、盛大に執り行はれる。我が國に於ても第一回帝國議會の開院式以來朝儀として天皇貴族院に親臨してその式を擧げさせられる。

議會の開院式は、先づ詔書に依りて議會が一定日を以て召集せられ、貴衆兩院が成立すると各議長は其の旨を政府に通牒し、政府は更に之を宮內省に通知し、一方各國務大臣の副署にて議會の開會を命ぜらるゝ詔書公布せられ、一方宮內大臣は宮內省告示を以て何月何日開院式を行はせらるゝ旨仰出されたることを告示する（議院法第一條、第二條、第五條）。儀制令は第一回開院式及閉院式以來の恆例の次第を著文して「帝國議會の開院式及閉院式は貴族院に於て之を行ふ」と規定し、その式次第は同令の附式を以て定められて居る（儀制令第六條、第十條）。

當日は豫め定められたる時刻に兩院議長、副議長、議員は各その本院に參集する。次に國務大臣、樞密院議長、同副議長、樞密顧問官、次で皇太子、親王、王貴族院に參入せらる。一方聖上に於かせられては、鹵簿肅々宮城御出門、貴族院に行幸あらせらる。鹵簿は第二公式（儀制令制定前の第一公式に當る）を用ゐさせらるゝを永き御例とする。此の時皇族、國務大臣、樞密院議長、同副議長、樞密顧問官、貴衆兩院議長は車寄にて、兩院の副議長、書記官長、書記官等高等官は門內に臚列して車駕を迎へ奉る。儀制令附式には別段規定はして居らないが、兩院議員も同じく門內に整列奉迎するの例である。

鳳輦著御、聖上下御。卽ち貴族院議長、式部長官、宮內大臣の前行、侍從長、侍從、侍從武官長、侍從武官の候後にて便殿に入御あらせられ、此處にて國務大臣、樞密院議長、同副議長、樞密顧問官、兩院議長に謁を賜ふ。

次に兩院の議長、副議長、議員式場に參進本位に就く。式場は貴族院の議場を以て充てらるゝを常とする。各員の席定まるや內閣總理大臣は勅語書を內閣書記官に捧持せしめて式場に參進本位に就き、續いて各國務大臣、樞密院議長、同副議長、樞密顧問官參進本位に就く。

此の時天皇式場に出御、御座に著御あらせらる。出御の御列次は式部長官、宮內大臣の前行、側近奉仕者の候後とする。玆に內閣總理大臣恭しく御前に參進勅語書を上ると、聖上には之を御朗讀、諸員謹肅裡に勅語を賜はる。

勅語畢れば貴族院議長御前に參進勅語書を拜受す。次で天皇入御、續いて還幸あらせらる。供奉、諸員奉送、鹵簿等著御の時の如し。但し現在の議事堂への行幸に就いては發御の時は貴族院の門を入らせられ、還御のときは衆議院の門より出でさせらるゝ御例である。次に各員退下して開院式終了す。

式後兩院に於ては各本會議を開き、奉答文の起草委員を擧げ、起草が終ると更に本會議を開いて奉答文を議決し、各議長は參內之を闕下に捧呈する例である。

議會が會期を終ると（通常議會は三箇月、臨時議會及解散後の特別議會は勅命に依る。勅命は詔書を以て公布せらる。憲法第四十二條、第四十三條、第四十五條、議院法第三十六條）閉院式が行はれる。議院法は、開院式に就いては「兩議院成立したる後勅命を以て帝國議會開會の日を定め兩議員を貴族院に會合せしめ開院式を行ふへし」（第五條）「前條の場合に於て貴族院議長は議長の職務を行ふへし」（第六條）と規定して居るが、閉院式に就いては何等規定せず、唯「閉會は勅命に由り兩議院合會に於て之を擧行すへし」（第三十六條）と規定するのであるが、皇室令たる儀制令は明かに開院式、閉院式を朝儀として擧げさせらるゝことを規定して居る（第六條）。のみならず「天皇事故あり其の他已むことを得さる事由あるときは帝國議會の開院式及閉院式を除くの外臨時の勅定に依り本章に掲くる朝儀の全部又は一部を行はさることあるへし云々」（第九條）と規定し最も重き朝儀と爲して居るのであつて、此のことは天皇と議會との關係及立憲君主國に於ける議會の地位を著明にした重要な事柄である。

然し議會の閉院式は各國とも開院式に比し簡略に行はれる。我が國の閉院式も同樣であつて、天皇の親臨はない。即ち當日時刻、貴族院及衆議院の議長、副議長、議員各其の本院に通常禮服、禮裝にて參集する。次に國務大臣亦通常禮服、禮裝にて貴族院に參入する。玆に參列員全部參集するを待ちて、內閣總理大臣以外の參列員一同式場に參進本位に就く。次に內閣總理大臣、內閣書記官に勅語書を捧持せしめて式場に參進本位に就き、諸員起立裡に勅語を捧讀し、畢りて貴族院議長前進、勅語書を拜受す。次に內閣總理大臣、次に各參列員退下して式を閉ぢる。

十一　親任式及親補式

（イ）　親任式　親任官は官等俸給令（高等官官等俸給令第一條宮内官官等俸給令第一條）に所謂「親任式を以て敍任（宮内官に就いては單に「任する」とあり其の義に於て異同なし）する官」であつて、その任命に當つては親任式が行はれる。

親任式は宮中に於て行はれる（儀制令第七條）。諸員立ち定まるや、天皇御通常禮裝を召させられ式部長官前行、侍從長、侍從、侍從武官長、侍從武官の候後にて出御、御座に著かせられ、供奉の者は側近に侍立する。玆に於て式部官は控間より任官者を便殿の外迄誘導、任官者は作法に隨て恭々しく御前に參進する。

此の時天皇には「何々に任す」との勅語あり、次に內閣總理大臣官記を任官者に授け、任官者之を拜受し、天皇に最敬禮して退下。次に天皇出御の時と同じき御列次にて諸員敬禮裡に入御。次で各退下して式終る。

（ロ）　親補式　或る種の職は法規を以て其の補職に就き「親補す」と規定して居るものがある。參謀總長、敎育總監、師團長、東京警備司令官、軍司令官、軍令部長、各鎭守府及艦隊司令長官、軍事參議官、侍從武官長、大審院長、檢事總長等がこれである。當然の親任待遇の官職なりと雖も官制に「親補す」となければ親補職とは云へない。是等親補職に補せらるゝ者は必ずしも親任官たるを要せず勅任官の場合もある。何れの場合に於ても之に補せらるゝは親補するを要し、親補式を行はせられ補職の旨の勅語を賜ひ、內閣總理大臣旨を奉じて御前にて辭令書を授くるのである。卽ちこの式は親任式に準じて行はれるのである（同令附式）。

十二　榮典の親授式

榮典を授與するは天皇の憲法上の大權であつて、榮典の中でも爵、位階及勳章は他に比して重いものであることは憲法第十五條に「天皇は爵位勳章及其の他の榮典を授與す」と規定し、是等を特掲して居るのでも知られる。故に儀制令に於ても位階親授の儀、爵親授の儀、勳章親授の儀を定め、之を宮中に行ふことに規定して居る（儀制令第七條及附式）。

（イ）位階親授式　位階は正一位より從八位に至るが、その中一位は親授のことに位階令に依て定められて居るから（位階令第一條）、正一位、從一位に敍せらるゝときは親授式が行はれる。

當日敍位者參內すれば、宮內大臣、宗秩寮高等官をして位記を捧持せしめて便殿に參進、御座の左方に侍立す。宗秩寮總裁之に從ふ。次に式部長官の前行、侍從長、侍從、侍從武官長、侍從武官の候後にて出御あらせらるれば、敍位者は式部官の誘導にて便殿に至り、御前に參進。次に「何々に敍す」と勅語あり、次で宮內大臣位記を授く。敍位者之を拜受敬禮の後退下す。次に天皇入御。畢りて各退下す。

（ロ）爵親授式　爵は華族令に「爵を授くるは勅旨を以てし宮內大臣之を奉行す」（第三條）となつて居り、親授せらるゝや否やは別に規定はないが、多く親授せらるゝ御例である。式の次第は位階親授の式に準ずることになつて居る。

（ハ）勳章親授式　勳章の授與に就いては勳章授與式例（大正四年裁定）に「勳二等功三級以上に敍せられたる在京者に對しては宮中に於て賜授の式を行ひ其の勳章を授與す」（公式令第十九條參照）「宮中賜授の式は親授式及奉授式とす」、「親授式は勳一等功二級以上に敍せられたるものに對し其の勳章を授與する場合に之を行ひ天皇親臨して之を賜ふ」（第二條第三條）と規定して居る。

當日先づ敍勳者參內、次で內閣總理大臣、賞勳局書記官をして勳章及勳記を捧持せしめて便殿に參進、御座の左方に侍立す。賞勳局總裁之に從ふ。次に天皇、式部長官及宮內大臣の前行、侍從長、侍從、侍從武官長、侍從武官の候後にて出御、御座に著かせらるゝや、敍勳者御前に參進す。此の時內閣總理大臣勳章を上つれば、天皇卽ち之を敍勳者に親授あらせらる。敍勳者は之を拜受して一旦便殿より退き、便宜の所にて之を佩用し再び御前に參進す。次に內閣總理大臣勳記を授く。敍勳者之を拜受して退下。次に天皇入御。續いて各退下して儀を閉づ。

十三　軍旗親授式　　式は宮中に於て行はれる（儀制令第七條）。當日先づ元帥、陸軍大臣、軍事參議官、參謀總長、教育總監朝集所に參集す（卽ち此の式は必ずしも宮殿內に於て行はれることを豫定して居ない）。時刻至れば是等の諸員は便殿に參進、玉座の左方に侍立す。次に天皇（御正裝）には式部長官、宮內大臣の前行、侍從長、侍從、侍從武官長、侍從武官の候後にて出御遊ばさる。次に聯隊長は聯隊旗手を從へ御前に參進す。次に侍從武官長、軍旗を天皇に上つり、天皇之を受けて御親ら聯隊長に授けさせらる。次に聯隊長軍旗を聯隊旗手に授く。次に勅語を賜ふ。次に軍旗敬禮を行ふ。旗手捧ぐる所の軍旗を下げ天皇に敬意を表するなり（陸軍禮式第十九條）。畢りて天皇入御。尋いで各退下して儀終る。

十四　信任狀捧呈式　　締盟各國は使節派遣權（Droit de Légation Actif）及使節接受權（Droit de Légation Passif）に依り常駐の使節を交換するを國際法上の原則とす。此の使節には特命全權大使（Ambassadeur Extraordinaire et Plénipotentiaire）特命全權公使（Envoyé Extraordinaire）辨理公使（Ministre Résident）代理公

使（Chargé d'affaires）の四種がある。一國は他國の使節派遣を拒むことを得ないが、個々の人間に就いては之を好まざれば拒絶し得るから、派遣國は派遣前相手國に異存の有無を確める。此の場合相手國の爲す同意をアグレマン（Agrément）と云ふ。アグレマンありたる後任命されたる使節は其の國の元首の信任狀（Lettre de Créance）を携へて駐剳國に至る。信任狀には相手國の元首に宛てて「朕か信任する何某を外交官として貴國に駐剳せしむるを以て陛下の宜しく寵眷を垂れられ同人の陳述を信用聽納せられむことを希望す」と云ふやうな意味のことが記されて居る。使節は此の信任狀の寫を相手國の政府に致し、その後日を期し信任式に於て原本をその元首に捧呈して初めて、任國政府及同僚使臣に對し公の交際及交渉に入ることを得るやうになる。但し代理公使の信任狀は外務大臣に提出するのみであつて、別に捧呈式を行はない。我が國も此の國際慣例に從ひ此の式を宮中に行ふ（儀制令第七條及附式）。

十五　解任狀捧呈式　　大使公使が本國から解任された場合には本國の元首は解任狀を發する。之を駐剳國の元首に捧呈する爲めに解任狀捧呈式を行ふことがある。我が儀制令も此の制度を採りその式は信任狀捧呈式に準ずることになつて居る（同令第七條及附式）。然し實際は解任が本國で決定した場合には先づ當該大公使を召還し、解任狀は次の新任大公使から捧呈する慣例である。前大公使は召還に依り退京する場合には天皇に拜謁を申請し、謁見する例であるが、之は單なる謁見であつて朝儀ではない。

十六　臨時の勅定に依る朝儀　　儀制令に於て式次第を規定して居るのは、朝儀の中恆例として行はるべきものにして重要なる儀式のみである。儀制令の揭ぐる儀式及他の皇室令に定むる儀式以外に式を行ふべからずと云ふのではなく、そう云ふものは臨時の勅定に依て行はれることになつて居るのである（同令第十一條）。例へば、大婚二十五年の式、憲法發布五十年記念式及觀艦式の如きは恆例にあらざる臨時の重要儀式である。また儀制令に定められざるも臨時の勅定に依る恆例の式もある。その主なるものとしては（イ）陸軍始觀兵式及天長節觀兵式（ロ）地久節（ハ）皇太后宮御誕辰（ニ）帝國議會關係員の拜謁竝賜饌（ホ）觀櫻觀菊會等である。

第三　御紋章

神格、家柄、種族、家等を圖様に象徴して標示することは古今東西を通じた風習であつて、西曆紀元前數千年もの太古にエジプトに神紋のあつたことは有名な話で、その後有史時代となつてもギリシア、ローマに行はれ、中世封建制度の發達と共に益〻盛になり、現今では君主國には紋章局を有し（例へばイギリスのCollege of arms）帝室及貴族の紋章の事をも司掌して居る。

菊御紋章の起源竝に意義に就いては沼田博士の書に諸說を詳しく採錄して居る。今その所說の要領を記せば次の如くである。

御紋章の起源に就いては諸說あるが博士は是等を一々批評したる後結論して曰く「菊花には、延命の效驗あるが上に、又、群芳中の貴種と稱せられ、又百草王と見做されたるが故に、從つて菊を文様としてこれを觀賞せしことは、藤原氏時代最も盛んに行はれたるものにして、紫式部日記には菊の五重の唐衣、榮華物語には、菊の袿、菊の二重文の名目見え、蜻蛉日記には、菊の紋居ゑたる事を記せり。年中行事・吉備大臣入唐等當時の繪巻物には、この文様を畫けるもの殊に多し。其他、この時代より行はれたる鏡の裏面には、菊花の文様を畫けるもの多く、特にその鈕文の如き、其の十中八九は、菊座を用ゐざるはなし。餝抄には、久安五年十一月十一日、日吉行幸の時、三位中將兼良が菊の半臂を著せし事を記し、大要抄には、閑院實明が菊を車の文様に用ゐし事を掲げたり。是等の事例に徴するときは、當時菊花紋は、未だ皇室の御紋章に定まるに至らずして、文様として廷臣の間にこれを用ゐしものなりしを知るべし。然るに、後鳥羽上皇に至り、深くこの文様を好ませ給ひ、御服輿車は勿論刀劍懷紙等に至るまで、これを用ゐ給ひしより、後深草・龜山の二上皇、及、後宇多法皇相繼ぎてその先蹤を追ひ給ひしより、菊花文様は、殆ど皇室御専用の文様となり、終にその御紋章となるに至りしものゝ如し。而して、後鳥羽上皇が、これを文様に擇び給ひし御意は、固よりこれを忖度すること能はざるも、蓋、菊花が延年遐齡の瑞草とし、又日精日華と稱して、和漢に於いて、共に尊重せられたるのみならず、加之百草の王、群芳の貴種として觀賞せられたるものなるが故に、もし當時に於いて王者の文様、若くは紋章を、群芳百花の中に擇ぶとせんか、これを措いて他に擬するものなかるべし。卽ち、後鳥羽上皇がこれを擇び給ひしは、疑もなく、菊花に右の如き意義を有せるに本づけるものにして、その權威無比の御紋章となりしも、決して偶然にあらざるを知るべし。」と。

皇室が十六葉(卽ち十六瓣)の菊を御紋章とされたのは古くから存する所であるので、儀制令は之を明文に現はし「天皇太皇太后皇太后皇后皇太子皇太子妃皇太孫皇太孫妃の紋章は十六葉表菊形とし左の様式に依る」と規定した。その様式は圖に示すが如きものである（儀制令第十二條）。

此の規定に依り從來も御紋章とされた菊花紋の様式が一定されたのである。即ち(一)十六葉で而も八重表菊であること(二)菊蕊は同花瓣の中心にあり、全體として圓形を成すこと(三)花蕊の正上、正下、正左、正右に花瓣を存し、他の十二葉も同一の大さを以て此の四葉の間に三葉宛配置されること等がその重な點である。菊心の大さは圖は全徑の約八分一になつてゐるが旗章との關係等から議論がある。御紋章は少許の例（濃、下濃、黄紫紅、水色、桔梗、白黒一文字）を除けば色は要素ではないのであるから御紋章の場合も同様と解すべきであらう。

親王、親王妃、内親王、王、王妃、女王の御紋章は十四葉一重裏菊形とし上に掲ぐる様式に依る（儀制令第十三條）。昔は皇族も十六葉表菊を用ゐられたが、明治四年六月十七日此の紋を皇族家紋として制定せられ、儀制令は之を繼承し、之を一般皇族の御紋章として明著にした。尚各宮に於ては他宮と區別せらるゝ爲め、特別なる御紋を用ゐらるゝことがあるが、之は御内輪のものである。

儀制令には御紋章の下賜と云ふことを禁ずる條文は定めて居ない。然し明治二年二月二十八日に既に行政官（布告）より「從來宮堂上より諸國寺院へ祈願所と唱へ妄に菊御紋附の品々寄附致候儀無謂次第に付堅く禁止被仰出候云々」又翌三年三月十七日には太政官（布告）より「親王家に而用來候菊紋葉替又は裏表等品を替へ御紋に不紛樣可致旨先般御沙汰之通に候條右紋付之品々社寺へ致寄附儀堅禁被仰出候事」と布告せられたるより見れば爾後の方針なり主意なりは之を窺ふことが出來る。

第四　行幸啓、皇族御成及鹵簿

天皇の皇居、行在所より出でまして他に臨御せらるゝを行幸と云ひ、太皇太后、皇太后、皇后、皇太子、皇太子妃、皇太孫、皇太孫妃の御在所より他に出でらるゝを行啓と云ふ。一般の皇族の御出ましに就いては公布された法規上の用語としては「國疆の外に旅行せむとするときは勅許を請ふ」べき旨の皇室典範の規定（第四十三條）があるのみであるが、古くから「御成」と云ふ言葉が用ゐられて居る。

行幸に就いては宮内大臣（宮内大臣供奉せざるときは宮内次官）供奉長官となり、供奉の宮内書記官行幸主務官となり、主務官は長官の指揮を受けて行幸に關する一切の事務を掌理し、關係官廳との交渉往復等もその專掌に屬する。供奉員の範圍等は固より行幸の性質に依りて種々であるが、朝儀に臨ませらるゝ場合には宮内大臣、宮内次官、侍從長、侍從武官長、式部長官、式部次長、主馬頭、宮内書記官、侍從、侍從武官、侍醫等が供奉する例であり、帝國議會開院式、觀兵式等廉立ちたる朝儀の場合には親王、王にも供奉仰付けらる。又朝儀に非ざる場合には式部長官、式部官、主馬頭等は供奉せず、又市外行幸で御日還でない場合には内大臣、内大臣祕書官、主膳監其の他御日常に必須なる職員は總て供奉し當該地方長官及警察官等も宮內大臣の指定する所に供奉する。又內務大臣、警保局長、鐵道大臣、當該地方を管轄する鐵道局長等が扈從することもある。

行啓の場合も略之に準ぜらるゝ。卽ち先づ行啓の公表あり（東京に就いては官報宮廷錄事欄に公表される）、皇后宮大夫、皇太后宮大夫、東宮大夫供奉長官となり、皇后宮事務官、皇太后宮事務官、東宮事務官行啓主務官となる。但し宮內書記官供奉する時は當該書記官を以て主務官とする。御同列の行幸啓に在りては行啓主務官を置かず、行幸主務官が行啓に關する事務をも兼掌する。

御一泊以上の行幸には必ず劍璽と共に行幸あらせられ、又內大臣祕書官をして御璽國璽を捧持せしめられ、劍璽は終始側近に奉安あらせらるゝことは畏いことである。

行幸先の御駐輦の場所を行在所《アンザイショ》と云ふ。大寶の儀制令の義解にも「凡て車駕の所に赴くを行在所に詣づと曰ふ」とある。何故に天皇の御駐泊所を行在所と云ふかに就いては、「獨斷」に「天子以ニ四海一爲レ家、故謂レ所レ居、爲ニ行在所ニ」とある。行啓先の御駐泊所は御泊所と稱する例である。行在所、御泊所の警衞は近衞兵（場所に依り當該地所管の師團兵○東宮御泊所に就いては場合に依り之を缺く）皇宮警察官（場合に依り之を缺く）地方警察官に於て之を行ひ、各般の事項は各指揮官に於て主務官と協議して之を定めるのである。

行幸啓には古くから鹵簿を立てらるゝ。令義解（儀衞）に「凡鹵簿、內不レ得ニ横入一、謂鹵簿者、鹵楯也、簿文籍也、言簿列ニ楯鹵一以爲ニ部隊一也、横入者、截陣以横入也 其監杖之官 謂本衞之監杖者也 檢校者得ニ去來ニ」とある。此の語の起源は支那であつて、漢官儀に「天子車駕次第、謂ニ之鹵簿一、兵衞以㆓甲盾㆒居㆑外爲㆓前導㆒皆著㆓之簿㆒故曰㆓鹵簿㆒」とある。卽ち專ら武裝したる警衞の官人の前連後從する（文獻通考）御行列を曰ふのである。

天皇の鹵簿には第一公式鹵簿、第二公式鹵簿、第三公式鹵簿及略式鹵簿の四種がある。第一公式鹵簿は重大の朝儀、第二公式鹵簿は朝儀に、第三公式鹵簿は朝儀又は朝儀に非ざる場合に用ゐられ、略式鹵簿は朝儀に非ざる場合にのみ用ゐらる。重大の朝儀とは過去の例を以て云へば憲法發布式、第一回帝國議會開院式等には當時の所謂國儀式が用ゐられ、又現行規定に於ては登極令中京都行幸の儀には第一公式鹵簿を用ゐる旨を定めて居るから、是等の朝儀に準ずる如き朝儀を指すものと解すべきである。帝國議會の開院式には第二公式鹵簿（儀制令制定以前は此の鹵簿を第一公式と稱へたり）、陸軍始觀兵式、天長節觀兵式には第三公式鹵簿を用ゐらるゝ例である（儀制令第二十三條）。

太皇太后、皇太后、皇后、皇太子、皇太子妃、皇太孫、皇太孫妃の鹵簿は公式及略式の二種あつて、朝儀には公式鹵簿を用ゐ、其の他の場合には略式鹵簿を用ゐる。天皇の場合に就いて「朝儀に非さる場合には第三公式又は略式の鹵簿を用う」とあるに反し、此の場合には「朝儀には公式の鹵簿を用ゐ其の他の場合には略式の鹵簿を用う」とあつて用語を異にして居る所から見ると、其の行幸には必ず鹵簿を用ゐるを要し、朝儀に非ざる行啓の場合には必ずしも鹵簿——卽ち警衞の前連後從ある行列——を用ゐず、鹵簿を用ゐる場合は略式鹵簿に依るとの法意と解すべきが如くである（同令第二十四條）。

一般の皇族に就いては公式鹵簿の一種あるのみであつて、而もその用ゐらるゝ場合は天皇又は皇后に代りて朝儀に臨む場合に限られ、唯例外として天皇の特旨に依る場合に限り之を用ゐらるゝのみである。皇族の御結婚の儀の如きは朝儀と解すべく（朝儀を天皇中心の儀式のみならず皇族中心の儀式をも含むと解するに由る）、内親王、女王が臣籍に降下さるゝ場合に就いては親族令に依り公式鹵簿を用ゐさせらるゝ（親族令附式）から、特旨に依る場合は極めて稀であらうと想像される。

攝政は天皇の大權を攝行される方であるが故に、其の御他行に於ても儀容を整ふる要あるを以て、此の場合には必ず鹵簿を用ゐる事に定められ、その種類も皇后、皇太子のものより多く、第一公式、第二公式、略式の三種がある。第一公式鹵簿は重大なる朝儀に、第二公式鹵簿はその他の朝儀に、略式鹵簿は朝儀に非ざる場合に用ゐらるゝ。是等の御單獨の公式鹵簿に就いては儀制令の附式に其の御列次が規定されて居るが（儀制令第二十七條及附式）、天皇、太皇太后、皇太后、皇后、皇太子、皇太子妃、皇太孫、皇太孫妃の御同乘又は御同列の場合の鹵簿及略式鹵簿に就いては特に規定せず別に之を定むることになつて居る（同令第二十八條）。之蓋し是等に就いては時宜に適せしめんとの主意であつて、其の屢〻用ゐさせらるべき場合に關しては宮内省達（大正十五年達第二號）に規定を存する。

一般の皇族の御同乘又は御同列の鹵簿の規定を存せないのは鹵簿を用うべき場合が極めて限定されて居るが故であらう。

自動車は天皇、皇后、皇太后、皇子の召させらるゝものは蘇芳に近き朱塗（所謂 Royal Pink）であつて、天皇御料車は金色の御裝飾も多く、内側には劍璽を奉安する設備があり、御屋根には蓋上燈（Canopy, top lump）二箇を附す。皇后、皇太后の御召車も略同樣であるが、劍璽奉安の設備がない。一般の皇族の御用には塗色も別段定まつて居らないが、多く金色の御紋章を居ゑた札を附し蓋上燈一箇を備へる。蓋上燈の色は濃綠色であり、外國貴賓等の場合には赤色とする。

第五　皇族・王公族の班位と臣民の宮中席次

班位とは席次の意である。席次とは坐立の順序を謂ふことは云ふ迄もない。臣民に就いて宮中席次と云ひ、皇族に就いて單に班位と云ふ點から考へ、臣民に就いては宮中以外のことは規定せず、皇族に就いては其の御職務（官職或は學生生徒）の場合の外何れに於ても身位令の規定に依らしむる主旨であると解せらるゝ。

班位に就いては種々な沿革を經て、明治四十三年三月三日に皇族身位令が制定せられて、是に現制度が確定せられた。その第一條に班位の順序の原則を示し、第一皇后、第二太皇太后、第三皇太后、第四皇太子、第五皇太子妃、第六皇太孫、第七皇太孫妃、第八親王、親王妃、內親王、王、王妃、女王と定められた。皇后を第一とされたのは一天萬乘の天皇の御后にして、國民の國母陛下と仰ぎ奉る所なるに由ること固よりである。若し太皇太后二人以上御在世の場合には御歷代の順に依るべきは、皇太后を太皇太后の後にしたことからも明かであつて、明文を待たざるが故に明條を設けなかつたものであらう（身位令第一條）。親王、王の班位は皇位繼承の順序に從ひ、內親王、女王の班位も亦之に準ずる。同一順位卽ち皇室典範に所謂同等內の者は年齡の如何に拘らず男を先にし女を後にする（同令第二條）。故に班位としては例へば五世王又は五世女王が其の系列より皇位に遠き親王に先ずることもあり得るのである。

親王妃、王妃は假令內親王又は女王に非ざるもその班位は夫に次ぎ、又逆に內親王、女王であつて本來は其の夫たる親王、王より上位に在りし方も、御婚嫁の後は常に夫の次とする。之婦は夫に從ふの通義に基くのである（同令第三條）。故皇太子の寡妃は現皇太子妃に次ぎ、故皇太孫の寡妃は現皇太孫妃に次ぎ、親王、王の寡妃は舊に依り夫たる故皇族御在世當時のまゝである（同令第四條）。故皇太子の妃、故皇太孫の妃の班位を舊に依らずして之を下すは、現皇太子、皇太孫の身位の貴きに因るものであつて、其の他の寡妃の班位に異動を生ぜしめざるは通義に依る（喪儀令第十九條參照）。親王、內親王、王又は女王にして攝政に就任したる場合には皇太孫妃、故皇太孫の妃に次ぎ、他の皇族の首席とする（身位令第五條）。

從來の宣下親王はその宣下せられたる順序に依り王の上に列す（同令第七條）。皇族身位令制定以前の班位は前に述べた如くである。前の主義と異なり親王宣下の順とせられたるは、從前の例に依る班位と宣下順とが偶〻當時御在世の宣下親王に就き相一致して居つたが爲め、元の品位等を參酌する要なきに至つたからであらう。

皇族に次ぎ班位の高きは王族及公族である。詳しくは之を略す。

臣下の宮中席次例に就いても色々沿革があるが、大正四年總括整理して皇室令第一號を以て宮中席次令制定せられ、同九年少許の改正あり、大正十五年儀制令に其の儘採りて宮中席次の一章を置かれた。その原則は「文武高官有爵者優遇者の宮中に於ける席次は特旨に由るものを除くの外左の順位に依る」（儀制令第二十九條）。

第一階

第一　大勳位
　一　菊花章頸飾
　二　菊花大綬章
第二　內閣總理大臣
第三　樞密院議長

第四　元勳優遇ノ爲大臣ノ禮遇ヲ賜ハリタル者
第五　元帥國務大臣宮內大臣內大臣
第六　朝鮮總督
第七　內閣總理大臣又ハ樞密院議長タル前官ノ禮遇ヲ賜ハリタル者
第八　國務大臣宮內大臣又ハ內大臣タル前官ノ禮遇ヲ賜ハリタル者
第九　樞密院副議長
第十　陸軍大將海軍大將樞密顧問官
第十一　親任官
第十二　貴族院議長衆議院議長
第十三　勳一等旭日桐花大綬章
第十四　功一級
第十五　親任官ノ待遇ヲ賜ハリタル者

第十六　公爵
第十七　從一位
第十八　勳一等
　一　旭日大綬章
　二　寶冠章
　三　瑞寶章

第二階

第十九　高等官一等
第二十　貴族院副議長衆議院副議長
第二十一　麝香間祗候
第二十二　侯爵
第二十三　正二位

第三階

第二十四　高等官二等
第二十五　功二級
第二十六　錦鷄間祗候
第二十七　勅任待遇
第二十八　伯爵

第二十九　從二位
第三十　勳二等
　一　旭日重光章
　二　寶冠章
　三　瑞寶章
第三十一　子爵
第三十二　正三位
第三十三　從三位
第三十四　功三級
第三十五　勳三等
　一　旭日中綬章
　二　寶冠章
　三　瑞寶章
第三十六　男爵
第三十七　正四位
第三十八　從四位

第四階

第三十九　貴族院議員衆議院議員

第四十　高等官三等
第四十一　高等官三等ノ待遇ヲ享クル者
第四十二　功四級
第四十三　勳四等
　一　旭日小綬章
　二　寶冠章
　三　瑞寶章
第四十四　正五位
第四十五　從五位
第五階
第四十六　高等官四等
第四十七　高等官四等ノ待遇ヲ享クル者
第四十八　功五級
第四十九　勳五等
　一　雙光旭日章
　二　寶冠章
　三　瑞寶章
第五十　正六位
第六階
第五十一　高等官五等
第五十二　高等官五等ノ待遇ヲ享クル者
第五十三　從六位
第五十四　勳六等
　一　單光旭日章
　二　寶冠章
　三　瑞寶章
第七階
第五十五　高等官六等
第五十六　高等官六等ノ待遇ヲ享クル者
第五十七　正七位
第八階
第五十八　高等官七等
第五十九　高等官七等ノ待遇ヲ享クル者
第六十　從七位
第六十一　功六級
第九階
第六十二　高等官八等
第六十三　高等官八等ノ待遇ヲ享クル者
第十階
第六十四　高等官九等
第六十五　奏任待遇
第六十六　正八位
第六十七　功七級
第六十八　勳七等
　一　青色桐葉章
　二　寶冠章
　三　瑞寶章
第六十九　從八位

第七十　勳八等

一　白色桐葉章

二　寶冠章

三　瑞寶章

是等の者以外の席次は特旨に依るものと解する。

同順位者間に於ては、(一)當該身位を得たる日の前後に從ひ、(二)此の日に前後なきときは其の日に有したる席次の順序に從ひ、(三)其の日の席次を有せざりしときは年齡の順序に從ふを以て本則とする。但し例外があるが之も省略に從ふ(儀制令第三十條第一項)。

第七講　皇統譜及皇室親族制度

第一　總說

天皇の尊貴なるは申す迄もなく、皇族は皇位を嗣がるゝことあるべき御方及その御近親であらせらるゝが故にその御身分に關する事項及その御系統を最も有權的に登錄する典籍がなければならない。これ卽ち皇統譜の必要ある所以であり皇室典範（第三十四條）に「皇統譜（中略）は圖書寮に於て尙藏す」と規定し、更に皇統譜令（大正十五年皇室令第六號）及同令施行規則（大正十五年宮内省令第七號〇勅裁省令）の公布された所以である。皇統譜は天皇、皇族の御身分を登錄するものであるから、之を概言すれば、皇統を明かに權威づける玉牒であると同時に、國務法に所謂戶籍に類する性質を有する公簿である。

故に皇統譜には、歷代天皇の年號、卽位禮及大嘗祭の年月日、立儲の禮竝成年式の年月日、追號、大喪儀の年月日、皇族の成年式の年月日、攝政の就任等御一代に關する最も重大なる事項の外は主として宮中の親族關係に屬する事項を登錄するものであるから、皇統譜と親族制度との間には離る可からざる關係が存する。

第一講に述べたやうに、男女の愛、敬老、愛兒と云ふが如き道德性は人の根本性能である。故に配偶關係、血緣關係を規律する法換言すれば親族法は、人の此の性能から發した根本的なものであり、從て各國に親族法の存する所以も亦茲に存する。

親族制度の起因、親族の根本に就き穗積博士は「親族的結合の起源が人間の生理と心理とにあることは云ふまでもない。夫婦親子と云ふ親族生活の中心的結合と云ひ親族關係の力强い連鎖たる祖先崇拜の風と云ひ、更に共同生活の必要そのものと云ひ、いづれも人間の生理現象兼心理現象たらざるはない」、「古代に於ける親族的結合の狀態は必しも人類社會全般に亙つて同一ではなかつたかも知れぬが少くも有史時代になつては原則として父系制度であつたが」、「其後夫婦關係を親族關係の基礎とする觀念の發達と共に母系にも重きを置くこととなり、姻族も親族として取扱はれ今日の親族關係が形造られることになつた。」「親族關係は斯樣に配偶關係と血緣關係とに基くのであるから自然の意味に於ける親族關係の範圍はこれ等の關係が存する所に限りその盡くる所まで及ぶべきものである。併し社會制度としての親族關係は風俗上人性上而して社會の必要上自然の意味に於ける親族よりもせまく見るべきことがあり、又或はそれより廣くせねばならぬことがある。卽ち法律上の親族と自然の親族とは必しも其範圍を一にせぬのである。而して其範圍をどう定めるかと云ふことが各國親族法の根本問題であつて無限血族親制度の可否、養子問題、私生子問題等の重大な社會問題を含む。」と述べて居られる（穗積重遠著「親族法大意」十一―十三頁）。此の記述は一般臣民間の親族制度に就いては固より妥當である。蓋し親族制度、家族制度は一般臣民に於ては私的生活に關することであるからその觀點も人情風俗社會上の必要と云ふ方面に重點を置いて宜しいのである。然るに皇室に關する親族制度に就いて私的生活を中心として考へることは出來ない。皇室制度は皇位の安固を圖り天皇及皇族を益〻光輝あらしむるの體制であるが故に、その親族制度に就いても此の點を重んぜなければならぬ。換言すれば其の根本に於て國家的、國體的觀點に立ちて制度が定められねばならぬ。又現實の皇室典範、皇室親族令も亦左様に編制されて居り、その解釋も之に依て初めて意義を有することになるのである。皇室の財產制度に關しては國家法を其の儘通用することが多いに引きかへ親族法に就いては原則として全く異なる所の多いのは此の故である（財產令第二條、第二十一條參照）。兩者の差異の重なる點を摘示すれば次の如くである。

(1)　親族の範圍　民法では(イ)六親等内の血族(ロ)配偶者(ハ)三親等間の姻族を以て親族と爲して居るが、親族令では(イ)親等の如何に拘らず皇族たる血族(ロ)六親等内の臣民たる血族(ハ)配偶者(ニ)三親等内の姻族を親族と爲す。これ素より皇位の安固を期するが故に外ならない（親族令第一條、第二條、民法第七百二十五條參照）。

(2)　養子制度　民法では比較的狹い親族圏内に廣範圍な養子を認めて居るが皇室に於ては養子は絶對に認めない。これ皇位の系統を正しきに置き苟も其の紛更を來さゞらしめむが爲めである（典範第四十二條、第五十八條、民法第八百三十七條乃至第八百五十條參照）。

(3)　隱居制度　皇室では隱居を絶對に認めない。その理由は養子制度に於けると同じ。

(4)　家及戸主　學者の通說としては皇室は一の家であり天皇は戸主であり、天皇が皇族に對して有する權力は戸主權であると云ふが自分は此の說を採らない。事實上に於ても皇室令制に家、戸主、戸主權、家族等の用語はない。從て親族入籍とか復籍とか云ふこともないのである。

(5)　婚姻の自由及婚姻の手續　民法に依れば男女一定の年齢に達すれば何人の同意を受くることなく又相手方の

何人たるを問はず（刑法上の制限及民法上の少許の制限を除く）婚姻することを得るが皇室法に於ては天皇の認許を得ざる婚姻は無效であり、且天皇の皇后を立つるは皇族又は特に定むる華族の女子に限り、皇族の婚嫁は同族又は勅旨に由り特に認許せられたる華族に限る。これ系統を重んずるが故である。又民法では婚姻は夫たるべき者の本籍地又は所在地の市町村長に屆出づるに依り法律上の效力を生ずるのであつてその手續は極めて簡便であるが、天皇及皇族男子の婚姻は賢所大前に於て神事として儀式を行はなければならない。皇族女子の臣籍に降嫁される場合にも宮中三殿に謁し、天皇、皇后に朝見し儀衞を整へて入第の儀を行ふ。

これ婚姻を鄭重に見、神事を重んずるの國風よりするものである（親族令第七條、第二十條乃至第三十四條及附式）。

(6) 扶養の義務　民法には親族間の扶養の規定があるが皇室には之を存せない。

其の他細い點に就いても種々異なつた點があるが何れもその根源を前述の理由に發するのであつてその詳細は以下各節に述ぶる所に依て知ることを得るであらう。

第二　皇統譜の體裁

皇統譜は皇位の繼承にも影響する程重要なものであるから、登錄、訂正の方法等を丁寧嚴格にすべきは勿論、簿冊の構造までも充分注意せねばならない。之に關しては、皇統譜令及同令施行規則に精密な規定がある。

今その體裁の大要を述ぶれば、何冊もの簿冊が集積し全體として皇統譜を成すのであるが、先づ上祖の方から云へば、神代の大統譜（皇統譜令第三十九條）、神武天皇以下歴代天皇及皇后が各代各一簿冊となりて之に續き、北朝各天皇も亦歴代天皇に準じ一代（皇后を含む）一簿冊とし、各皇族に就いてはその所出天皇毎に簿冊を設けられる。此の簿冊が大部に亙るときは番號を附して分冊する（同令第二十二條、同令施行規則第二條）。各簿冊（各分冊をも含むと解す）には表紙の裏面に天皇の御璽を鈐し宮内大臣が簿冊の紙の枚數及調製の年月日を記入し、圖書頭と倶に之に署名し、簿冊の綴絲には宮内大臣と圖書頭とが封印する（同令第三條、第四條）。尙皇統譜令施行以前の天皇所出の皇族に就いては數冊分を區分を正して合冊することが出來る（同令第四十條第二項）。

第三　皇統譜の登錄及訂正

登錄の方法は皇統譜令施行以後（大正十五年十一月十日以後）の出來事の登錄と其の以前の出來事との登錄とに依て異なる。同日以前の出來事は神代の大統は其の形式、事項皆勅裁に依て定むべく（同令第三十九條の精神）、歴代天皇、北朝各天皇及皇族に關する事項は從前の皇統譜に據り皇統譜令の命ずる將來の登錄事項を、その命ずる所に準じ勅裁を經て登錄すべく、又同令の命ずる登錄事項でなくとも登錄を必要とするものは同じく勅裁を經て登錄し得る（同令第四十條）。同日以後の事項に就いては既に登錄した事項を他の欄に移記するとき、又は判決に基く場合の上は當該事項が官報を以て公布（例之詔書）又は公告（例之宮内省告示）に依り直に登錄すべく、公布公告なき事項は勅裁を經て登錄するを要する（同令第四條）。而して登錄の樣式も法に依て一定して居るのである（同令施行規則第五條、第六條、第十三條後段參照）。

一旦登錄した事項は最も權威あるものであるからその訂正の如きは愼重を期せねばならない。卽ち登錄及附記に錯誤あることを發見したときは先づ訂正の可否に就き皇族會議及樞密顧問に御諮詢あらせられむことを奏請し、是等の會議に於て審議せしめられむことを請ひ、その答申の上奏ありたる後更に勅裁を經た上で訂正することを要する（同令第五條）。但し登錄事項の訂正を要する事由が判決に因て當該事項に變更を生じたものであるなら、勅裁を待たず判決に依て訂正することとせられる。蓋し判決の效力は動かすべからざるものであるが故である（同令第六條）。訂正の仕方は文字の挿入は行の右側に爲し（已むを得ざる場合に限り欄外に挿入することを許す）その箇所に符號を記し削除は文字を存する程度に朱線を以て抹消する。而も訂正した事實を登錄しその事由を附記し以て抹消又は變更の箇所及字數を示し勅裁又は判決の年月日を明かにせなければならない（同令第七條、同令施行規則第九條、第十條）。一旦登錄事項が訂正された後他の欄に移記するときは訂正したものを移記すれば足りる（同令施行規則第十一條）。

旣に登錄したる事項を訂正する場合の外に、登錄又は附記を爲す際に冗字、誤字を書し又は脫字することがないとは云へない。此の場合に於ては勅裁を經ることなく直に訂正をなし、且訂正の箇所及字數を附記せなければならない（同令施行規則第八條）。是等の登錄附記を爲したときは必ず其の年月日を記入し宮內大臣及圖書頭が之に署名するのである（同令第九條）。

第四　皇統譜の保存

皇統譜は最も貴重なものであるから、萬一亡失の場合を考へれば之に備へる方法を講じなければならない。是に於て皇統譜令は皇統譜副本の作成を命じ、此の副本は體裁も正本と等しくし（紙質に就ては明文なし）登錄及附記は正本に基き行ひ、その樣式も同樣である。只正本の登錄附記の際誤字、脫字等を直に訂正した分に就いては訂正した記載に基いて登錄する（同令第二條乃至第六條、第八條、第九條、同令施行規則第一條乃至第三條、第六條、第十二條）。

皇統譜は圖書寮に尙藏し、勅旨に依る場合又は事變を避くる爲めにする場合を除く外は同寮外に持出すことを得ない（典範第三十四條、皇統譜令施行規則第四條）。副本は內大臣府に保管する。帶出等に就き正本の如き明文はないが、その取扱を亲にすべからざるべきは勿論である（皇統譜令第二條第二項）。

皇統譜の登錄及附記に關する記錄は皇統譜の登錄附記の基礎となつた最も大切な書類であるから適宜編綴して簿冊とし、簿冊每に事件の目錄を附し圖書寮に尙藏される（同令第十條、同令施行規則第三條）。副本の登錄附記に關する書類に就いては尙藏の規定はないが、同樣に編綴整理することになつて居る（同令施行規則第三條）。

第五　皇統譜の種類

皇統譜は種別して大統譜及皇族譜とする。大統譜は天皇及皇后に關する事項、皇族譜は皇后（從て太皇太后、皇太后）以外の皇族に關する事項の典籍である。固より此の外に神代大統譜とも稱すべき神代の大統に關する事項の典籍、準大統譜とも名くべき北朝各天皇皇后に關する事項の簿冊あり、何れも皇統譜の一部を成すものであるが、兩者何れも皇統譜令の補則に規定されて居るものであつて、皇統譜の大本は大統譜及皇族譜でなければならない。尤も神代の大統も大統なり、北朝天皇も皇族なり、故に何れも大統譜若は皇族譜なり、と云へないこともあるまいが、それは恐らくは正解ではあるまい（同令第一條、第三十九條、第四十一條）。

神代大統譜は前にも述べた通りその形式、事項共勅裁に依て定め大統譜の首部に登錄すべしと云ふ規定があるのみであり（首部とは神武天皇大統譜の簿册の初めの部分の意か、簿册を別にし、神武天皇を第一代とする大統譜の首めの部に置かるべしとする意か明かでないが恐らく後の意味であらう）、私の所謂準大統譜は或る事項に就き勅裁を經て別に簿册を設け而もその登錄は大統譜に準じて行へと規定されて居るのであるから、是等の皇統譜に關しては詳しい規定もなく、説明の餘地もないから次には大統譜と皇族譜とに就いてその登錄事項、樣式等の大要を説明しやう。

尙從前の皇統譜に依り新皇統譜を作成するに就いての欄に就いては特に規定がある（同令第四十二條）。

(1) 中宮、尊稱太皇太后、尊稱皇太后、贈皇太后、贈皇后に就いては之を皇后と同樣に大統譜中に一欄を設けて記載する。法文に「皇后の欄に登錄すへし」とあるは此の意味であると解す。故に欄名は必ずしも「皇后」とするを要せず「贈皇后」としても違法ではないであらう。

(2) 皇族に係る事項は假令當該皇族の名稱が親王、內親王でなく何々尊、何々王、何々大姉等となつて居つても、皇室典範第三十一條の別に從ひ、其の方の身位が現制度に於て親王なれば親王欄、女王なら女王欄等に夫々記載する。此の場合には欄名は親王、王、內親王、女王とすべきである。此の點に於て前號の場合と趣を異にす。

(3) 親王の號を宣賜せられたる王（現制度の王に當る方）に就いては、典範第五十七條の精神を酌み依然親王欄に登錄する。

(4) 前二號の皇族の配偶者たる皇族に係る事項は夫々親王妃、王妃の欄に登錄する。

第六　大統譜

大統譜とは皇統譜中天皇及皇后に關する事項を登錄する典籍を云ふ。皇族中皇后のみを天皇と共に登錄するは皇后の御身分が天皇の御正配にして本來御身分の登錄等に就いては同體たるべきが故である。

大統譜は天皇に由り門を分ちその代數を揭げ天皇と皇后との欄を別々に設くる（同令第十一條）。門を分つとは恰も章節に分つ場合の章に分つと云ふが如きものである。一天皇毎に一簿冊を設け（同令第一條、第二十二條等參照）、簿冊毎にその表紙に代數及追號を記載し（同令施行規則第一條）、門を表示する爲め卷頭先づ「第何代天皇」と記し（同令施行規則附錄）、次で當該天皇の欄を設くる。

天皇の欄には(一)御名(二)父(三)母(四)誕生の年月日時及場所(五)命名の年月日(六)踐祚の年月日(七)元號及改元の年月日(八)卽位禮の年月日(九)大嘗祭の年月日(一〇)成年式の年月日(一一)大婚の年月日及皇后の名(一二)崩御の年月日時及場所(一三)追號及追號勅定の年月日(一四)大喪儀の年月日陵所及陵名(一五)攝政を置きたるとき又は攝政の更迭ありたるときは其の年月日及攝政の名(一六)攝政止みたるときは其の年月日(一七)皇后崩御したるときは其の年月日及皇后の名（例之「何年何月何日皇后何子崩御す」）を登錄する。是以外の事項は登錄を許さないのである（同令第十二條、第十四條、第十五條、尙第四十條第一項參照）。登錄事項中踐祚以前の事項は皇族譜から移記するのである（同令第二十條）。

天皇の欄の次に皇后欄を設くる。皇后欄には(一)名(二)父(三)母(四)誕生の年月日時及場所(五)命名の年月日(六)大婚の年月日、天皇踐祚前に結婚したるときは皇后となりたる年月日(七)崩御の年月日時及場所(八)追號及追號勅定の年月日(九)大喪儀の年月日陵所及陵名(一〇)天皇の崩御に依り皇太后となりたるときは其の年月日、その以後更に太皇太后となりたるときは其の年月日(一一)皇后、皇太后、太皇太后として攝政に任じ又は攝政を罷めたるときは其の年月日を登錄する(同令第十三條、第十六條―第十八條)。親王妃、王妃が夫たる皇族の踐祚に因り皇后となりたるとき又は内親王、女王が皇后となりたるときは其の以前に關る事項は當該皇族譜から移記する(同令第二十條第二十一條)。又登錄事項にして天皇崩御後に關るものは倘該天皇の大統譜の皇后欄に記載し別に皇族譜を作ることを爲さない(同令第十九條)。

卽位禮、大嘗祭、成年式、大喪儀に就いては豫め公告ありと雖も、實際其の式を行ひたる後其の年月日を登錄すべく、その以前に行ふことを得ない(同令施行規則第七條)。

第七　皇族譜

皇后、太皇太后、皇太后以外の皇族に關する事項を登錄する皇統譜たる典籍を皇族譜と云ふ。

皇族譜は所出天皇に從て皇族の一系列圖とし、所出天皇每に簿冊を區分し(卽ち何天皇所出皇族譜とし)同一區分内の簿冊が二冊以上になるときは簿冊每に分冊番號を附す。又各簿冊には其の表紙に代數及追號に依りて所出天皇を示す(同令第一條、第二十二條、同令施行規則第二條)。各區分の簿冊には所出天皇を同じくする各親王、内親王、女王每に一欄を設け妃に付ては夫の所出天皇に屬する簿冊に各一欄を設ける(同令第二十二條)。故に例へば甲天皇所出の系統の伊女王が乙天皇系統の呂王と結婚された場合には妃の欄は乙天皇所屬の簿冊に設けらるゝのである。從て伊女王の結婚以前に關する事項は甲天皇所屬の簿冊から乙天皇所屬の簿冊に新設する妃の欄に移記する。若し伊女王も呂王も同一天皇所出なるとき女王の欄名を王妃(夫が親王ならば親王妃)と改めれば足りる。是等の結婚關係が解消したときは此の逆の方法を採る(同令第二十九條、第三十條)。

親王、王が大統を承けたる場合には新に其の天皇所屬皇族の皇統譜簿冊を設け、從來の簿冊(例之皇太子踐祚したるときは從來は皇太子皇孫共前帝所屬の簿冊に記載さる)に記載せられたる新帝の直系卑屬及其の妃の事項を新簿冊に移記する。此の場合新帝が支系より入りて大統を承けたものなるときは、その直系卑屬たる王、女王、王妃は夫々親王、內親王、親王妃の身位を取得されるのであるから、新簿冊の欄名は親王、內親王、親王妃とする(登錄事項として、此の身位を得たる年月日を記載す、後出同令第二十五條)。

皇族譜の登錄事項は(一)名(二)父(三)母(四)誕生の年月日時及場所(五)命名の年月日(六)成年式の年月日(七)婚嫁の年月日及配偶者の名(八)薨去の年月日時及場所(九)喪儀の年月日及墓所(一〇)立太子又は立太孫の禮を行ひたる年月日(一一)父又は夫の父支系より入りて大統を承けたる爲め親王、內親王又は親王妃となりたるときは(踐祚の時既に婚嫁した者を含む)其の年月日(一二)兄弟の支系より入りて大統を承けたる爲め王、女王、王妃が親王、內親王、親王妃の號を宣賜せられ又之に依り王妃が親王妃となりたるときは其の年月日(既婚の女王を含む、王及未婚の女王の欄名は夫々親王內親王と改む)(一三)親王、王皇位繼承の順序を變換せられたるときは其の年月日(一四)離婚の年月日(一五)臣籍降下又は降嫁の年月日(一六)配偶者の薨去年月日及名(一七)攝政任罷の年月日(一八)失踪宣告及其の取消の年月日である(同令第二十三條乃至第二十七條)。

附記事項としては(一)父又は夫の父踐祚したるに因り親王、內親王、親王妃と爲りたるときは其の事由(二)夫の兄弟の践祚に因り王妃が親王妃となりたるときは其の事由(三)皇位繼承の順序の變換の事由(四)皇室典範增補第一條又は第二條、第四條第一項に依る臣籍降下の事由及氏名身位(五)同第三條、第四條第二項、皇族身位令第三十四條又は皇室親族令第三十二條の規定に依り臣籍に入りたる事由及其の入りたる家の戸主の氏名身位(六)臣籍に降嫁したるときは夫の氏名身位(七)臣籍に降嫁するも猶內親王、女王と稱せしめたること(八)臣籍より入りたる妃離婚に因り復籍、一家創立又は實家再興を爲したるときは其の事由、氏名(復籍のときは戸主の)等である(同令第二十三條乃至第三十八條)。

第八　皇統譜の形式例

以上の如くにして作成せらるゝ皇統譜の如何なるものなるかを示す爲め皇統譜令施行規則の掲ぐる樣式を左に寫さう。皇族譜に就いても皇統譜令施行規則に細い例示を爲して居るが、大統譜と略同樣であるから之を略する。

（表紙表題）

第何代 何天皇　大統譜

（表紙に付ては皇統譜令施行規則附錄に於て示すところなきも同規則第一條第二條（皇族譜）の定むるところに依れば斯くあるべし）

（内容）

第何代天皇……門

……欄

天皇　　御名

父　天皇御名 何天皇（皇太子何親王、皇太孫何親王、何親王、何王）

母　皇后名（太皇太后名、皇太后名、皇太子何親王妃 何内親王 何女王 何子、皇太孫何親王妃 何内親王 何女王 何子、何親王妃 何内親王 何女王 何子、何王妃 何内親王 何女王 何子、官位勲氏名）

何年何月何日午前（後）何時何分何所ニ於テ誕生ス

何年何月何日命名ス

何年何月何日立太子（立太孫）ノ禮ヲ行フ

右第何代天皇ニ屬スル皇族譜親王（王）ノ欄ヨリ移記ス

何年何月何日踐祚シタルニ因ル

年　月　日

宮内大臣　爵　氏　名

圖書頭　爵　氏　名

何年何月何日踐祚ス

右何年何月何日第何代天皇崩御ノ公告ニ依リ登錄ス

年　月　日

宮內大臣　爵　氏　名

圖書頭　爵　氏　名

何年何月何日何ト改元ス

右何年何月何日ノ公布ニ依リ登錄ス

年　月　日

宮內大臣　爵　氏　名

圖書頭　爵　氏　名

何年何月何日卽位ノ禮ヲ行フ

右何年何月何日ノ公告ニ依リ登錄ス

年　月　日

宮內大臣　爵　氏　名

圖書頭　爵　氏　名

何年何月何日何日大嘗祭ヲ行フ
右何年何月何日ノ公告ニ依リ登錄ス
年　月　日
宮內大臣　爵　氏　名
圖書頭　爵　氏　名

何年何月何日成年式ヲ行フ
右何年何月何日ノ公告ニ依リ登錄ス
年　月　日
宮內大臣　爵　氏　名
圖書頭　爵　氏　名

何年何月何日何內親王（何女王、氏名）ト大婚ノ禮ヲ行フ
右何年何月何日ノ公布ニ依リ登錄ス
年　月　日
宮內大臣　爵　氏　名
圖書頭　爵　氏　名

何年何月何日皇太子何親王（皇太孫何親王、何親王、何王、皇后名、皇太后名、太皇太后名、何内親王、何女王）攝政ニ任ス

右何年何月何日ノ公布ニ依リ登錄ス

年　月　日

宮内大臣　爵　氏　名

圖書頭　爵　氏　名

何年何月何日何親王攝政ヲ罷メ皇太子何親王（皇太孫何親王）攝政ニ任ス

（又ハ）

何年何月何日攝政皇太子何親王薨去シ何親王攝政ニ任ス

右何年何月何日ノ公布ニ依リ登錄ス

年　月　日

宮内大臣　爵　氏　名

圖書頭　爵　氏　名

何年何月何日攝政止ム

右何年何月何日ノ公布ニ依リ登錄ス

年　月　日

宮內大臣　爵　氏　名

圖　書　頭　爵　氏　名

何年何月何日皇后名崩御ス

右何年何月何日ノ公告ニ依リ登錄ス

年　月　日

宮內大臣　爵　氏　名

圖　書　頭　爵　氏　名

何年何月何日午前（後）何時何分何所ニ於テ崩御ス

右何年何月何日ノ公告ニ依リ登錄ス

年　月　日

宮內大臣　爵　氏　名

圖　書　頭　爵　氏　名

何年何月何日何天皇ト追號ス

右何年何月何日ノ公告ニ依リ登錄ス

年　月　日
宮内大臣　爵　氏　名
圖書頭　爵　氏　名
何年何月何日何日大喪儀ヲ行フ
何年何月何日何所ニ葬ル
何年何月何日何陵ト定ム
右何年何月何日（及何年何月何日）ノ公告ニ依リ登錄ス
年　月　日
宮内大臣　爵　氏　名
圖書頭　爵　氏　名

第九　親族の範圍

皇室制度に於ては皇室親族令その他の皇室令に別段の定ある場合を除くの外(一)血族(二)配偶者(三)三親等內の姻族を

以て天皇及皇族の親族とし、その他の者は之を親族と看做さないことを原則とする(親族令第一條)。

血族とは血統の續きたる者を云ひ、男系たると女系たるとを問はず、父系たると母系たるとを問はない。我が國古來の風習は、他の國家殊に東洋諸國の風習又は法制と同樣男系及父系を尊重したのであるが、時世の進步と共に相續制度の外は、民法に於ても男女系、父母系の差別を撤廢された。皇室制度に於ても、皇位繼承法は嚴格なる男系主義を採るが、親族の關係に就いては、男女系、父母系の如何を問はず苟くも血族關係のある以上は、相互に親族關係あるものとせらるゝ。天皇又は皇族と親族たる臣民の養子との間に於ては血族關係なき限り、親族關係は認められない。又天皇と皇族との間及皇族相互間に於ては血統ある限り、親等の如何を問はず、親族關係が成立するが、天皇又は皇族と臣民との間に血統が續けば、總て親族であるとするならば、その範圍餘りに廣く、紛雜を來すべきが故に、此の間に就いては血族主義に大例外を認め、臣民は天皇又は皇族の血族であつても七親等以下の者であるならば親族の限でない(同令第二條)。又庶出の天皇又は皇族の母方の血族に就いては母のみが親族である(同令第三條)。

姻族關係は離婚、寡妃の再婚又は臣籍降下に依て止むことは、民法の主義と同樣である(同令第五條、民法第七百二十九條)。嫡母、庶子の關係及繼母、繼子の關係に就き親族令に規定なきは一般の姻族關係を認むるの趣旨であり、養子に關する規定なきは皇室に養子の制度なく、臣民の養子と天皇又は皇族との間に於ては他の原因なき限り、親族關係を認めざるの主旨と解する(民法第七百二十八條、第七百二十七條—第二百三十條參照)。

第十　婚嫁

婚嫁とは民法に謂ふ所の婚姻に當る。用字を異にするは一般人民間のものと區別せむが爲めであらうと考へられる。天皇の婚嫁を大婚と云ひ皇族婚嫁と區別するは天皇の地位に鑑みたるに依る（親族令第二章）。

一　大婚　天皇の結婚し給ふを大婚と云ひ、皇族又は華族の女子を依て以て皇后の位に上らしむるを立后又は皇后を立つと云ふ（同令第七條）。此の意味に於て民法上の結婚が男女對等なると頗る異なる。民法上の結婚が婚姻適齡その他に就き制限あると同じく、大婚に關しても次の如き規定がある。

(1)　先づ御年齡に就き、天皇は滿十七年以上、皇后にならせらるべき御方卽ち后氏は滿十五年以上たることを要するは民法と同樣である（同令同條）。

(2)　天皇、后氏は相互に直系親族又は三親等內の傍系血族に非ざることを要する（同令同條）。直系親族と云ふ中には直系の姻族をも含む。而して天皇、皇后の婚姻關係解消せらるゝことありとするも、解消後は姻族關係は止みても前に姻族として直系親族の關係在りし以上は大婚を行ふことを得ない（同令同條）。

(3)　皇后は皇族又は特に定むる華族の女子たる者の中より立てらるゝ（同令同條）。我が國に於ては上古以來立后は皇族から選ばれ時として貴族の女子を立てらるゝの風あり、後には之が制度上の原則となり（大寶令義解後宮職員令集解職員の條參照）、藤原時代に至り聖武天皇が藤原不比等の女安宿媛を皇后に立てられてより後は、實際上又は政治上の必要から、皇族又は貴族の女子中より后氏を選ばるゝの例となつた。現制度は此の沿革に基き、皇后を立つるは皇族又は特に定むる華族の女子に限られたのである。「特に定むる華族」とは五攝家、淸華家、或は德川宗家、德川三家、大大名、或は公侯爵家等内規を以て或る一定の華族を特定するの意か、或は又后氏の御銓衡に當り、一定の範圍を限りて、その中に之を選ばむとするの意か、法文の上では明かでない。

(4) 諒闇中には大婚の禮は行はれない（親族令第十九條）。天皇が先帝、先后の喪に丁らせらるゝ時大婚の禮を擧げさせらるゝが如きは大孝をのぶる所以でなきが故に、此の規定あるは當然のことであり、歷史上に於ても特殊な事情に依る一二の例外を拜するのみである。

民法に於ては婚姻適齡、近親結婚禁止の外種々細い制限規定を設けて居るが、皇室親族令には是等の事柄は大衆社會の秩序維持を目的とするものであるが故に、皇室に於ては當然あり得べからざることとして法文を設けないのである（民法第七百六十六條乃至第七百六十八條、同第七百七十二條以下參照）。

次に大婚の手續に就きその概要を說明しやう。

后氏の御銓衡相濟みたるときは、御婚約を執り行はせらるゝ。その儀式を納采の儀と云ひ、親族令の附式に精密な規定がある。納采とは簡單に云へば民間に所謂結納である。勅使が立てられ、后氏の第《ヤシキ》に至り、大婚の約を成す爲め、納采を行ふ旨を宣べ、后氏の父勅旨を奉ずる旨を對《コタ》へ、勅使は幣贄を授くる。

納采の儀が濟むと、直に賢所皇靈殿神殿に成約奉告の儀、神宮神武天皇山陵先帝先后の山陵に奉幣の儀を行はせられ、一方宮內大臣は之を公告して國民一般に周知せしむる（親族令第八條、第九條）。

次に日を期して、勳章並御劍を賜ふの儀を行はせらるゝ。勳章を授けらるゝは身位に威容を加へらるゝ所以であり、御劍を賜ふは、宮中にて重要なる身分を與へらるゝときの吉例に基くものであつて、立太子に當り壺切の御劍を賜ひ、征夷大將軍に節刀を授けらるゝと、主旨に於て同樣な式である。

やがて吉日の御選定が終ると告期の儀と云うて、勅使が后氏の第に立ち勅旨を傳ふる式が行はれる。此の大禮の期日は宮內大臣が之を官報を以て公告する（同令附式、同令第十條）。

大婚の禮を行はせらるゝ前日に御書を賜ふの儀がある。之は中古以來公卿以上の家柄に於ける風習に基かれた情義深き御式である。勅使が天皇よりの御書《オンフミ》——御書と云ふも古來和歌を以てせらるゝ——を承けて后氏の第に至りて之を后氏に授け、后氏の奉答書を受けて之を御前に捧呈するのである。御書は紅色薄葉に書かれ、同じ紙を以て裹《ツヽ》みたるを柳筥に納むる。

翌日は大婚の禮を行はせらるゝ當日である。此の日には先づ賢所皇靈殿神殿に立后奉告の儀を行はせられ（同令第十一條）。次で后氏入內の儀ありて、后氏は勅使に迎へられ、儀仗兵による儀衞を整へて皇居に入內、綾綺殿に入られる。

かくて大婚の禮は賢所の大前に於て行はれる。之を賢所大前の儀と云ふ（同令第十二條、同令附式）。先づ召されたる文武高官、有爵者、優遇者並夫人、外國交際官並夫人等は大禮服、正裝、桂袴（禮服）にて參內、賢所參集所（朝集所）に參集、皇族方は綾綺殿に御參入になる。后氏は入內の儀にて綾綺殿に參入せられ、終に天皇また綾綺殿に渡御遊ばさる。時刻至れば皇族を初め奉り各參列員は賢所の本位に著床。玆に天皇は黄櫨染御袍立纓（御未成年のときは空頂黑幘）、御笏、后氏は御五衣、御唐衣、御裳、御檜扇の御服裝に御著替あらせらる。

參列員の著床を待ちて、神樂歌奉奏裡に御扉は開かれ、神饌幣物が供せらるゝ。次で掌典長の祝詞奏上が濟むと、先づ天皇、式部長官、宮内大臣の前行、侍從長、侍從武官長、侍從、侍從武官の候後、親王、王の供奉にて劍璽と共に出御。次に皇后、皇后宮大夫の前行、女官の候後、皇族女子の供奉にて出御。天皇、皇后には内陣の御座に著御、御二方にて御拜禮あり、内掌典御鈴を奉仕する。訖りて天皇御告文を奏せさせられ、奏し訖りて皇后と共に外陣の御座に移御あらせらるゝや、掌典長御神盃を天皇に獻じ御瓶子を執りて御酌し奉る。天皇之を召させられて後、御神盃を掌典長に授けさせらるれば、掌典長承けて之を皇后に獻じて執酌、皇后之を召させられて御神盃を掌典長に授けさせらる。御盃訖りて兩陛下御拜あらせらる。次に皇族の御拜禮ありて、天皇、皇后入御。供奉出御の時の如し。次で諸員の拜禮あつて後、神樂歌奏樂裡に幣物神饌を撤し、御扉を閉ぢ、次に各員退下して儀訖る。

大婚の禮に引續き、皇靈殿神殿に謁するの儀が行はれ、又日を別にして、天皇は皇后と共に神宮神武天皇山陵竝先帝先后の山陵に謁せらるゝ（同令第十三條、第十八條、同令附式）。

是等の神事の外に、皇太后に謁するの儀、太皇太后に謁するの儀、天皇皇后朝賀を受くるの儀、宮中饗宴（第一日の儀、第二日の儀及夜宴の儀あり）、大床子供膳の儀、三箇夜餅の儀がある。此の中最後の二は大婚の禮當日行はるゝ儀であつて、大床子供膳の儀は天皇（御正裝）皇后（御大禮服）御揃にて大床子（大食卓の意）の御座に著かせられ、侍從、女官の奉仕にて御臺盤を立て、御膳、御酒を供すれば、天皇之を食召されたる後御盃を皇后に賜ひ、皇后之を頂かれて御返盃御自ら瓶子を執りて御酌し參らせらる。次に天皇、皇后御臺盤に御箸を立てさせられ、訖りて入御あらせらるゝのである。三箇《ミカ》夜餅《ヨノモチ》の儀は大婚御當夜より三夜に亙り御餅を供する儀式である。三箇夜餅は腰高の白餅で、特に命ぜられたる華族奉仕の下に調進せられ、之を銀盤四枚に盛り洲濱の上に鶴形一雙を立て、御箸を鶴嘴の形に置き珍木に燕の模様を螺鈿したる筥に納め、女官が之を夜御殿《ヨルノゴテン》に供進するのである。洲濱、鶴、御箸等何れも銀製のものと定められてある。その他の御儀式は略登極のときと同樣であるから説明を略する。

大婚の禮の訖りたるときは立后の詔書を渙發せられ、當日直に官報を以て公布せらるゝ（同令第十三條）。條文には「立后の詔書は大婚の禮を行ふ當日之を公布す」と規定せられ、その當日なれば大婚の禮の訖りたる前後を問はぬが如くに見ゆるが、その然うでないことは事理の當然である。又大婚のことが大統譜に登錄せらるゝことは固よりである（皇統譜令第十二條第十一號、第十三條第六號）。

二　皇族婚嫁　皇族の婚嫁の要件としては、

(1)　結婚の相手方が皇族又は勅旨に由り特に認許せられたる華族なること　即ち王族、公族は皇族の配偶たることを禁ぜられるを原則とする。然し皇族女子が一旦皇族以外の者に嫁したる場合には離婚の場合と雖も皇族に復することなきを以て、爲めに皇室の血統を紊る虞はないのであるから皇族女子が王公族に嫁することは差支がない（典範第三十九條、第四十四條、同第一增補、同第二增補等參照）。

(2)　婚嫁に就き勅許あること　皇族男子の婚嫁は將來皇位を繼ぐことあるべき御方の御血統に關することであるから、頗る重大であり、皇族女子の婚嫁も皇族の御身位に在らせらるゝ御方の御結婚であるから、皇室に關する重大な事項である。それ故に皇族の婚嫁に就いては、その男子たると女子たるとを問はず、皇室内の御婚儀であると臣下に御降嫁になると、婿養子御緣組を以て臣籍に降下せらるゝとに拘らず、總て勅許を要し、勅許なき婚姻は無效とせらるゝ。されば此の勅許は宮内大臣の副署する勅書を以て爲さるゝことに定められてある（典範第四十條、第四十一條、同第一增補第二條、親族令第三十四條）。

(3)　婚姻適齡に達したること　皇族の婚嫁は男子は滿十七年女子は滿十五年に達するに非ざれば之を成すことを得ない（親族令第二十條）。

(4)　近親結婚に非ざること　皇族の婚嫁は直系親族又は三親等内の傍系血族の間に於ては假令姻族關係が止みたる後に於ても之を成すことを得ない（同令第二十一條）。

(5)　喪中に非ざること　親族令第二十九條に依れば、皇族の婚嫁は大喪中及直系尊屬の喪中之を成すことを得ない。卽ち斯の如き場合には結婚の禮を擧ぐることは勿論、勅許の出願、納采の儀等をも行ひ得ないのである。直系卑屬以外の喪中に就いては規定を存せないのであるが、若し婚姻の當事者の一方が皇族男子であり、從てその妃を迎へらるゝ場合に於ては、結婚の儀が賢所大前に於て行はれる關係上、慣習法上當然に少くも結婚の禮は之を行ふことを得ず、又臣籍に降らるゝ場合に於ても三殿に謁するの儀を行ひ得ざるが故に婚嫁を爲すことを得ないこととなる。

次に皇族婚嫁の手續に就いてその大要を説明しやう。

(1) 特定華族の決定及勅許　前に述べたる如く皇族婚嫁の相手方は皇族以外は特に認許せられたる華族に限るが故に、皇族の御緣談に就いては先づ第一に某々華族と婚嫁するの適否に就き御內意を伺ひ御認許を仰がなければ之を進むることを得ない。そしてその御緣談にして略御取纏の御意向が決すれば、御婚約前、皇族御自身より婚嫁の勅許を得られなければならない（典範第三十九條乃至第四十一條、親族令第二十二條等）。之に對し宮內大臣副署の勅書を以て勅許が下れば玆に色々な御儀を以て御婚嫁のことが進められる。

(2) 皇族男子の迎妃

(イ) 皇太子、皇太孫の婚嫁　此の場合には先づ納采の儀があり、御婚約當日天皇掌典長をして之を宮中三殿に奉告せしめ、勅使をして神宮神武天皇山陵竝先帝先后の山陵に奉幣せしめらるゝ。賢所皇靈殿神殿に成約奉告の儀、神宮に勅使發遣の儀、山陵に勅使發遣の儀、神宮に奉幣の儀、山陵に奉幣の儀の次第は略大婚の場合の是等夫々の御儀に同じである。成約奉告の儀の節の皇太子の御儀服は黃丹袍の束帶で、若し御未成年なる時は闕腋袍、空頂黑幘である（親族令第二十五條、第八條）。是等の御儀式の外御成約の旨宮內大臣は官報を以て之を公告する（同令第二十五條、第九條）。引續き勳章を賜ふの儀、贈劍の儀、告期の儀、贈書の儀が行はるゝ。勳章を賜ひ、期日を告ぐるは天皇の遊ばす所であつて勅使が立ち、他の御儀は東宮より東宮使を妃氏の宮又は第邸に差遣はさるゝ。その儀各〻大婚の御時に準ず。結婚の禮を行はせらるゝ期日は宮內大臣之を公告する（同令第二十五條、第十條、同令附式）。

御結婚の禮を行はせらるゝ當日は先づ賢所皇靈殿神殿に結婚奉告の儀が行はれ、東宮侍從が衣冠單の服裝を整へて御代拜に立つ。次で東宮使、東宮大夫の傳宣を承けて妃氏の所に至つて之を迎へ奉り妃氏入宮の儀あり、續いて賢所大前の儀を擧げさせらるゝ。其の儀は略大婚の場合に同じである。但し兩陛下の出御はなく、掌典長の祝詞に續いて皇太子、皇太子妃の御拜禮、皇太子の告文奉奏あり、訖りて掌典奉獻の御神盃の事あり、御執酌は掌典長之を奉仕する。

賢所大前の儀に續いて皇靈殿神殿に謁するの儀があり、訖りて兩殿下儀衛を整へて東宮御所に御入り遊ばさる。此の御婚嫁は當日宮內大臣より公告せらるゝ（同令第二十三條、第二十五條、第十一條、第十四條、第二十八條）。

御結婚の禮訖りたるときは、東宮同妃御揃にて兩陛下に謁し、又皇太后、太皇太后に謁せらるゝ。前者を參內朝見の儀、後者を皇太后に朝見の儀、太皇太后に朝見の儀と云ふ。何れも謝恩の禮を盡さるゝのである（同令第二十四條、同令附式）。

本宮に於ける供膳の儀、三箇夜餠の儀、御結婚後の宮中饗宴の儀、神宮神武天皇山陵竝先帝先后の山陵に謁するの儀等總て大婚の場合御同樣之を行はせらる。但しその次第は時に臨み之を定むることになつて居る。尙皇族譜の登錄が行はれ、妃氏臣下なるときは戶籍が抹消せらるゝは勿論である（後段參照）。

（ロ）　親王、王の婚嫁　皇太子、皇太孫以外の皇族の婚姻適齡及近親結婚禁止の範圍、婚姻の相手方の範圍、勅許の必要等の婚嫁要件及其の手續は皇太子婚嫁の場合と同じである。然し一般の親王、王は皇太子より御身位低きに在らるゝが故に、皇太子婚嫁の場合より手續等に於て簡略な點がある。

(一)成約奉告の儀、神宮・山陵に奉幣の儀、結婚の禮當日三殿奉告の儀等は行はれず。又親王に就いては期日の公告あるも王の結婚に就いては期日定まるも別段公告を必要とされない。唯結婚の禮を行ふ當日、宮內大臣之を公告すれば足る(同令第二十六條、第二十八條)。

(二)御儀式も大分に簡略に從はれ、納采の儀、告期の儀、妃氏入第の儀、賢所大前の儀、皇靈殿神殿に謁するの儀、參內朝見の儀、皇太后に謁するの儀、太皇太后に謁するの儀はあるが、其の他の御儀は行はれない。

納采の儀も、勅使が立つのではなく、親王、王附屬の宮內高等官を當該皇族の御使として妃氏の第に遣はされ自ら某の女某子と結婚の約を成す爲め納采を行ふべき由を宣べしめらるゝ。但し妃氏が皇子たる內親王(現天皇の皇子たるを指し奉るや、現天皇の皇子たらずとも天皇の御子に在す內親王を意味するや議論あるべし)なるときは親王は宮內大臣に由り納采を行ふべき期日の勅裁を承け、其の期日に及びて親王の御使が幣贄を奉じて參內し、宮內大臣を經て之を天皇に上つり、宮內大臣は之を承けて奏し、改めてその御嘉納あらせられたる旨を宣べ御使は退出する。次で勅旨に依り幣贄は妃氏たる內親王に傳進せしめらる。又妃氏が皇太子又は皇太孫の子たる內親王なるときは東宮大夫を經て期日の允諾を承け、東宮大夫に由り幣贄を上つり、御受納の令旨の啓せられたるを承けて御使東宮の本宮を退出し、幣贄は令旨に依り妃氏に傳達せらるゝ。

告期の儀も亦略之と同樣である。

結婚の禮當日は當該皇族附屬の宮內高等官御使に立ち儀衞を整へて妃氏皇族の殿邸に入られ、次で親王及妃氏宮中綾綺殿に御參入、御儀服に替へさせられて賢所大前の儀行はれ、掌典長の祝詞奏上の後親王、妃御揃にて御拜禮、親王告文を奏し、訖りて掌典、掌典長の奉仕にて神盃に依る御盃事あり。參列員の範圍は皇太子御結婚の禮の場合よりも遙に狹く、皇族全員は必ずしも御參列せず、その御意思に隨て參列せらるゝ。外國交際官竝その夫人も參列することなく他の文武高官有爵者等も參列せず、唯宮內勅任官竝夫人、宮內奏任官總代一人、當該皇族附屬の別當竝夫人、同事務官及びその時に臨み召されたる者のみが參列するを原則とする。但し妃氏が皇子たる內親王又は皇太子、皇太孫の子たる內親王なるときは大勳位、親任官、大臣待遇、親任待遇、公爵、從一位、勳一等の者を加へられ後の場合には宮內奏任官總代を二人とし內一人を東宮職奏任官とせらる（以上親族令附式參照）。

(3)　皇族女子の臣籍降嫁　の場合も前項と同樣勅許を要するが御儀式は大分に趣を異にする。先づ納采の儀に於ては配偶者たるべき華族の親族が使となつて當該皇族の殿邸に幣贄を齎し內親王（又女王）の父母たる皇族（父なきとき又は事故あるときは他の皇族男子）（母なきとき又事故あるときは之を缺くべきものと解す）正寢の座に就き之を受くる。他は大婚の納采の儀に略同じである。

告期の儀にも同樣配偶者たるべき華族の使が皇族の殿邸に參入してその儀が行はれる。配偶者たるべき女子が皇子又は皇太子、皇太孫の子たる內親王なるときは親王の結婚式の場合の告期に準ずる等稍重きを加へらるゝが茲には省略する（以上親族令附式參照）。

御降嫁の場合には結婚の禮は配偶者たるべき華族の第に入第されて後婚家の風を以て行はるゝが故に、入第に先ち當該皇族女子の宮中三殿に謁するの儀が行はれる。參列員は皇族男子の賢所大前の儀に於けると同樣である。

入第の儀には配偶者たるべき華族の親族が使となつて皇族の殿邸に至り、當該皇族女子の父母（納采の儀のときに同じ）正寢の座に著き使者を受けられ、使者休所に退出の後、準備成るを待ち配偶者たるべき皇族女子は儀衛を備へ（時に臨み定めらる）當該華族の第に向ひ、華族の使者亦之に從ふ（親族令第二十七條、同令附式參照）。此の御婚嫁も、その禮を行ふ當日宮內大臣之を公告する（同令第二十八條）。

皇室典範第一增補に依る皇族男子の華族の家に壻養子緣組にて降下せらるゝときに就いては別に規定を存せないが女王の降嫁の場合に準ずべきは云ふまでもない。

皇族婚嫁に由り皇族譜及婚嫁の相手方たる王公族譜又は華族の戶籍に異動を生ずるは固よりである。皇統譜に於て天皇の欄には大婚の年月日及皇后の名、皇后の欄にはその大婚の年月日を登錄せなければならない。內親王、女王が皇后になりたるときは該內親王、女王の欄に記載した事項を皇族譜から大統譜に皇后の欄を設けて、之を移記しなければならない（皇統譜令第十二條、第十三條、第二十一條）。華族より立后せられて皇后とならせられた場合には其の后氏の實家たる華族の戶主から后氏の氏名、出生の年月日、本籍、父母及后氏と戶主の父母との續柄竝除籍の原因（卽ち大婚）及年月日を具して之をその市町村長に屆出でなければならぬ（明治四十三年法律第三十九號第四條）。市町村長は之を受理して戶籍記載の手續を取り戶籍簿から后氏を削除する（前揭法律第五條）。

皇族男子が皇族女子と結婚したるときは、婚嫁の年月日、配偶者の名を皇族譜に登錄し、妃氏皇族なるときは、當該內親王、女王の欄に記載したる事項を其の夫たる皇族の妃の欄に移記する。但し夫妃の御祖先たる天皇が同じであるときは「內親王」又は「女王」と云ふ欄名を「親王妃」、「王妃」と改めればよい。妃氏が華族であるときは、新に「親王妃」、「王妃」の欄を設け、名、父、母、誕生の年月日時及場所、命名の年月日等を登錄する。妃氏の實家の戶籍は立后の場合と同樣な異動手續を爲す（皇統譜令第二十三條、第二十九條、前揭法律第四條）。

皇族男子が皇室典範第一增補に依り婿養子となり臣籍に降下せられたときは其の年月日を該皇族の欄に登錄し且事由及降下に依て得たる氏名身位を附記する。養家の戶主は十日以內に新に入籍したる者の氏名、出生の年月日、原籍、父母、養父母との續柄、入籍の原因及入籍の年月日を具して市町村長に屆出で、市町村長は之に依て戶籍登錄の手續を取る（皇統譜令第三十一條、前揭法律第四條）。

皇族女子が王公族、華族に嫁したるときは、その年月日を該內親王、女王の欄に登錄し、且夫の氏名身位を附記し、尙皇室典範第四十四條の規定に依り內親王、女王の稱を有せしめられたるときはその旨を附記する。夫が王公族である場合は、王族譜又は公族譜に名、父、母、誕生の年月日時及場所、命名の年月日、結婚の年月日及配偶者の名が登錄せられる。又華族の家に降嫁された場合は該華族の戶主の屆出に依り戶籍が手續されること男子が婿養子となられた場合と同樣である（皇統譜令第三十三條、王公家軌範第二十七條、王公族譜規程第十三條乃至第十五條、前揭法律第四條）。

三　婚嫁の解消　皇族は已むことを得ざる事故ある場合に限り夫婦の協議に由り勅許を經て離婚を爲すことを得る。卽ち離婚は(一)已むを得ざる事故あること(二)夫婦の協議の調ふこと(三)勅許あることの諸條件を備へなければならない。民法上の所謂裁判上の離婚は存在せない。但し夫婦の協議が調はないときは勅裁を經て離婚し得るが之は固より全く例外である（親族令第三十條）。そして皇族の離婚は其の當日宮内大臣が公告する（同令第三十一條）。勅許なき離婚は無效である（同令第三十四條）。

離婚したる妃が元來皇族であるならば依然皇族の身位を保たるゝを原則とするけれども若し離婚前にその直系尊屬が勅旨、情願、懲戒等に依り、臣籍に入り創立したる家あるときは其の家に入る（同令第三十二條）。妃が臣籍より入りたる場合なれば、實家に復籍する。若し實家が既に廢絕に歸して居れば一家を創立するが、此の場合には廢絕した實家を再興しても差支ない（同令第三十三條）。實家に入籍又は復籍の場合には、十日以内に本人から父母及父母との續柄（例之第何女、養子等）、入籍又は復籍の原因及年月日を記したる屆出書と入籍又は復籍の原因を證する書面（例之、勅書、勅書の寫を宮内大臣の證明したる書面等）とを市町村長に提出すべく、一家を創立した場合には一家創立の原因を證する書面に添へて、一家創立の場所、屆出人の家に入るべき者あるときは其の名、出生の年月日及其の者と屆出人との續柄、屆出人及其の家に入るべき者の父母竝其の者と父母との續柄、一家創立の原因及年月日の諸件を具した屆出書を同じく市町村長に出す。市町村長は之を受理して之に依り戶籍記載の手續を爲す。廢絕した實家を再興する場合の規定は之を缺くが、之に準ずべきものと解すべし（明治四十三年法律第三十九號第一條乃至第三條、第五條）。

婚嫁はまた夫婦の一方の薨去に依て解消する。臣籍より入りたる妃の夫たる親王、王薨去せらるゝも皇族たるの身位を保持せらるゝが、情願して勅許を得らるれば實家に復籍することを得る。此の外には臣籍に降らるゝことを得ないのである。復籍の場合の戶籍上の手續は、離婚に依る復籍の場合と同樣である（身位令第三十四條、前掲法律第二條）。

以上の身分の異動は何れも皇族譜の登錄事項である（皇統譜令第三十條、第三十四條）。皇后に就いては離婚の規定なく、皇太后、太皇太后に就いては情願に依る臣籍降下の規定を存せないのは、斯る事柄を豫想すべきでなく、又法は之を許さゞるものと解すべきものであらう。

第十一　親子

一　總說　親子の關係は皇子又は皇族の子の誕生に依て生ずる。養子は皇室制度に於ては之を認めない。實子に嫡出子、庶子の區別のあることは民法に於けると同じ。卽ち皇子にして嫡出に非ざる者は皇庶子とし、皇族の子にして嫡出に非ざる者は之を庶子とす。皇族の嫡出子又は庶子たる身分に對しては皇族又は宮內大臣は反對の事實を主張することを得る。斯ることは殆んど有り得べからざることであるが皇族たる尊貴の身分に關する事項であるが故に法條の缺くることを避けたものに外ならない。然し或る者が皇族の子なりや否やを不確定に置くは不可なるが故に認知は誕生の時を距てゝは爲し得ない。之は親族令第三章第一節及第二節の條文から當然解釋せらるべき所である。皇族男子の子の身分に就き反對の事實を何時にても主張し得るは皇族の身分の外に出す事に係り、皇室の淸淨を保ち且皇族外の身分に降すのであるから、認知とはその重大さに於て大に異なる。民法の如く認知に關する精細の規定を存せないのはその必要なきに由る。私生子の規定のなきは、事あり得べからざるが故である。强いて法律的解釋を下せば我が皇室制度は男系主義を採るが故に父の不明の子は皇族と認めない主旨と云はざるを得ない

(典範第四十二條、親族令第十一條、第四十六條、第四十七條)。嫡出、庶出の別に依り、皇位繼承の順位、攝政の順位、皇族の班位に區別あるは既に前に說いた如くである。

二　皇族の誕生　皇子の御誕生には產殿に宮內大臣又は內大臣を、皇族の子の御誕生には御產所に宮內高等官(場合に依り他の高等官)を候せしめられ、且御誕生の當日には其の事實を宮內大臣が官報を以て公告する(典範第三十三條、親族令第三十五條、第四十二條、第三十六條、第四十五條)。皇統譜には、父天皇の御名、母の名、御誕生の年月日時及場所は此の公告及產殿伺候者の復命に基く勅裁に依り登錄が行はれる(皇統譜令第二十三條、同令附式)。皇子の名は父天皇之を命じ給ひ、皇太子、皇太孫の子の名は天皇より其の父親王に賜ひて命名せられ、其の他の皇族の子の名は其の直系尊屬が之を命け給ふ。是等の名は命名の當日宮內大臣之を公告し、內大臣及圖書頭は此の公告に依り皇統譜に之を登錄する(典範第三十三條、親族令第三十七條、第四十三條乃至第四十五條、第三十八條)。

御誕生に關して諸々の祭祀儀式が行はれるが、皇子に就いては殊に御鄭重である。殊に誕生命名奉告の儀は皇室親族令の條文(第三十九條)を以て定められてある。

皇子御誕生に關し先づ行はるゝ御儀式は御帶進獻の儀、賢所皇靈殿神殿に著帶奉告の儀、著帶の儀である。

御著帶は御吉例として民間に於けると御同樣、御五月の戌の吉辰を選びて御內著帶が行はれるが、之は公の御儀式ではない。御健に御胎內の皇子も御成育遊ばされ、御九月となるに及びて公式に御著帶の儀式が行はるゝ。先づ御帶親として皇族男子の御年輩の方が選ばれ次で天皇より御帶親の宮が御帶を承けて皇后に進獻あらせらる。之を御帶進獻の儀と云ふ。當日御帶親の宮は勅旨を奉じて、生平絹一丈二尺、幅半より折り三重に之を帖《タ》み、白の鳥の子紙二重にて之を裹《ツヽ》み、其の表に金泥を以て松鶴を繪き蒔繪の御衣筥に納れたるを、附屬宮內高等官に授け御使は之を奉じて皇后の本宮に至る。此の時皇后宮御通常服にて便殿に出御あらせらる。皇后宮大夫は御帶親の宮御使より承けたる御帶を上る。次に皇后宮入御、次に各退下して儀を訖る。次に賢所皇靈殿神殿に著帶奉告の儀がある。各殿に神饌を供し、神殿には神饌を供したる上、御帶を案上に安《オ》き、掌典長祝詞を奏す。次に天皇御代拜（侍從奉仕、衣冠單）皇后御代拜（女官奉仕袿袴）あり、次で諸員の拜禮がある。著帶の儀當日は宮內大臣、關係宮內高等官等皇后の本宮に參入すれば天皇（御通常服）本宮に渡御、次に皇后（御通常服又は袿袴）御著帶の儀あり、次に天皇御座所に還御、次に各退下して式を閉づ（以上親族令附式）。

御誕生の後に御劍を賜ふの儀がある。宮內大臣旨を承け御劍（御誕生の皇子內親王のときは御袴を副ふ）を皇子に賜ふべき由を勅使に傳宣し、勅使之を奉じて皇后の本宮に至り、便殿にて旨を皇后宮大夫に傳宣し御劍を授く。大夫之を受けて女官に付し皇子に上り、勅使次で退出す（同令附式）。

命名の儀は宮內大臣旨を承け宸筆の名記（皇子に賜ふ名を記したるもの）を勅使に致し、勅使之を皇后の本宮に至りて皇后宮大夫に授け大夫之を女官に付し女官更に之を皇子に上る（同令附式）。御命名と共に賢所皇靈殿神殿に誕生命名奉告の儀を行はせらる。掌典長皇子御誕生竝御命名の祝詞を奏上し天皇御代拜（侍從奉仕、衣冠單）皇后御代拜（女官奉仕、袿袴）がある。御命名は民間に所謂七夜相當の日に行はせらるゝを吉例とする。當日關係宮內高等官の外讀書鳴弦の諸員が皇后の本宮に參入し、衣冠單を著したる讀書及鳴弦の奉仕者（多くは華族中より選ばる）は浴殿の外に列立する。次に皇子浴殿に入らせられ、御入浴（女官奉仕）

の間讀書鳴弦の儀とて奉仕者が書を讀み弓の弦《ツル》を鳴らす儀がある。破魔の儀とも云はるゝが、恐らく皇子の文武に幸あらせ給はむことを祈るに象るものである。御入浴終りて皇子產殿に還られ諸員續いて退下す（同令附式）。

皇子御誕生後五十日目には事故なき限り賢所皇靈殿神殿に謁するの儀を行はせらる。民間のお宮詣に當るものである。當日は皇族方は綾綺殿に御參入、宮內大臣、侍從職、皇后宮職勤務、其の他の關係宮內勅任官竝夫人、宮內奏任官等は賢所參集所に參集。時刻至るや宮內官著床、次に皇族參進本位に就く。次で神樂歌奉奏裡に御開扉。供饌のことありて後、掌典長祝詞を奏す。茲に皇子童形服（始め女官筥の蓋に載せて捧持し、皇子に扈從し綾綺殿に參入、此處にて御著替あるを本則とす）にて外陣に參進（女官奉仕）御拜禮の上御退下、續いて皇族竝諸員各〻拜禮退下する（同令第四十條）。

尙皇庶子の御誕生の場合には御帶進獻、著帶奉告及著帶の諸儀は行はれない（同令附式）。

皇子以外の皇族の中、皇太子、皇太孫の子の御誕生のときは皇子誕生式の全部が準用される。但し前述の諸儀式中天皇、皇后に當る所は總て東宮（又は皇太孫）東宮妃（又は皇太孫妃）之に代り、皇后の本宮は當然東宮等の本宮となる。命名の儀中宸筆の名記は授けられず「皇孫（又は皇曾孫）に名を賜ふ由を皇太子に告くへし」と宮內大臣より傳宣し、勅使は東宮御所に至り、別に整へたる名記を東宮大夫に授くるのである。

其の他の皇族の子の御誕生には公式の御儀式としては、三殿に謁するの儀があるのみである。其の次第は皇子御誕生の場合に準ずる（同令附式）。

三　親權　未成年の皇族は父の親權に服し、親權を行ふ父は子の保育を爲す責務を有す（典範第三十七條、親族令第四十八條、第四十九條）。保育の義務の中、重要なるものは普通教育である。皇族の普通教育とは一般臣民の中等教育に當る。卽ち皇族男女は滿六歳以後滿二十歳に至る迄を普通教育を受くべき學齢とし、親權を行ふ父は、保護者として、是等の學齢者をして學習院又は女子學習院に於て就學せしむるの義務を有し、同院に於て中等教育を卒業するか、滿二十歳に達するに至るかに非ざれば、此の義務を免れず、就學の免除又は猶豫、學習院又は女子學習院以外の學校に於て就學せしめ、或は學業中途にして退學せしむるは、已むことを得ざる場合に於て勅許を得て、初めて爲し得るのである。但し陸海軍の學校に入學する者又は勅旨に由り別段の教育方法を定めたるものに就いては以上の就學令の規定を適用しない（大正十五年皇室令第八號就學令第一條乃至第七條、第九條）。陸海軍武官に進まるゝは皇族男子の原則的義務であるからである（身位令第十七條）。

親權の效力として親族令の揭げて居るものは懲戒權と財產に關する管理權及代表權である。卽ち親權を行ふ父は必要なる範圍内に於て子を懲戒することを得、又子の財產を管理し又其の財產に關する行爲に付き子を代表する（親族令第五十條、第五十一條）。

親權の喪失原因としては(一)父が禁治產、準禁治產の宣告を受け又は(二)皇族の特權の停權又は剝權の懲戒を受けたるときを當然の原因として擧ぐべし（同令第五十三條）。(三)父親權を行ふに適せざるときは勅旨を以て其の親權の全部又は一部の喪失を命ぜらるべし（同令第五十四條第一項）、但し此の場合には皇族會議に諮詢したる後勅裁して處分を行はる（同令第五十五條）。禁治產、準禁治產、停權、剝權が解除せられたる場合には親權も當然回復され、勅旨を以て親權の喪失を命ぜられたる場合に於て、其の喪失の原因の止みたるときは皇族會議の諮詢を經勅裁し、勅旨を以て復權が命ぜらるゝ（同令第五十三條、第五十五十四條第二項、第五十五條）。

皇族の父は原則として當然に親權を有するのであるが之には例外がある。

(1) 天皇の皇子に對する親權に就きては規定を存せない。親族令第四十八條は「皇族の子未成年の間は父の親權に服す」と規定し皇子のことに言及して居らない。蓋し天皇が皇子を直接監督し、必要あらば之を懲戒することあるべきは當然にして特に之を親權の效力とする必要なく皇室の根本法たる皇室典範の規定（第三十五條、第五十二條）を以て足り、又子の財產に關する事項に就いて敢て天皇直接の行爲とするの要なきのみならず、寧ろ尊位に鑑み宮內官僚をして此の事に當らしむるを以て適當とすべく、又皇子保育のことを以て天皇の義務と爲すは不可なるが故である。されば婚嫁せざる未成年の皇子の財產に關する法律上の行爲に付ては宮內大臣をして其の當事者と看做され（財產令第二十一條）、皇太子の御保育に就いては前例に依れば東宮職官制を制定せられ東宮御學問所設置せられ、皇子に就いては皇子傅育官制を定められ、現在內親王殿下に就いては皇后宮職官制に依り、皇子の傅育の所管を同職に屬するものと定められて居る（同官制第二條ノ二）。

(2) 皇太子、皇太孫は其の御子に對し親權を行はるゝが、皇子に對せらるゝ天皇の場合と同一理由に依り、財產管理權、代表權は有せられることなく、宮內大臣が財產上の行爲に關する當事者と看做される（親族令第五十一條第二項、財產令第二十一條）。

(3) 萬一未成年の皇族の男子が庶子を有する場合には父たる皇族の父即ち庶子の祖父たる皇族が子に對する親權の外に、孫に對し、子に代りて親權を行ふ（親族令第五十二條）。實子に就き同樣の規定を存せないのは未成年の皇族が正配を迎へらるゝことなかるべく、若し之有りとするも規定上（同令第四十八條後段）當然親權に服するの義務を免がるゝが故に、必然的に其の子に對し親權を行はしむるを適當なりとするに由るものである。

四　父なき未成年皇族の保育　「皇族男女幼年にして父なき者は宮內の官僚に命し保育を掌らしむ、事宜に依り天皇は其の父母の選擧せる後見人を認可し又は之を勅選すへし」（典範第三十七條）。即ち保育を命ぜられたる宮內の官僚又は後見人は當該皇族の就學に關する保護者となり（就學令第四條第二項、第八條）、一般保育の責務に任じ（後見令第五條第二項）、財產管理權、財產上の代表權、懲戒權をも有する（同令第五條第一項、第七條）。玆に於て後見令に就き今少し詳しく說明せねばならぬであらう。

第十二　後　見

後見に關する制度は親族制度及經濟制度に相亙るものであるから、各國の立法例に於ても其の編入する箇所は區々であり、我が國では之を民法親族編に入れて居る。之蓋し後見の制度は親族制度に關する點の方が重いと見たからであらう。皇室制度に於ては皇室親族令の外に別に皇族後見令（大正十五年皇室令第九號）が制定せられてある。皇族後見令に於ては單に後見人に關することのみならず、父なき未成年保育の官僚に關する事項及禁治產皇族の管財者に關する事項をも規定して居る。

一　後見の開始　に就いても民法と多少の相違がある（民法第九百條參照）。

皇族の後見は左の場合に開始する（後見令第一條）。

(1)　親權に服すべき未成年者に對して親權を行ふ者なき場合に於て宮內の官僚に命じ保育を掌らしめられざるとき（典範第三十七條參照）

(2)　親權を行ふ者其の一部の喪失を命ぜられたるとき

(3)　皇族精神の重患あるに因り勅旨を以て禁治產を宣告せられたるとき（財產令第二十七條參照）

二　後見人の資格及選任　皇族の後見人たるものは成年以上の皇族に限る（典範第三十八條）。民法に於ては後見人たる資格に就き種々の要件を規定して居るが、皇室法に於ては凡て後見人は勅選され若は就任に就き勅許を受くるものなるが故に何等細き制限を設けて居らない（民法第九百八條參照）。

父なき未成年皇族に就いては宮內の官僚に命じ保育を掌らしめらるゝを原則とするが、事宜に依り、親權を行ひたる父が遺言を以て選定したる後見人、又は父の選定したる後見人なき場合に母が選定したる後見人が認許せらるゝことがある（典範第三十七條、後見令第二條參照）。皇族後見令は皇室典範の規定を更に明確にして親權を行ふ父の遺言を以てする子の後見人選定權（典範には選擧の語を用ひ、後見令は選定と云ふ、何れも民法に謂ふ所の指定の義なり）、父の選定したる後見人なきときに於ける母の後見人選定權を認め、且是等の選定後見人を認許（典範の用語）する方法として、選定せられたる本人は就職を承諾せむとするに當り勅許を受くべきものとした（後見令第二條第三項）。遺言に依る後見人の選定は選定人が生前に親權の一部の喪失を命ぜられたるときは之を爲すことを得ず、若し遺言ありたりとするも、それは無效である（同條第一項）。

此の選定は決して勅旨を拘束するものではなく、假令選定ありとしても、尙皇室典範第三十七條の規定に依り後見人を勅選せらるゝことあるべく、此の場合には父又は母の爲したる後見人の選定は其の效力を失ふ(後見令第三條)。又選定後見人の勅許なく、又は一度選定後見人ありたるも薨去、辭任、解任等に依り後見人なきに至りたる場合に於て宮內の官僚に保育を命ぜられざるときは後見人が勅選せられなければならない(同令第四條)。

親權を行ふ父、其の親權の一部を喪失したるとき及禁治產の宣告ありたるときの後見人に就いては選定の規定も、當然後見人となるべき者の規定もないから一に勅選に依ると解するの外はない。

三　後見の事務

(1)　後見人は被後見人の財產を管理し又其の財產に關する行爲に就き被後見人を代表する。但し被後見人が未成年の皇子、皇太子又は皇太孫の子なるときは、財產上の行爲に就いては宮內大臣其の當事者と看做さるゝが故に此の原則の例外をなす(同令第五條、親族令第五十一條、財產令第二十一條等參照)。

(2)　未成年皇族の後見人は被後見人を保育する責務を有し學齡者に對しては其の保護者となり(後見令第五條第二項參照)、又被後見人に對し必要なる範圍內に於て懲戒を行ふことを得べく(同條)、被後見人に代りて其の子に對し親權を行ふ(同條)。

(3)　親權を行ふ者が親權の一部の喪失を命ぜられたるに由り就職したる後見人は、親權者の失ひたる親權の部分に就いてのみ權限を有する(同令第六條)。

四　後見人の辭任解任　後見人は正當の事由あるときは勅許を經て辭任を爲すことを得るが、本人以外の意思に依る解任は勅旨に由るのみであつて、民法に於けるが如く親族會の決議等に依て動かされない(同令第五條)。

五　皇族保育官及禁治産者の管財人　皇族男女幼年にして父なき者は宮内の官僚に命じ保育を掌らしむることを原則とする（典範第三十七條）。又皇族蕩産の所行あるときは勅旨を以て禁治産を宣告し、其の管財者を任ずる（典範第五十三條）。是等の保育官又は管財者は父なき未成年皇族の後見人、精神の重患に因る禁治産者の後見人（典範第五十三條、後見令第二條乃至第四條、財産令第二十七條）とは異なるものであるけれども、是等の者を置く場合には後見人は置かれないのであるから、其の任務は自ら後見人に類似するのは當然であるが故に、皇族後見令は是等の機關に就いても規定を爲し、職務權限を略後見人と同じくし且後見人と異なり必ずしも皇族より選任せられるものでないから、其の規律に關する規定を嚴重にして居る。即ち概要次の如くである（後見令第七條）。

(1)　保育官、管財人は未成年皇族又は精神に重患ある皇族（以下本人と記す）の財産を管理し又其の財産に關する行爲に付き本人を代表する。但し本人が皇太子又は皇太孫の子なるときは此の任務は宮内大臣に屬する（親族令第五十一條第二項は是等の者に適用なきことになつて居るが財産令第二十一條の適用上同じ結果となる）。

(2)　保育官は必要なる範圍内に於て本人を懲戒することを得。

(3)　親族會に對し一定の權利を有し、且義務を負ふこと後見人よりも大である。

親族會に就いては項を更めて説明することにしやう。保育官、管財者の選任は勅選であり、辭任は正當の事由あるとき勅許を得てのみ可能であり、解任は全く勅旨に依る（後見令第七條）。

第十三　親族會

一　親族會の目的　未成年皇族、禁治產者たる皇族の爲めには前に述べたやうに保育官、後見人、管財者の制があるけれども、是等の機關のみに委すことは、時に專斷に流れ用意周到に本人のことを圖ることに於て不知不識の裡に缺くることなきを保し難いから、皇室制度に於ても民法に於ける親族會の制度の精神を採り入れ、客觀的に本人の利害を判斷するの機關を設け、以て本人の爲めを考ふるに遺憾なきを期することとせられ、皇室親族令第五十六條に「親族會は未成年者及禁治產者の爲に之を設く」と規定し、此の制度の主旨を明かにされて居る。

二　親族會の組織　親族會は勅選せられたる本人の親族三人又は五人を以て會員とするが、未成年者、女子及本人の後見人は會員たることを得ない（親族令第五十六條第二項、第五十七條乃至第五十九條）。保育官、管財者が親族會員たることを得るや否やに就いては明文がないが、皇族たる後見人すら會員たるを許さないのであるから、勿論是等の者も會員たることを得ずと解すべきである。

親族會員は勅選せらるゝ者であるが故に、瑣に其の辭任を認むべきでない。從て法（同令第六十條）も正當の事由ある場合に限り、且勅許を經て初めて辭任し得べきものであることを明定して居る。又就任後會員たるに適するに至らなくなつた場合に於ても、勅旨あるに非ざれば解任なきものとされる。之は就任が勅選に依ることに相照應したものである（同令第六十一條）。

三　親族會の職務權限　之に就いては皇室親族令には特別な明文を掲げて居らない。是は何事に依らず本人の爲めに親族會員、本人、保育官、管財者が親族會に諮り其の決定に從ふを適當と認めることがあれば、其の都度會議を開くべきものとする主意からして特定な職務權限を規定しないのである（同令第六十二條、後見令第七條參照）。唯保育官、管財者に對しては規律を嚴重にする意味からして特殊な義務を負はせ、之を親族會の監督の下に置いて居る。

(1)　保育官、管財者は遲滯なく本人の財產の調查に著手し一箇月內に其の調查を終り且其の目錄を調製することを要する。若し此の期間を伸長する必要があるときは親族會の議決を以て定めなければならない（後見令第七條、民法第九百十七條第一項）。

(2)　保育官、管財者が就職の後本人が包括財產を取得したる場合も亦之に準ずる（後見令同條、民法第九百二十條）。

(3)　保育官、管財者は本人の生活、敎育又は療養看護及財產の管理の爲め每年費すべき金額を、就職の初に於て親族會の同意を得て豫定して置くことを必要とする。此の豫定金額は親族會の同意を得るに非ざれば變更することを得ない。但し已むことを得ない場合に於ては豫定額を超ゆる金額を支出することを妨げない。此の例外の場合に關する詳しいことは民法學の論述に讓る（後見令同條、民法第九百二十四條）。

(4)　保育官、管財者は每年少くも一回本人の財產の狀況を親族會に報告することを要する（後見令同條、民法第九百二十八條）。

(5)　保育官、管財者が本人に代りて民法第十二條第一項に揭げたる行爲を爲し又は未成年者たる本人が之を爲すことに同意するには、元本を領收するときの外、親族會の同意を得ることを要する（後見令同條、民法第九百二十九條、身位令第十七條、第四十四條、第四十五條、財產令第二十四條參照）。

(6)　保育官、管財者の任務が終了したるときは彼等又は其の後任者は二箇月内に其の管理の計算を爲すことを要する。但し此の期間は親族會に於て之を伸長することを得る（後見令第七條、民法第九百三十七條）。此の計算書は當然親族會に報告さるべきであるが（本項第四號參照）、親族會の認可を要するや否やに就いては民法第九百三十八條第二項の準用なき點（民法に於ても後見人交迭の場合に限らる）から考へて、之を消極に解すべきであらう。

又後見人及親族會の權限として特に皇室令に規定せられて居るものがないではない。

(1)　未成年の王が皇室典範第一增補第一條及第二條に依り臣籍降下の情願を爲し又は華族の家督相續人又は養子となるの勅許を請ふに當り親權を行ふ父なきときは出願に先ち其の後見人及親族會の同意を受くることを要する（身位令第三十條）。

(2)　皇室典範第一增補第二條の規定に依り華族の家督相續人となるに當り王十五年未滿にして而も親權を行ふ父なきときは其の後見人に於て親族會の同意を得て勅許を請ふことを得（同令第三十一條）。

(3)　皇室典範第一增補第二條の規定に依り華族の養子となるに當り王十五年未滿にして而も親權を行ふ父なきときは其の勅許を請ひ且緣組の承諾を爲すには後見人に於て親族會の同意を得て勅許を請ふことを得（同令第三十二條）。

四　親族會の議事手續

(イ)　招集　親族會は本人、後見人又は會員之を招集する（親族令第六十二條）。これ親族會議の目的に鑑み當然のことである。招集狀に記載すべき日時、場所、議案、招集と會議の期間等に就いては全く規定を存せず、一に條理に委してある。

又一堂に會することも要件ではなく、書面を以て決議を求むることを得ることとしてある（同條但書）。

親族會の招集はまた本人、父母、配偶者及保育官、管財者若は後見人にも常に通知されなければならない（同令第六十五條第二項、後見令第七條）。

（ロ） 議事　親族會の決議は各種會議の常法に從ひ會員の過半數に依る（親族令第六十三條）。會員の數を三人又は五人と奇數に定められたのもその爲めである。全員出席を要するや否やに就いては明文がないが書面決議を認むる點から考へれば少くも缺席者は書面を以て可否を表示する必要あるものと解すべきであるが、一部出席一部書面に依ることを得るかどうか明文を置かない點から斷ずれば全員出席又は全員書面提出に依るべきものと思はれる。又議決の公平を期する爲め、親族會員は自己の利害に關する事件に付き表決の數に加はることを得ない規定になつて居るが（同令第六十四條）、其の結果可否同數の場合があり得る。然も之に處する方法に關する規定を存せないのは、斯る場合には一に聖斷を仰ぐの主旨である。卽ち皇室親族令第六十七條は決議に對し異議ある場合と共に此の事を規定し「親族會の決議に對して異議あるとき又は親族會決議を爲すこと能はさるときは本人後見人又は會員に於て勅裁を受くへし」と云うて居る。此の「決議を爲すこと能はさるとき」とは可否同數の場合を初め如何なる案も否決せらるゝ等色々な場合を含んで居ることは勿論である。但し之を以て過半數出席あれば議決し得べく、過半數に充たざれば直に勅裁を受くることを得べしと解することは不可であらう。

親族會に於ては會員の外、本人、父母、配偶者、保育官、管財者、後見人も意見を述べて會員の參考に供することを得る。表決權は持たないけれど決議に對し異議ある場合には是等の者の中本人、保育官、管財者、後見人は前にも述べたやうに勅裁を受くることが出來るのである。斯の如く是等の意見陳述は重要な事柄であるから、招集者が書面を以て親族會の決議を求むるときは、是等の者に對しても之を通知し其の意見を書面を以て徵さなければならない（同令第六十五條第二項、第六十六條、後見令第七條）。

親族會の決議は他日の證左の爲め記錄を存せなければならない（親族令第六十八條）。但し其の樣式署名方法等に就いては明細な規定がないが、思ふに決議の內容を明確にし會員の全部が署名すべきものとする法意であらう。

第八講　陵墓の制

第一　總說

死者を篤く葬らふことは人類自然の本性であつて、是は宗敎性、道德性の根本から發するものである。其の證據には現人以前の人類例へばグリマルヂ、ムスチエー、クロマニヨン、オリニヤツク等にて發掘された人骨の硏究に依ても、彼等の間に立派な葬式が行はれ、墳墓が營まれた。現人の世界になつては俄然其の文物の縮圖は墳墓に依て表現せらるゝの壯觀を呈するに至つた。エジプトのマスタバ、ピラミツド、ペルシア、メソポタミアの諸墳墓、地中海地方の蜂窩形墳墓、北歐のドルメン、ツムルス、シベリア、滿洲、朝鮮のドルメン、朝鮮樂浪の古墳、我が國の瓢塚等がそれである。

從て墳墓が法制上規定せられたことも亦古いのであるが、今其の一々を記すことは此の小講話では不可能であるから、玆には我が國のことに就き概要を記すに止めやう。

上古に於ては陵墓の事は土師連《ハシノムラジ》の掌る所となつて居たが、陵墓を壯大にするの風漸く一般に高まり、民力を費すこと漸く多きを加へるやうになつたので、皇室深く之を戒められ、推古天皇は遺詔して營陵厚葬を停め竹田皇子に祔葬せしめ給ひ、次で孝德天皇の大化二年二月には詔を發して皇親以下身位に從ひて墓の規模を一定することを命じ、「詔に違ひて禁ずる所を犯さば必ず其の族を罪す」る趣を公布せられ、天智天皇は御母齊明天皇の營陵に際し、石棺の役を廢し、以て永久の制とせられた。

大寶令の制定せらるゝや、陵墓の制大に備はり、喪葬令の初條に「凡そ先皇の陵には陵戸令守を置く。陵戸令守に非る者は十年に一たび替る。兆域の內は葬埋及耕牧樵採することを得ず」と規定し、山陵に專心奉仕する者を置くことを明かにし、且兆域の神聖を保つ所以を明徵にせらるゝと共に、一方厚葬の風を押ふるが爲めには「凡そ三位以上及別祖別族の始祖氏宗氏中の宗長は並に墓を營むことを得。以外は合せず卽ち諸王諸臣四位以下。皆墓を營み得ずとの意若欲大藏骨のみを埋めて墓を置くことは聽す」となした。

また各陵を統轄する爲めには治部省に諸陵司を置かれ、山陵祭喪葬凶禮諸陵及陵戸の名籍の事を其の所管とせられた。其の後山陵尊崇のこと益〻篤く、聖武天皇の御宇には諸陵司の格を陞せて諸陵寮と爲し給ひ、更に醍醐天皇の延喜式に於ては陵を遠近の二に分ち、兆域、陵戸、守戸を定め每年十二月、各陵墓に奉幣すべきを定められ、其の幣物及別貢の色目までをも整然と規準に據ることとせられた。又此の式に依れば、每年二月吏を派して陵墓を巡檢せしむるの制を樹てられた。

此の如く鄭重に各陵を管理することは長く相續き延喜式にも明文を存するが、其の後宮中に佛教の潰流すること益〻盛なるに及び、喪葬のこと、御陵管理のこと又次第に僧徒の手に歸するやうになつた爲め、漸く皇室直接の御管理と事かはるに至つたが、更に後には武門起り、朝威衰へ制度漸く弛緩し山陵の荒廢著しく、所傳を失ひ、所在を審にせざるもの多數を算するに至り、今にして思へば恐懼誠に堪へ難いものがある。

德川時代の國學の勃興と共に志士輩出するに及んで、大に之を慨し探索大に努むるの風起り、世論亦幕府の怠慢を攻めたので、幕府漸く諸陵の檢討に力を竭し、其の明かになつたものを修補し奉り、後享保重修のことありしも未だ完全の域に達しなかつた。幕末世論沸騰の際、德川復古山陵の修治に力を致し、宇都宮藩の戸田忠至をしてその職を司らしめた。此の人が誠心誠意事に當つたので、朝廷も文久二年、同人を山陵奉行に補し、正親町、柳原等の公卿を御用掛とし、民間の諸陵研究者谷森種案、鈴鹿政教等數名を起用して調査に從はしめられ、其の結果、文久三年五月神武天皇陵の修補を初めとし、慶應元年に至る迄、八十七陵の修治行はれ、幕府にも山陵取締長、守戸等の役員も出來た。

斯くて明治の御代となりて更に考査探究行はれ、歴代天皇陵、皇后陵、中宮陵殆んど間然する所なく修治せられた。皇族墓の考證決定も多々あつたが、此の方は未だ不明なものもあるので、諸陵寮には今なほ考證課と云ふ特別の一課が置かれてある。陵形の沿革、陵墓看守の沿革に就いては後に更に說くこととする。

第二　陵墓の意義

陵と云ふ文字は大阜卽ち隆き丘の義を示すが、支那に於ても帝王の墳塋は宏大であつたから之を陵と云ひ慣はした。我が國に於ても天皇の「みささぎ」は大きいので、支那文明の渡來と共に、之に陵の字を當てた。喪葬令義解にも「帝王の墳墓山の如し、故に之を山陵と謂ふ」と釋して居る。「みささぎ」とは「美狹々城」即ち神去りまして後の御玉居の義であると云ふ。

上古に於ては皇族中でも特に御偉業のあつた御方に就いては其の御墳墓を陵とも申上げたものと見え、日本書紀には神功皇后狹城盾列池上陵、日本武尊能褒野陵、聖徳太子磯長陵の名見え、又垂仁天皇の皇后日葉酸爰命の御墳は日本書紀は墓と書き、古事記は陵と記して居る。大寶令では陵の名稱は天皇の墳塋にのみ限つたが、後淳仁天皇の寶字四年太皇太后文武天皇夫人宮子娘《ミヤコノイラツメ》、聖武天皇皇后光明子安宿媛《アスカベヒメ》（淳仁天皇の皇太后）の御墳を山陵と稱せしめ給ひ、桓武天皇の朝には皇后の墳塋をも陵と稱せしめられ、三后の墳皆陵名を得ることとなつた。然し延喜諸陵式には復た神功皇后陵の外は陵の字を用ゐてない。その後陵墓の制すたれたけれど明治維新の後は三后、中宮の墳塋は總て皆之を陵と稱せられた。

皇室陵墓令は此の沿革に則りて、天皇、太皇太后、皇太后、皇后の墳塋を陵とし、皇太子以下各皇族の墳塋を墓とすることを規定し、唯從前の陵墓中、北朝天皇、尊稱天皇、追尊天皇、尊稱皇后、中宮、尊稱太皇太后、尊稱皇太后、贈皇太后、贈皇后の墳塋も從來の沿革、御身位、御尊稱の由來に鑑み、等しく陵と稱することとせられた（大正十五年皇室令第十二號陵墓令第一條、第二條、第三十六條、第三十七條）。

陵以外の皇親の墳を墓とのみ稱することは古來の制度であつて、曾て特別の事由ある皇子女の墳塋を陵と稱せられたこともあつたが、延喜諸陵式に依り更に古制に復した。陵墓令も之を踏襲したのである。唯現に青豊天皇埴口丘陵と稱せらるゝ墳塋は墓と改稱せらるゝ結果となるであらうと考へられる。

陵墓とは御墳塋即ち登遐又は薨去あらせられたる御方の御所在及之を掩ひて護り奉る一體の設備のみを指し奉るのであるから必ずしもその兆域《テウイキ》とは一致しない。兆域とは御所在を示す兆《シルシ》たる區域、俗に云ふ墓所《ハカドコロ》である。判り易く之を神社佛閣に譬へるならば、其の奥殿、內陣、奥院等御本體の御所在を含む最も神聖なる一劃の箇所である。故に兆域內の土地は陵墓と共に固く守護せらるべく、之を離すことを得ない。故に陵墓令では「陵墓の兆域內の土地は該陵墓の附屬物とす」と規定して其の御墳塋と不可分のものたることを明かにして居る（同令第三條第一項）。又兆域內には普通石燈籠、鳥居等の如く陵墓と分離し難きもの又は髮、齒、爪の塔塚の如く特別の由緒ありて永久に管理保存することを要する土地物件もあり、又陵墓祭に要する地域、有資格者の拜所、一般臣民の拜所等兆域外の土地物件にして特別に當該墳塋との由緒あるものがある。故に陵墓令は是等の兆域內に在る物件、兆域外に在る物件にして特別の由緒あるものは勅裁を經て當該陵墓の附屬物と爲すことを得る旨を規定して居る（同令第三條第二項）。勅裁を要することと爲したのは取捨選擇を嚴にして、手續を愼重にするを期したのである。

陵墓は神聖なものであるから、是と不可分なる附屬物と共に所在現形を永久に保存すべきであるから、陵墓令は「陵墓及其の附屬物は之を處分することを得す」と規定し唯修補又は改築に因りて生じたる材料のみは固より其の神聖性を失ふものなるが故に處分を許すこととして居る。陵及其の附屬物は絕對に所在現形を確保せねばならないが、皇族墓に就いては國防の施設、重要なる鐵道道路の敷設等重大なる事由を生じたる場合にも之を絶對に維持せむとすれば、却て爲めに公益を妨げ、尊嚴を瀆す虞なしと爲ない。されば陵墓令は之に就き多少變通の途を開き、「墓及其の附屬物は重大なる事由を生したる場合に限り、勅裁を經て之を變更又は移轉することを得」るものと定めて居る（同令第二十條）。宮内大臣は陵墓の兆域及附屬物の種類を公告しなければならない。其の變更ありたるとき亦同じ（同令第三十一條）。

第三　陵墓の營建

一　營建の位置　上古以來皇室の制度備はれるときは恐らくは陵墓營建の位置に就いても、規制の自ら定まれるものがあつたのであらうが、國内亂れ、或は皇室御式微のことありてよりは必ずしも其の制度は整然としては居らなかつたのであらう。此の邊のことに關しては學者の研究未だ充分ならざるの有様である。

陵墓令に於ては「將來の陵墓を營建すへき地域は東京府及之に隣接する縣に在る御料地内に就き之を勅定す」ることとし、此の地域内の土地は之を陵墓地と呼ぶことに定められて居る（同令第十一條）。之首都に近く陵墓地を定むるは管理上のみならず、大喪、喪儀を行はせらるゝにも便益頗る大なるが故である。然し將來或は全く特別な事由を生じ、此の原則に據り難い場合が起らぬとも限らないから、特に例外を設けて此の「陵墓地以外の土地に陵又は墓を營建するは別段の勅旨に由る」旨を規定し（同令第十二條）、勅旨あれば陵墓地以外に營建するの途を開いて居る。

現在の陵墓地は東京市小石川區內と東京府八王子市外とに在り、何れも左の如く告示せられて居る。陵墓地の所在地域及其の變更は宮內大臣が之を公告することになつて居るからである（同令第三十一條）。

○宮內省告示第一號（官報號外）

陵墓地ノ名稱所在及地域左ノ通定メラル

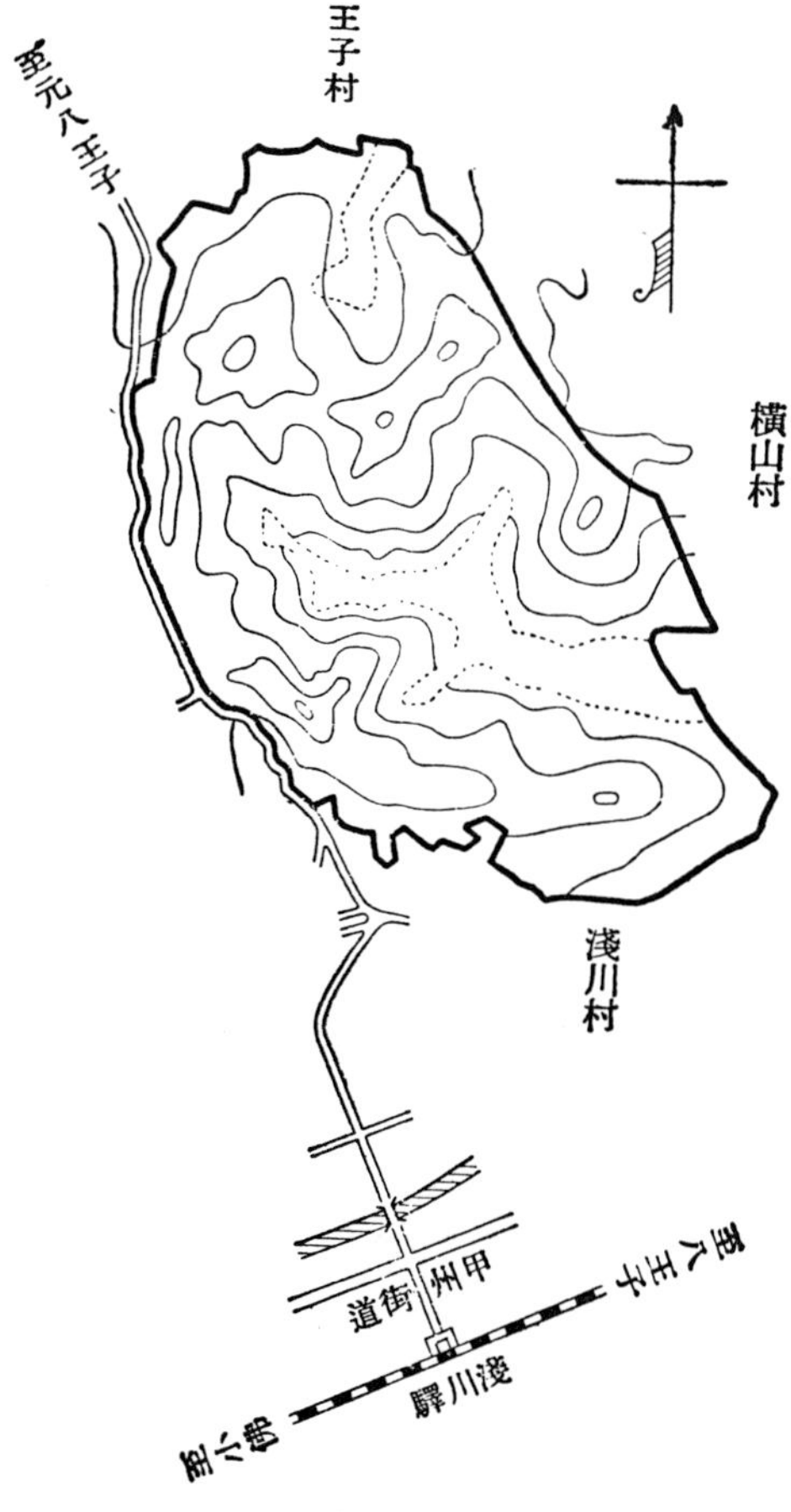

名　　稱　武藏陵墓地
所在及地域　東京府南多摩郡横山村淺川村及元八王子村所在御料地ノ內左圖ノ地域（備考。組版の都合上左圖は右に掲出。縮率は官報に依らず）

昭和二年一月三日

宮內大臣　一木喜德郎

○告示（官報號外）

大行天皇ノ陵所左ノ通定メラル

武藏陵墓地ノ內橫山村大字下長房字龍ケ谷戶

昭和二年一月三日

宮內大臣　一木喜德郎
內閣總理大臣　若槻禮次郎

○宮內省告示第二十三號

墓地ノ名稱所在及地域左ノ通定メラル

名　　稱　豐島岡墓地
所在及地域　東京府東京市小石川區大塚坂下町所在豐島岡御料地左圖ノ地域（備考。縮率は官報に依らず）

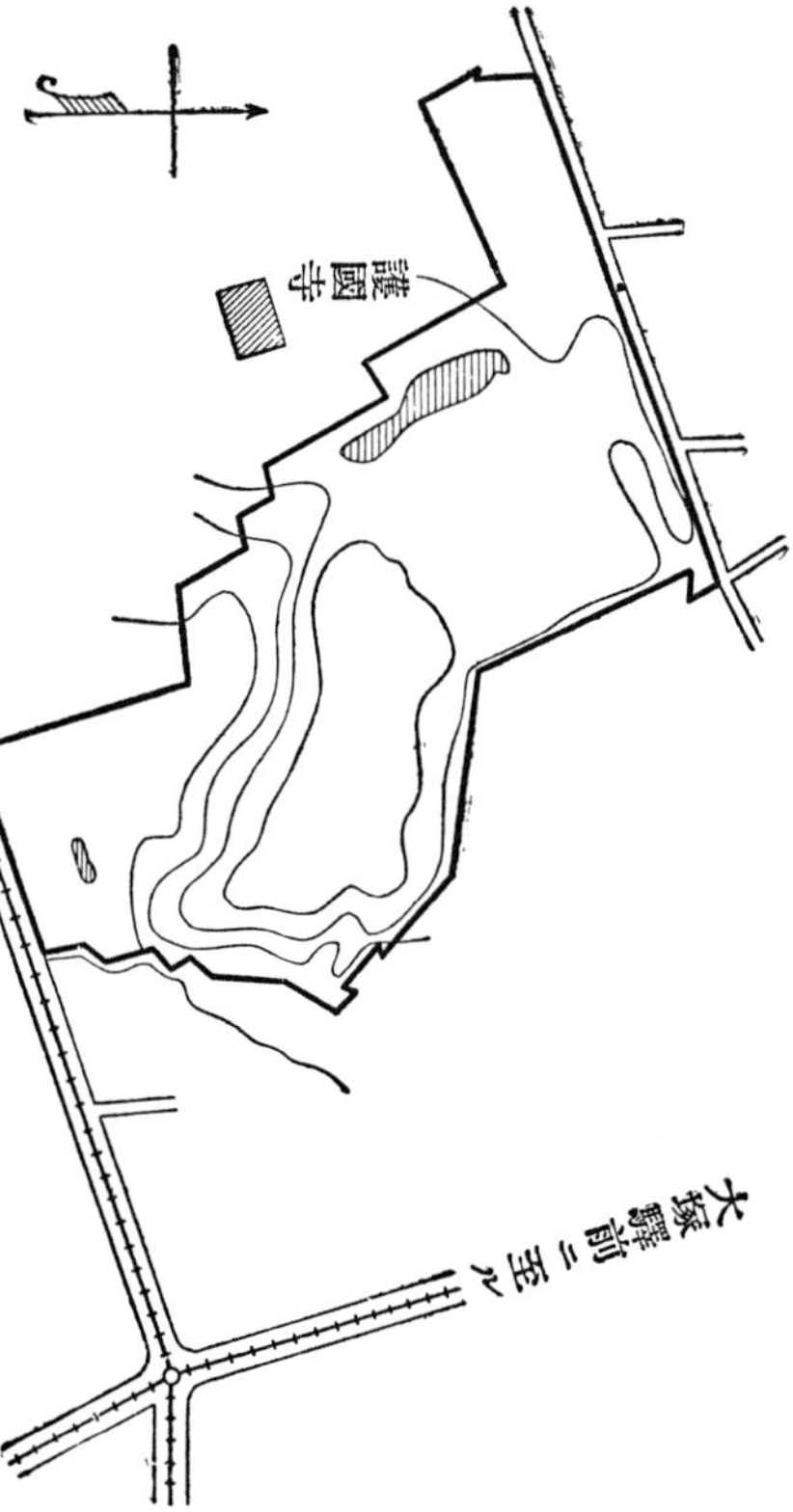

昭和二年十月二十九日

宮内大臣　一木喜徳郎

陵墓地又は勅旨に由る特別なる土地に愈〻陵が營建される場合に於て、其の營建の具體的位置は天皇の勅定あらせらるゝ所であり、皇族墓に就いては宮內大臣が勅裁を經て之を定むる。陵と墓とに就き手續の差を設けられたるは、輕重に從うたものである（同令第二十三條）。

二　陵墓の形式及規模　　將來の陵に就いては陵形を「上圓下方」又は「圓丘」と定めらる（同令第五條）。又陵には必ず勅定を以て陵名が附せらるゝ。陵名を附することは古來行はれた所であつて、唯佛教の盛なる頃火葬の制行はれ遺骨を寺塔に納むる場合には往々之を附せられなかつたこともあるが、之は一時の變例であつて、明治以後是等陵名なかりしものにも、改めて之を附せられた。陵名及其の變更も亦宮內大臣の公告して周知せしむる所である。

〇宮內省告示第六號（官報號外）

大正天皇ノ陵名左ノ通定メラル

多摩陵《タマノミササギ》

昭和二年二月八日

宮內大臣　一木喜德郎

陵の形式に就いては色々な變遷があつた。

上古の陵形に關しては後に表示する陵の現況から推し奉るに、別に特殊の形式を採られしとも考へられない。或は山腹に横穴式に、或は平地に竪穴式に營建せられたものと想像せられる。但し其の營建が鄭重にして、規模も相當大なりしことは、殯斂と云うて、大喪より斂葬に至る間、宮內に斂め客位に殯すること、即ち禮を厚くして殿內に御安置申し上げ、陵が營建されて後初めて奉葬すること史乘に明かである點からも、之を疑ふ餘地はない。

降りて所謂古墳時代に入ると、陵に於ても所謂前方後圓墳が多くなる。前後二つの丘陵から成り、後丘は圓く、前丘は四角いところから名付けられたものである。此の式は貴族豪士の間にも行はれたもので、坑穴は多く後丘に竪穴式に造へ、羨道が上方に通ぜられ、墳丘の最高部に石槨あり、其の中に石棺を收め、石棺の周圍に副葬品を配する。前後兩部共通に二三段の段を廻らして居るもの多く、墳頂或は斜面を拳大の礫で葺いてあるものがある。墳を繞りて屢〻埴輪が立てられてあることは人の知る如くである。後圓部が本來の墳丘で前方部は祭壇が變化して墳丘と合體して瓢形を成すやうになつたものであらうと云はれるが、前方部から石室、石棺が發見されたこともある。墳丘の周圍には湟を繞らすことが多い。

前方後圓の陵の始りは孝元天皇陵(前後二丘あり)からであらうとも云はれてあるが、其の整備したのは開化天皇陵であり、爾後二十一代、七百年間は此の形式を採られた。此の時代の陵には陪冢《バイチョウ》と云うて、附近に小さな圓墳又は前方後圓墳が少きは一二、多きは十餘を點在するのも一特徴である。皇親又は重臣の墓であらうと云はれる。

次の時代は圓墳が多く又天智天皇陵の如く上圓下方墳もある。上圓下方墳は方墳からの變形なりとも云はれるが、恐らくは前方後圓型を垂直に合體したものであるであらう。殊に厚葬を戒められ石棺の制を廢し給ひたる天智天皇陵に其の典型を拜することは意義深きことである。

佛教の興隆に從ひて宮中の葬儀、また佛法の風を酌まれ、天武天皇の大喪儀は僧侶之に參與し、持統天皇の崩御後火化の禮行はれ、次第に之が恆例と成るに至り、更に又山陵の外、御火葬塚、御分骨所、御灰塚等も出來る樣になり、御標識にも墳上に卒都婆を立て、塔を造り、法華堂を建つるの風を生じ、近世に及び、後光明天皇御土葬に復せられしも、帝陵は九層石塔、后陵は寶篋印塔、無方塔と云ふ樣に猶全く佛式に據られたのである。

孝明天皇の崩御のとき山陵復興の議あり、全く佛式を廢し丘阜に倚りて山陵を營まれ、復古の實擧がり、明治天皇の伏見桃山陵の營建に至りて上圓下方の制に則られ、後世に範を示さる。陵墓令此の意を繼ぎ「陵形は上圓下方又は圓丘とす」と規定せらる。其の意蓋し上圓下方を本體とし、地勢其の他の事由に依り圓丘を採るの途を存するに在るのであらう。故に多摩陵も亦上圓下方にして、方圓各三段よりなり、各圓部は多摩川產の礫石を以て葺き、方部は小松石の亂積とし、下方各段の上端は各緩傾斜をなし、土を置き野芝を張る等、規模稍小なりと雖も、全く伏見桃山陵と相肖たり。唯玄宮、槨等內部の御構造に就き、現代科學の粹を拔き改良さるゝこと多しと承はるも、意義殊に深く拜さる。

陵の規模は仁德天皇陵(前方後圓)の如く、陵丘の長さ二百七十間、後圓部の直徑百三十六間、墳丘の高さ百七十五尺、匝らすに三重の湟を以てするが如く、世界的に偉大なものもあり、泉山陵の如く千六百餘坪の封域中二十五陵、五御灰塚、九御墓を包含するが如き稍小なものもある。明治大帝の伏見桃山陵は墳丘の大さ基方部長さ二百尺、上圓部下層直徑百二尺、高さ下方部下段下端より上圓部頂上まで三十八尺である。

陵墓令の制定せらるゝや、結構の不同を防ぎ、森嚴を保ち且は規模を統一し合せて土地の經濟を計り、國土漫用の弊なからんことを期せらるゝ爲め陵の兆域を劃然限定せられた。卽ち天皇陵の兆域は二千五百平方メートル、三后の陵の兆域は千八百平方メートルと爲し、地勢其の他特別の事由あるときは、勅裁を經て多少の增減を爲すことを得るものとされた(同令第二十四條、第二十五條)。

皇族御墓に就いては聖德太子磯長墓《シナガノハカ》の如く宏大(尤も所謂三骨一廟なり)のものもあれど、又頗る小規模にして往々庶民のものと紛らはしき樣の御墓すら存する。之亦規模の統一、尊嚴の保持上宜しくないから皇太子、同妃、皇太孫、同妃の墓の兆域は三百五十平方メートル以內、親王以下の皇族墓の兆域は各二百平方メートル以內、是等の御方の七歳未滿の殤の場合に於ては各其の二分の一以內とし、それ以上に出づることを許されない(同令第二十六條乃至第二十八條)。又墓に就いては、同一兆域內に二以上を營建することを得べく、此の場合に於ては其の兆域は一墓を加ふる毎に各身位に相當する墓の最大面積の二分の一以內を增加することを得る(同令第二十九條)。

陵墓及其の兆域內の土地及附屬物たる物件は處分することを得ざるものなるが故に、其の境界を明かにし、管理を嚴重にするを要するが故に、兆域の疆界線には圍障又は溝渠を設くることを要し(同令第三十條)、又兆域は一般臣民の尊崇する所にして、之を犯せば嚴に罰せらるべき所なるが故に是を一般に周知せしむる要あるを以て兆域(法文に面積と云はざるが故に兆域を適確に知らしむるの方法を採るべし)及其の變更は宮內大臣之を公告せなければならない(同令第三十一條)。

三　營建の手續　の事を一言すれば、先づ陵を新に營建するには第一に營建の位置及陵形が勅定せられ(同令第二十三條)、次で地鎮祭行はれ（法規には條文を存せず）、起工に當つては山陵起工奉告の儀が行はれる。大喪使高等官及諸陵寮高等官、祭官長、祭官著床の後勅使（大禮服（喪章ヲ附ス））隨員を從へ、幄舍に參進本位に就けば、奏樂の裡に御饌を奠じ、訖りて祭官長祝詞を奏し、次に勅使御祭文を奏上して奏文は之を諸陵寮に授く。諸陵寮高等官は之を瑞垣內便宜の所に於て之を燒く。訖りて奏樂の間に御饌を撤し、訖りて各退下して式を閉づる（喪儀令附式）。斯くて大喪儀當日陵所の儀訖り玄宮を閉ぢらるれば更に營建の工事は進められ、竣工するに及んで山陵竣工奉告の儀が行はれる。竣工が一周年祭前なるときは、大喪使に依て行はるべく、次第も皇室喪儀令の附式に規定せられて居る。その大凡は起工奉告の儀と同樣であるが、御供物として御饌の外に、五色帛各一匹、白絁一匹、木棉一斤、麻一斤を柳筥に納め蘇芳纈纈帛を以て裹み縹帶二條にて結びたるものを幣物として奠ぜらるゝ。竣工が一周年祭以後なるときに就いては喪儀令には其の附式に依る限りでないことを規定して居るに過ぎず、陵墓令にも別段の規定はないが、同令に於ては陵の修補改築に就いて奉幣すべきの規定があるが故に新なる營建の場合には勿論其の式を擧ぐべきである。此の場合には既に大喪使は存せないのであるから、式部職の所掌となる。

　陵は天變地異等に依り地形に異動を生じたる場合の外舊形を變ずることを得ないのみならず、其の修補又は改築は宮內大臣に於て勅裁を經るに非ざれば爲すことを得ない（陵墓令第十四條、第十五條）。勅裁を經て之を行ふに就いては其の起工及竣工の當日勅使をして其の陵に奉告せしめらるゝ（同令第十六條）。次第に關しては何等規定を存せないが、勅使發遣の儀、奉告の儀何れも略祭祀令に於ける勅使發遣の儀、山陵の儀に準じて行はれるであらう。

陵の營建、修補、改築は重大な事柄であるから、普通一般の工事と同樣に扱ふことなく、必ず直營（宮内省又は大喪使の直營か或は宮内省の直營かの問題は生ずべし）することを要する（會計令第二十五條）。營建せられたる陵に就いては勅定に依り陵名を附し（陵墓令第四條）。其の陵名は陵の兆域及附屬物の種類と同樣宮内大臣之を公告することを要する。陵名、兆域、附屬物の種類が修補、改築、其の他の事由に依り變更せられたる場合も同樣である（同令第三十一條）。

皇族墓の營建に就いては、先づ其の位置を、宮内大臣が勅裁を經て之を定める。その形式に就いては別に制限の規定を存せない（同令第二十三條〇同令第五條參照）。又起工竣工に就いての規定上公式の儀式もない。又墓は前述の如く陵と異なり、重大なる事由を生じたる場合には勅裁を經て之を變更又は移轉することを得るのみならず、其の修補改築に就いては勅裁をも要せない（同令第二十條）。唯墓所、兆域、附屬の種類及是等の變更は宮内大臣之を公告することを要す（喪儀令第十八條、陵墓令第三十一條〇陵墓令第二十條に第三十一條の如き規定を缺くは不備たるを免れない）。工事も亦直營たるを要せないのである。

第四　從前の陵墓

陵墓令の規定は同令に別段の定あるものを除くの外從前の陵墓に之を適用することになつて居る（同令第三十二條）。即ち從前の陵墓の形狀及兆域は陵墓令施行當時の現狀に從ひ、唯兆域の面積は特別の必要あるときは勅裁を經て之を增減することを得るが陵形は變更することを得ない（同令第四十三條、第十四條）。兆域内の土地は當然附屬物であるが、其の他の附屬物を作るには本則に依り勅裁を經ることを要し（同令第三條）、修補改築の手續も一般の陵墓と同樣である。墓及其の附屬物は重大なる事由ある場合に限り勅裁を經て之を變更又は移轉することを得るものと解すべきである（同令第二十條參照）。兆域の疆界線に圍障又は溝渠なきときは之を設けなければならない（同令第三十條）。

皇族に非ざる女子にして女院又は准后たりし者の墳塋は之を皇室の管理に屬するものとし陵墓令上の墓と爲して居る。女院の號を賜はり又は准后の宣下を受けたる女子は多くは國母、准母であつて、其の地位待遇も高かつたものであるから之を皇族に準ぜられたのである。然し何處までも皇族ではないのであるから皇統譜に登錄せられざるは勿論、墓籍も亦全く之を區別して居る（同令第四十二條）。

從前の陵墓の所在地、陵名、陵墓の兆域及附屬物の種類は宮內大臣之を公告するを要する（同令第三十一條〇同條に陵墓地の地域とありて第二十一條第二十二條に對應するが如く書かれて居るは稍缺點と云ふべきである）。從前の陵の陵名は御不明なる長慶天皇陵の外は總て御治定にはなつて居るが、各陵の標石に表示してある外、公告されて居らず、兆域、附屬物等は全く公示されて居らないが、之はやがて陵墓令の正文通り公告されるであらう。今、歴代天皇の陵名、所在地、陵形を表示すれば次の如くである。

歴代御陵一覽表

御歴代	陵名	陵形	所在
瓊瓊杵尊	可愛《エノ》山陵《ミササギ》	方丘	鹿兒島縣薩摩郡川內町大字宮內

彦火火出見尊	高《タカ》屋《ヤノ》山《ヤマノ》上《ヘノ》陵《ミササギ》	圓丘	鹿兒島縣姶良郡溝邊村大字麓
鸕鷀草葺不合尊	吾《ア》平《ヒラノ》山《ヤマノ》上《ヘノ》陵《ミササギ》	洞窟	鹿兒島縣肝屬郡姶良村上名
一　神武天皇	畝《ウネ》傍《ビ》山《ヤマノ》東《ウシ》北《トラノ》陵《ミササギ》	圓丘	奈良縣高市郡畝傍町大字洞
二　綏靖天皇	桃《ツ》花鳥《キ》田《ダノ》丘《ヲカノ》上《ヘノ》陵《ミササギ》	圓丘	奈良縣高市郡畝傍町大字西條
三　安寧天皇	畝《ウネ》傍《ビ》山《ヤマ》西南《ヒツジサルノ》御陰《ミホトノ》井《ヰノ》上《ヘノ》陵《ミササギ》	圓丘	奈良縣高市郡畝傍町大字吉田
四　懿德天皇	畝《ウネ》傍《ビ》山南《ヤマノミナミノ》纖沙溪《マナゴノタニノ》上《ヘノ》陵《ミササギ》	圓丘	奈良縣高市郡畝傍町大字池尻
五　孝昭天皇	掖《ワキノ》上《カミノ》博《ハカ》多《タノ》山《ヤマノ》上《ヘノ》陵《ミササギ》	圓丘	奈良縣南葛城群大正村大字三室
六　孝安天皇	玉《タマ》手《テノ》丘《ヲカノ》上《ヘノ》陵《ミササギ》	圓丘	奈良縣南葛城郡掖上村大字玉手
七　孝靈天皇	片《カタ》丘《ヲカノ》馬《ウマ》坂《サカノ》陵《ミササギ》	方丘	奈良縣北葛城郡王寺町大字王寺
八　孝元天皇	劍《ツルギノ》池《イケノ》嶋《シマノ》上《ヘノ》陵《ミササギ》	前方後圓	奈良縣高市郡畝傍町大字石川
九　開化天皇	春《カス》日《ガノ》率《イサ》川《カハノ》坂《サカノ》上《ヘノ》陵《ミササギ》	前方後圓	奈良市油阪町
十　崇神天皇	山《ヤマノ》邊《ベノ》道《ミチノ》勾《マガリノ》岡《ヲカノ》上《ヘノ》陵《ミササギ》	前方後圓	奈良縣磯城郡柳本町大字柳本
十一　垂仁天皇	菅《スガ》原《ハラノ》伏《フシ》見《ミノ》東《ヒシ》陵《ミササギ》	前方後圓	奈良縣生駒郡都跡村大字尼辻

御歴代	陵名	陵形	所在
十二　景行天皇	山《ヤマノ》邊《ベノ》道《ミチノ》上《ヘノ》陵《ミササギ》	前方後圓	奈良縣磯城郡柳本町大字澁谷
十三　成務天皇	狹《サ》城《キノ》盾《タタ》列《ナミノ》池《イケ》後《ジリノ》陵《ミササギ》	前方後圓	奈良縣生駒郡平城村大字山陵
十四　仲哀天皇	惠《エ》我《ガノ》長《ナガ》野《スノ》西《ニシノ》陵《ミササギ》	前方後圓	大阪府南河內郡藤井寺町大字岡
十五　應神天皇	惠《エ》我《ガノ》藻《モ》伏《フシノ》崗《ヲカノ》陵《ミササギ》	前方後圓	大阪府南河內郡古市町大字譽田
十六　仁德天皇	百《モ》舌鳥《ズノ》耳《ミミ》原《ハラノ》中《ナカノ》陵《ミササギ》	前方後圓	大阪府堺市舳松村
十七　履中天皇	百《モ》舌鳥《ズノ》耳《ミミ》原《ハラノ》南《ミナミノ》陵《ミササギ》	前方後圓	大阪府泉北郡神石村大字上石津
十八　反正天皇	百《モ》舌鳥《ズノ》耳《ミミ》原《ハラノ》北《キタノ》陵《ミササギ》	前方後圓	大阪府堺市三國ケ丘町
十九　允恭天皇	惠《エ》我《ガノ》長《ナガ》野《ヌノ》北《キタノ》陵《ミササギ》	前方後圓	大阪府南河內郡道明寺村大字國府
二十　安康天皇	菅《スガ》原《ハラノ》伏《フシ》見《ミノ》西《ニシノ》陵《ミササギ》	圓丘	奈良縣生駒郡伏見村大字寶來
二十一　雄略天皇	丹《タヂ》比《ヒノ》高《タカ》鷲《ワシノ》原《ハラノ》陵《ミササギ》	圓丘	大阪府南河內郡高鷲村大字島泉 南島泉
二十二　淸寧天皇	河《カフ》內《チノ》坂《サカ》門《ドノ》原《ハラノ》陵《ミササギ》	前方後圓	大阪府南河內郡西浦村大字西浦
二十三　顯宗天皇	傍《カタ》丘《ヲカノ》磐《イハ》杯《ツキノ》丘《ヲカノ》南《ミナミノ》陵《ミササギ》	前方後圓	奈良縣北葛城郡下田村大字北今市
二十四　仁賢天皇	埴《ハニ》生《フノ》坂《サカ》本《モトノ》陵《ミササギ》	前方後圓	大阪府南河內郡藤井寺町大字野中

二十五　武烈天皇	傍《カタ》丘《ヲカノ》磐《イハ》杯《ツキノ》丘《ヲカノ》北《キタノ》陵《ミササギ》	圓　丘	奈良縣北葛城郡志都美村大字今泉
二十六　繼體天皇	三《ミ》嶋《シマノ》藍《アキ》野《ヌノ》陵《ミササギ》	前方後圓	大阪府三島郡三島村大字太田
二十七　安閑天皇	古《フル》市《チノ》高《タカ》屋《ヤノ》丘《ヲカノ》陵《ミササギ》	前方後圓	大阪府南河內郡古市町大字古市
二十八　宣化天皇	身《ム》狹《サノ》桃《ツ》花鳥《キ》坂《サカノ》上《ヘノ》陵《ミササギ》	前方後圓	奈良縣高市郡畝傍町大字鳥屋
二十九　欽明天皇	檜《ヒノ》隈《クマノ》坂《サカ》合《アヒノ》陵《ミササギ》	前方後圓	奈良縣高市郡阪合村大字平田
三　十　敏達天皇	河《カフ》內《チノ》磯《シ》長《ナガノ》中《ナカノ》尾《ヲノ》陵《ミササギ》	前方後圓	大阪府南河內郡磯長村大字太子
三十一　用明天皇	河《カフ》內《チノ》磯《シ》長《ナガノ》原《ハラノ》陵《ミササギ》	方　丘	大阪府南河內郡磯長村大字春日
三十二　崇峻天皇	倉《クラ》梯《ハシノ》岡《ヲカノ》陵《ミササギ》	圓　丘	奈良縣磯城郡多武峰村大字倉橋
三十三　推古天皇	磯《シ》長《ナガ》山《ヤマ》田《ダノ》陵《ミササギ》	方　丘	大阪府南河內郡山田村大字山田
三十四　舒明天皇	押《オ》坂《サカノ》內《ウチノ》陵《ミササギ》	上圓下方	奈良縣磯城郡城島村大字忍阪
三十五　皇極天皇	(重祚。齊明天皇)		
三十六　孝德天皇	大《オホ》坂《サカノ》磯《シ》長《ナガノ》陵《ミササギ》	圓　丘	大阪府南河內郡山田村大字山田
三十七　齊明天皇	越《ヲ》智《チノ》崗《ヲカノ》上《ヘノ》陵《ミササギ》	圓　丘	奈良縣高市郡越智岡村大字車木
三十八　天智天皇	山《ヤマ》科《シナノ》陵《ミササギ》	上圓下方	京都市東山區山科御陵上御廟野町

御歴代	陵名	陵形	所在
三十九　弘文天皇	長《ナガ》等《ラノ》山《ヤマ》前《サキノ》陵《ミササギ》	圓丘	滋賀縣大津市別所町大字別所
四十　天武天皇	檜《ヒノ》隈《クマノ》大《オホ》內《ウチノ》陵《ミササギ》	圓丘	奈良縣高市郡高市村大字野口
四十一　持統天皇	同前	圓丘	同前
四十二　文武天皇	檜《ヒノ》隈《クマノ》安《ア》古《コノ》岡《ヲカノ》上《ヘノ》陵《ミササギ》	圓丘	奈良縣高市郡阪合村大字（栗原御園）
四十三　元明天皇	奈《ナ》保《ホ》山《ヤマノ》東《ヒガシノ》陵《ミササギ》	平墳	奈良市奈良阪町
四十四　元正天皇	奈《ナ》保《ホ》山《ヤマノ》西《ニシノ》陵《ミササギ》	圓丘	同前
四十五　聖武天皇	佐《サ》保《ホ》山《ヤマノ》南《ミナミノ》陵《ミササギ》	圓丘	奈良市法蓮町
四十六　孝謙天皇	（重祚。稱徳天皇）		
四十七　淳仁天皇	淡《アハ》路《チノ》陵《ミササギ》	圓丘	兵庫縣三原郡賀集村大字賀集
四十八　稱徳天皇	高《タカ》野《ヌノ》陵《ミササギ》	前方後圓	奈良縣生駒郡平城村大字山陵
四十九　光仁天皇	田《タ》原《ハラノ》東《ヒガシノ》陵《ミササギ》	圓丘	奈良縣添上郡田原村大字日笠
五十　桓武天皇	柏《カシハ》原《バラノ》陵《ミササギ》	圓丘	京都市伏見區桃山町永井久太郎
五十一　平城天皇	楊《ヤマ》梅《モモノ》陵《ミササギ》	圓丘	奈良縣生駒郡都跡村大字佐紀

五十二	嵯峨天皇	嵯《サ》峨《ガノ》山《ヤマノ》上《ヘノ》陵《ミササギ》	圓丘	京都市右京區北嵯峨朝原山町
五十三	淳和天皇	大《オホ》原《ハラ》野《ノノ》西《ニシノ》嶺《ミネノ》上《ヘノ》陵《ミササギ》	圓丘	京都府乙訓郡大原野村大字大原野
五十四	仁明天皇	深《フカ》草《クサノ》陵《ミササギ》	方丘	京都市伏見區｛深草瓦町／深草伊達町｝
五十五	文德天皇	田《タ》邑《ムラノ》陵《ミササギ》	圓丘	京都市右京區太秦三尾町
五十六	清和天皇	水《ミツノ》尾《ヲ》山《ヤマノ》陵《ミササギ》	圓丘	京都市右京區嵯峨水尾清和
五十七	陽成天皇	神《カ》樂《グラガ》岡《ヲカノ》東《ヒガシノ》陵《ミササギ》	八角丘	京都市左京區淨土寺眞如町
五十八	光孝天皇	後《ノチノ》田《タ》邑《ムラノ》陵《ミササギ》	圓丘	京都市右京區宇多野馬場町
五十九	宇多天皇	大《オホ》內《ウチ》山《ヤマノ》陵《ミササギ》	圓丘	京都市右京區鳴瀧宇多野谷
六十	醍醐天皇	後《ノチノ》山《ヤマ》科《シナノ》陵《ミササギ》	平墳	京都市伏見區醍醐古道町
六十一	朱雀天皇	醍《ダイ》醐《ゴノ》陵《ミササギ》	平墳	京都市伏見區醍醐御陵東裏町
六十二	村上天皇	村《ムラ》上《カミノ》陵《ミササギ》	圓丘	京都市右京區鳴瀧宇多野谷
六十三	冷泉天皇	櫻《サクラ》本《モトノ》陵《ミササギ》	圓丘	京都市左京區鹿ケ谷法然院町
六十四	圓融天皇	後《ノチノ》村《ムラ》上《カミノ》陵《ミササギ》	圓丘	京都市右京區鳴瀧宇多野谷
六十五	花山天皇	紙《カミ》屋《ヤノ》上《ホトリノ》陵《ミササギ》	圓丘	京都市上京區衣笠北道町

御歴代	陵名	陵形	所在
六十六　一條天皇	圓《エン》融《ユウ》寺《ジノ》北《キタノ》陵《ミササギ》	圓丘	京都市右京區龍安寺朱山
六十七　三條天皇	北《キタ》山《ヤマノ》陵《ミササギ》	圓丘	京都市上京區衣笠殿町
六十八　後一條天皇	菩《ボ》提《ダイ》樹《ジュ》院《キンノ》陵《ミササギ》	圓丘	京都市左京區吉田神樂岡町
六十九　後朱雀天皇	圓《エン》乘《ジョウ》寺《ジノ》陵《ミササギ》	圓丘	京都市右京區龍安寺朱山
七十　後冷泉天皇	圓《エン》教《ケウ》寺《ジノ》陵《ミササギ》	圓丘	同前
七十一　後三條天皇	圓《エン》宗《ソウ》寺《ジノ》陵《ミササギ》	圓丘	同前
七十二　白河天皇	成《ジャウ》菩《ボ》提《ダイ》院《キンノ》陵《ミササギ》	圓丘	京都市伏見區竹田淨善提院町
七十三　堀河天皇	後《ノチノ》圓《エン》教《ケウ》寺《ジノ》陵《ミササギ》	圓丘	京都市右京區龍安寺朱山
七十四　鳥羽天皇	安《アン》樂《ラク》壽《ジュ》院《キンノ》陵《ミササギ》	法華堂	京都市伏見區竹田內畑町
七十五　崇德天皇	白《シラ》峯《ミネノ》陵《ミササギ》	方丘	香川縣綾歌郡松山村大字青海
七十六　近衞天皇	安《アン》樂《ラク》壽《ジュ》院《キンノ》南《ミナミノ》陵《ミササギ》	多寶塔	京都市伏見區竹田內畑町
七十七　後白河天皇	法《ホフ》住《ジュウ》寺《ジノ》陵《ミササギ》	法華堂	京都市東山三十三間堂廻
七十八　二條天皇	香《カウ》隆《リウ》寺《ジノ》陵《ミササギ》	圓丘	京都市上京區平野八丁柳町

七十九　六條天皇	清《セイ》閑《カン》寺《ジノ》陵《ミササギ》	圓丘	京都市東山區清閑寺
八十　高倉天皇	後《ノチノ》清《セイ》閑《カン》寺《ジノ》陵《ミササギ》	方丘	同前
八十一　安德天皇	阿《ア》彌《ミ》陀《ダ》寺《ジノ》陵《ミササギ》	圓丘	山口縣下關市大字阿彌陀寺町
八十二　後鳥羽天皇	大《オホ》原《ハラノ》陵《ミササギ》	拾參重塔	京都府愛宕郡大原村大字大原
八十三　土御門天皇	金《カネガ》原《ハラノ》陵《ミササギ》	八角墳	京都府乙訓郡海印寺村大字金ケ原
八十四　順德天皇	大《オホ》原《ハラノ》陵《ミササギ》	圓丘	京都府愛宕郡大原村大字大原
八十五　仲恭天皇	九《ク》條《デウノ》陵《ミササギ》	圓丘	京都市伏見區深草本寺山町
八十六　後堀河天皇	觀《クワン》音《オン》寺《ジノ》陵《ミササギ》	圓丘	京都市東山區今熊野
八十七　四條天皇	月《ツキノ》輪《ワノ》陵《ミササギ》	九重塔	同前
八十八　後嵯峨天皇	嵯《サ》峨《ガノ》南《ミナミノ》陵《ミササギ》	法華堂	京都市右京區嵯峨天龍寺芒ノ馬場町
八十九　後深草天皇	深《フカ》草《クサノ》北《キタノ》陵《ミササギ》	法華堂	京都市伏見區深草坊町
九十　龜山天皇	龜《カメ》山《ヤマノ》陵《ミササギ》	法華堂	京都市右京區嵯峨天龍寺芒ノ馬場町
九十一　後宇多天皇	蓮《レン》華《ゲ》峯《ブ》寺《ジノ》陵《ミササギ》	法華堂	京都市右京區北嵯峨長刀坂町
九十二　伏見天皇	深《フカ》草《クサノ》北《キタノ》陵《ミササギ》	法華堂	京都市伏見區（深草坊町 深草僧坊町）

御歴代	陵名	陵形	所在
九十三 後伏見天皇	深《フカ》草《クサノ》北《キタノ》陵《ミササギ》	法華堂	京都市伏見區（深草坊町 深草僧坊町）
九十四 後二條天皇	北《キタ》白《シラ》河《カハノ》陵《ミササギ》	圓丘	京都市左京區北白川追分町
九十五 花園天皇	十《ジフ》樂《ラク》院《キンノ》上《ウヘノ》陵《ミササギ》	圓丘	京都市東山區粟田口三條坊町
九十六 後醍醐天皇	塔《タフノ》尾《ヲノ》陵《ミササギ》	圓丘	奈良縣吉野郡吉野町大字吉野山
九十七 後村上天皇	檜《ヒノ》尾《ヲノ》陵《ミササギ》	圓丘	大阪府南河内郡川上村大字寺元
九十八 長慶天皇			
九十九 後龜山天皇	嵯《サ》峨《ガノ》小《ヲ》倉《グラノ》陵《ミササギ》	五輪塔	京都市右京區嵯峨鳥居本小坂町
百 後小松天皇	深《フカ》草《クサノ》北《キタノ》陵《ミササギ》	法華堂	京都市伏見區深草坊町
百一 稱光天皇	同前	法華堂	同前
百二 後花園天皇	後《ノチノ》山《ヤマ》國《クニノ》陵《ミササギ》	寶篋印塔	京都府北桑田郡山國村大字井戸
百三 後土御門天皇	深《フカ》草《クサノ》北《キタノ》陵《ミササギ》	法華堂	京都市伏見區深草坊町
百四 後柏原天皇	同前	法華堂	同前
百五 後奈良天皇	同前	法華堂	同前

百六	正親町天皇	同　前	法華堂	同　前
百七	後陽成天皇	同　前	法華堂	同　前
百八	後水尾天皇	月《ツキノ》輪《ワノ》陵《ミササギ》	九重塔	京都市東山區今熊野
百九	明正天皇	同　前	九重塔	同　前
百十	後光明天皇	同　前	九重塔	同　前
百十一	後西天皇	同　前	九重塔	同　前
百十二	靈元天皇	同　前	九重塔	同　前
百十三	東山天皇	同　前	九重塔	同　前
百十四	中御門天皇	同　前	九重塔	同　前
百十五	櫻町天皇	同　前	九重塔	同　前
百十六	桃園天皇	同　前	九重塔	同　前
百十七	後櫻町天皇	同　前	九重塔	同　前
百十八	後桃園天皇	同　前	九重塔	同　前
百十九	光格天皇	後《ノチノ》月《ツキノ》輪《ワノ》陵《ミササギ》	九重塔	同　前

御歴代	陵名	陵形	所在
百二十 仁孝天皇	後《ノチノ》月《ツキノ》輪《ワノ》陵《ミササギ》	九重塔	京都市東山區今熊野
百二十一 孝明天皇	後《ノチノ》月《ツキノ》輪《ワ》東《ヒガシノ》山《ヤマノ》陵《ミササギ》	圓丘	同前
百二十二 明治天皇	伏《フシ》見《ミノ》桃《モモ》山《ヤマノ》陵《ミササギ》	上圓下方	京都市伏見區桃山町古城山《コジョウザン》
百二十三 大正天皇	多《タ》摩《マノ》陵《ミササギ》	上圓下方	東京府南多摩郡横山村大字下長房

天皇陵中今に不明なるは長慶天皇の御陵のみであるが、準陵の或るもの及皇族墓に就いてはまだ澤山に存する。仍て「上世以來御陵墓所在未定の分」は尙取調中であつて、其の爲めに諸陵寮に考證課があり、「古墳と相見え候地は人民私有地たりとも猥に發掘不致筈に候へども自然風雨等の爲め石槨土器等露出し又は開墾中不圖古墳に掘當り候樣の次第有之候はゞ口碑流傳の有無に不拘凡て詳細なる繪圖面を製し其の地名竝近傍の字等をも取調べ」宮內省へ上申することになつて居る(明治十三年宮內省達乙第三號)。

是等の調査考證に依り從前不明の墳塋を陵又は墓と定むるには勅裁に由りて之を爲し、此の勅裁ありたるときは勅使をして其の陵又は墓に奉告せしめらるゝ(陵墓令第四十四條)。

第五　陵籍及墓籍

一　陵墓籍の形式　御陵墓に就いては從來一定の登錄簿を存せなかつた。此の事も曾て陵墓の荒廢を來し、其の所在を審にすることなきに至つた一の原因である。玆に於て、新に制定せられた皇室陵墓令に於ては「陵には陵籍を設く」、「墓には墓籍を設く」（同令第六條、第九條）べきを規定した。卽ち陵籍及墓籍は陵墓に關する重要なる事項を登載し、以て陵墓の確實性を保持證明し以て後世不明に歸するが如き憂を絕つ爲めの公簿である。

陵籍は天皇に由り門を分ち各代天皇每に簿冊を設け、簿冊の表紙には代數及追號を記載し、各簿冊の枚數及調製の年月日は宮內大臣之を該簿冊に記入し、宮內大臣は之に諸陵頭及圖書頭と俱に署名する（同令第六條第二項、第十二條、同令施行規則（大正十五年（勅裁）宮內省令第八號）第一條）。

簿冊の內には先づ門を示すべく「第何代天皇」と標示し、其の次に天皇陵、皇后陵の欄を設くる。皇后が皇太后又は太皇太后とならせられたる後崩御遊ばされた場合には、其の御匹配たる天皇の門の下に在る皇后陵に諸事項を記載する（同令第六條、第七條、同令施行規則附錄參照）。

可愛山陵、高屋山上陵及吾平山上陵卽ち所謂神代三陵に就いては全陵籍の首部及神武天皇の陵籍の前に別に「神代陵」の一門、一簿冊を設くる（同令第三十四條、同令施行規則附錄）。

北朝天皇の陵籍は神代三陵及歷代天皇に屬する陵の陵籍とは別に一簿冊の陵籍を設け、表紙に各御追號を記載する。北朝天皇の皇后に關する樣式に就いては規定を存せないが、之は當時皇后の冊立のことなく、代々中宮を御匹配とせられたるが故であらう。

中宮、尊稱太皇太后、尊稱皇太后、贈皇太后及贈皇后の陵に關する事項は各其の屬せる天皇の內（北朝天皇に就きては其の簿册と解す）に中宮陵、尊稱皇太后陵、贈皇后陵等の欄を設けて之を登錄する（同令第三十七條、同令施行規則附錄參照）。尊稱天皇、追尊天皇及尊稱皇后の陵に係る事項は北朝天皇陵に於けると同じく、別に陵籍を設けて之を登錄する（同令第三十六條第二項）。

以上の陵籍には陵毎に地形圖及見取圖を描き陵及其の附屬物の形狀を示したるものに、追號、陵所及陵名、調製の年月日を表示し、諸陵頭の捺印したる圖面を添附する（同令第八條、同令施行規則第三條第一項）。之蓋し陵形、兆域、附屬物を永久に變易せざらしむるの主義を貫徹し實行せむの用意である。

墓籍は所出天皇に由り簿册を區分し、皇太子、皇太孫、親王、內親王、王、女王の墓毎に、「皇太子墓」、「女王墓」等の如く欄を設け、表紙には簿册毎に其の所出天皇の代數及追號を記して、其の簿册に納むる皇族の所出天皇を示す。同一天皇に屬する墓籍卽ち一區分の墓籍が尨大であつて、一簿册に纏め得ず、數簿册に涉るときは其の表紙に番號を附して一區分數册なることを明にする。又反對に從前の皇族墓の墓籍に就いては所出天皇を異にする皇族卽ち一區分に屬せざる皇族の墓を一簿册中に區分を設けて登錄することを得る（同令第九條、第四十一條同令施行規則第四條）。從前の皇族墓の欄名は當該皇族の生前に於ける身位上の稱號の如何に拘らず、皇室典範第三十一條の別に從ひ親王墓、女王墓等の欄を作りて登錄する。但し五世以下の皇族にして親王の號を宣賜せられたる者の墓の欄名は「親王墓」とする（同令第三十八條）。

皇族妃の墓に就いては夫の所出天皇に屬する簿册に「親王妃」、「王妃」の欄を設け之に登錄する。從前の皇族墓に在る皇族の配偶者の墓に係る事項は夫の墓に關する欄名に應じ「親王妃墓」、「王妃墓」の欄を設けて之に登錄せらる〻(同令第九條第二項、第三十九條)。

神武天皇の異腹兄たる彥五瀨命の墓に就いては神武天皇より出づる皇族の墓籍の首部に其の欄を設け之に登錄する(同令第三十五條第三十八條參照)。但し欄名を「親王墓」とするや否やは議論があらう。

皇族に非ざる女子にして女院又は准后たりし者の墓に就いては別に一簿册を作りて之に各人毎に「女院墓」、「准后墓」たることを標示し(一般皇族墓の欄に該當す)て一々の墓籍を作る(同令第四十二條、同令施行規則第五條、同附錄)。表紙に關しては規定を缺くが、恐らくは「女院及准后墓籍」とすべきであらう。

墓籍には簿册毎に宮内大臣枚數及調製の年月日を記入し諸陵頭及圖書頭と倶に之に署名し以て手續の鄭重を期し、改竄增減の虞なからしむるを期することは陵籍に於けると同じであるが(同令第十二條)、圖面の添附までの鄭重さは命ぜられて居らぬ。

二　登錄事項及記載手續　　陵籍には(一)追號及御名又は名(皇后、贈皇后等)(二)陵所(三)陵名(四)崩御の年月日時(五)斂葬の年月日(六)營建の年月日(七)陵形(八)兆域の面積(九)附屬物、墓籍には(一)名(二)墓所(三)薨去の年月日時(四)斂葬の年月日(五)營建の年月日(六)墓形(七)兆域の面積(八)附屬物を登錄することを要し、尙此の以外の事項にして宮内大臣に於て必要と認めたるものは之を登錄することを得る(同令第六條、第九條、第十條)。是等の登錄は公告に依りて之を爲す(同令施行規則附錄)。從前の陵墓及其の附屬物に關する登錄事項にして不明なるものは之を省略しても差支ない（同令第十三條）。從て公告の有無及其の年月日等は不明のものが多いであらうが、事實は之を勅裁に依りて決すべきである。勅裁に依り決定した旨を記載するや否やに就いては明文がない。從前不明の陵墓が新に決定するのは勅裁に依り、其の登錄に際しては、決定の勅裁の年月日を記入し且事由を附記することを明文を以て規定されて居る（同令第十五條）。登錄の陵名、陵所、墓名（若し有らば）、墓所には右側に片假名を以て其の讀方を示す（同令施行規則第十四條）。

是等陵籍及墓籍の登錄は陵墓を營建したる後之を爲す（同令施行規則第六條）。登錄後修補、改築、天災等に依り陵墓又は其の兆域若は附屬物に異動を生じたるときは陵籍又は墓籍に異動の登錄を爲し、且其の事由を附記しなければならない（同令第十七條）。斯の如き場合に於て添附圖面の更正の必要あるときは新に圖面を調製し事由を附記して舊圖面と合裝して置く、但し輕微なる更正に付ては圖面の關係ある部分に懸紙を貼付し之に現況を表示して新圖面の調製に代ふることを得る。此の懸紙に依る更正のときは本圖に事由を附記し諸陵頭が懸紙に契印しなければならない（同令施行規則第三條第二項）。又是等異動の登錄中勅裁を經たる事項に付ては附記中に勅裁の年月日を記載し陵の修補又は改築に由る異動に付ては其の外起工及竣工の年月日を記載するを要する（同令施行規則第十五條）。

從前の陵墓には御合葬のものがあるが、此の如き陵墓に付ては合葬の旨を各陵墓の欄に夫々附記しなければならない。一方に附記するの理由を以て他に之を省くことを許さない（同令施行規則第十六條）。又同一兆域内に二以上の陵墓あるときも其の旨を各陵墓の欄に附記する（同令施行規則第十七條）。

登錄又は附記に當り生じたる冗字、誤字、脫字は訂正の箇所及字數を附記して、直に訂正することを得るが（同令施行規則第十一條）、後に至りて(一)登錄又は附記に錯誤あることを發見し(二)皇統譜の登錄事項に變更を生じ(三)陵所又は墓所の名稱に變更ありたるとき(四)異動登錄を爲すときは、改めて陵墓籍に抹消又は變更の登錄を爲し且其の事由を附記しなければならない。是等の登錄の附記中には其の場所を指示するを要す（同令施行規則第九條、第十條）。是等の變更又は異動の登錄、訂正に當り文字を挿入するときは、原文字の行の右側に挿入文字を書き、其の箇所に符合を記し、抹消の場合には字體を滅失せしめず、朱線を以て削除すべき部分を抹消する。但し已むを得ざる場合に限り、用紙の欄外に文字の挿入を爲すことを得る（同令施行規則第十二條）。

陵籍及墓籍の記載方は皇室陵墓令施行規則附錄に示す樣式に依るべく、其の記載の文字は字劃を明瞭にし數字には壹貳參拾の字を用ふ（同令施行規則第七條、第八條）。

三　副本　陵籍及墓籍の正本の萬一に備ふる爲め必ず其の副本を作製せなければならない（同令第十一條）。副本は正本に基きて之を作り（同令第十八條）、全然正本と同樣と爲すべきものであるけれども、唯正本が登錄又は附記の際直に訂正せられたる部分に付ては其の訂正に基いて之を作る（同令施行規則第十三條）。副本を作製する際の冗字、誤字、脫字は正本の場合と同じく、訂正の箇所及字數を附記して直に訂正する（同規則第十一條）。其の他は形式、樣式、記載方等總て正本と同じである。

陵籍及墓籍の正本は圖書寮に於て尙藏し、其の副本は諸陵寮に於て保管す（同令第十三條）。副本保管の場所を諸陵寮と爲したるは、實務上の取扱に便じたると、正副兩本の何れも喪はるべきが如き場合を少からしめんとしたるに由るものである。

第六　準　陵

御火葬の風起りてより後は御骨を埋葬し奉る本陵の外に御火葬の場所に御火葬塚を造へ、本陵を御骨所《オコツシヨ》、御火葬塚を御墓所《ゴムシヨ》（或は陵）と稱するの慣例を生じた。御火葬塚も本陵と同樣墳丘の上に卒都婆を樹つる樣式のものであつた如くである。鎌倉時代の末頃から是等の外に本陵に奉葬すべき御骨の一部を別に埋葬し御分所を設くるの風も生じた。何れも佛敎の影響である。又後小松天皇以後には御火葬塚の代とも申すべき御灰所の制が出來た。是等の慣習も亦一方陵墓の制を紊り却て本陵の所在を不確定ならしめる一因となつた。元祿以降山陵の探査に依て是等御分骨所、御火葬塚、御灰塚の檢討も行はれ、其の確定を見たものも數多く、明治以後諸陵寮に於て管理せられた。新制の皇室陵墓令は「從前諸陵寮に於て管理したる分骨所火葬塚及灰塚は陵に準す」（同令第四十條第一項）と規定し、從來の措理方を明文を以て規定に表はした。是蓋し是等は何れも帝后の御玉骨を葬りまつりたるものなるが故である。既に是等を陵に準ずる以上、此に係る事項を陵籍の登錄事項に準じて當該陵の欄に登錄すべきは當然である（同條第二項）。

第七　陵墓の管理

大寶令の制に於ては治部省の下に諸陵司あり、「諸陵司は正一人、陵靈を祭り、喪葬、凶禮、諸陵及陵戸の名籍を掌る。佑一人、令史一人、土部十人。凶禮を賛相するを掌る。員外は臨時取充す。使部數十人、直丁一人」と規定す。令集解は職員令の此の條に註して「戸令に云ふ。雜戸陵戸籍、則更に一通を寫して名本司に送る。(中略)古記云、別記云。常陵守及墓守竝に八十四戸。(中略)調徭を免ずる也。(中略)借陵守及墓守竝に百五十戸。(中略)右件戸は公計帳文に納む。而して借陵守と記すなり。」と述べて居る。常陵守は所謂陵戸、借陵守は所謂守戸であつて、既に持統天皇五年十月の詔に「凡そ先皇の陵戸は五戸以上を置き、自餘の王等功ある者は三戸を置く。若し陵戸足らざれば百姓を以て充て、其の徭役を免ず。三年に一替せしむ。」とあり、卽ち當時に於て陵戸は家業にして陵を守る者、若し不足すれば庶民より守戸を採り租稅を免じ又賤民と同一視せしめざる爲め三年一替の制を採つたのである。此の制は大寶の喪葬令に於ては多少の改正を見「凡そ先皇の陵には陵戸を置きて守らしむ。陵戸に非ずして守らしむる者は十年に一替せしむ」ることとなつた。聖武天皇の天平元年には諸陵司を陞せて諸陵寮となし、人員を增加した。陵戸守戸の制は其の後も永く續き、延喜の諸陵式にも「凡そ山陵は陵戸五烟を置き之を守らしむ。有功の臣の墓は墓戸三烟を置く。陵墓戸に非ざるものに差點して守らしむるは先づ陵墓に近き戸を取りて之に充つ」、「凡そ陵墓の側近原野あらば寮は守戸に仰せて所在の國司に移し、共に相知《ハカ》りて燒除す」等の規定を存し、別に諸陵寮所管の陵墓、其の所在、四至兆域を錄し、陵戸墓戸守戸の員數を載せて居る。是等の職員の外に延喜諸陵式には預人、諸陵雜事注文(正治二年)には預及下司、續日本紀には陵守長の職名を載せて居る。

諸陵の巡察に就いては延喜諸陵式に「凡そ諸陵墓は毎年二月十日官人を差遣して巡検せしむ。仍當月一日名を錄し省に申べしむ。其の兆域垣溝損壞するものあらば守戸をして修理せしむ。專當官人巡りて檢校を加ふ」と記して居る。

然るに是より先、佛教宮中にも大に行はれ、旣に宇多天皇の寛平年間、聖武天皇陵は東大寺の奉仕に任ぜられ、又朱雀天皇の承平年間には醍醐天皇陵は醍醐寺の監守に任ぜられ、是等の寺には山陵守なる役員を置くの有樣となつた。爾後此の風益〻著しく、やがて營陵の制廢り喪葬の禮悉く僧侶の手を以てせらるゝの狀となり、加ふるに戰亂相踵ぎ皇室式微を致し、遂に陵墓の制は全く衰ふるに至つた。

近世王政復古の氣運の勃興と共に山陵探究修補の風起り、文久年間朝廷に山陵奉行、山陵修補御用掛を置かれ、修陵の功進むや元治元年遂に諸陵寮も再興せられ、明治以後諸陵寮は宮內省に置かれ、以て今日に及んで居る。諸陵頭の下に陵墓監（奏任五人）陵墓守長（判任）陵墓守部（判任待遇）あり、陵墓の數の多き地方を部に分ち、樞要なる多摩部、桃山部、月輪部、古市部、畝傍山部には陵墓監を駐劄在勤せしめて附近各部の陵墓の管守に當る守長、守部を監督するの任を授けて居る。遠隔にして且陵墓數の少き地方には守長、守部のみを置き、之が監督は諸陵寮本寮の直轄となつて居る。

山陵の制には支那の影響も相當あつたが、廟の制度は殆んど取入れられなかつた。従て陵祭は行はれたのであるが、一方上古以來歷代相襲ぐこと窮なきの制は個々の陵に對する祭祀を盛にすることを得ず、玆に重なる山陵を選びて毎年奉幣の儀を行はるゝ風習となつた。此の奉幣を荷前《ノザキ》と云ひ、奉幣使を荷前使《ノザキノツカヒ》と呼んだ。

其の起源に就いては皇年代略記に持統天皇の御代に始まると云へど之には確證はない。孝謙天皇の天平勝寶元年八月諸大陵に奉幣の事ありしを載すれど大陵が何であるか判然しない。其の他天平勝寶七年十月七陵奉幣、天長元年十二月八陵奉幣あり。清和天皇の天安二年十二月十陵四墓の制を立てられ、重なる陵十を以て近陵とし、爾餘を遠陵となす。此の區分は一說に幣の種類及量に差を設けらるゝこと延喜諸陵式に載する如しと云ひ一般には近陵にのみ荷前使を立てらるゝなりと解せらる。卽ち諸國より奉る貢の荷の初穗を抽き、使を以て十陵に獻ぜらるゝのであつて、十二月十三日使定めの儀あり、納言以下の者選ばれて、吉日を選びて遣はさる。延喜以來は十陵八墓となる。十陵は常に一定するものではなく、時に異動があつたが、天智天皇陵は世に謂ふ中宗の陵のことなれば常に其の首班にあつた。

今日は荷前の使はないが、陵に對する御奉仕は大に御鄭重であつて御歷代の式年祭には必ず山陵祭を行はせられ、又諸陵の中特に神武天皇陵、先帝以前三代の陵、先帝陵は各陵の御代表の意味をも加へさせられて、事ある每に奉幣が行はれることは祭祀のことを說いた際述べた如くである。

第八　陵墓に關する罪

往古の名例律に於ては山陵を毀たんとするの意を有して之を謀る者は謀逆とし斬罪に處すべく、兆域門內に闌入し、牆を越え草木を盜む者も夫々罰せられることになつて居た。是固より不敬極まりなきことであるからである。

現在の刑法に於ては「皇陵に對し不敬の行爲ありたる者」は三月以上五年以下の懲役に處する旨を規定して居る（同法第七十四條）。「皇陵」の意味に就いては通說は之を歷代天皇の御墳墓と解して居るが（例之泉二博士「刑法大要」三〇二頁、牧野博士「日本刑法」五一二頁等）之に就いては猶硏究の餘地がないとは云へない。何となれば、皇陵の文字は舊刑法以來用ゐられた文字であつて、同法には「天皇、三后、皇太子」及「皇陵」に對する不敬罪を同一に罰して居つたのを、新刑法では「天皇、太皇太后、皇太后、皇后、皇太子、皇太孫」及「神宮又は皇陵」に對する不敬罪を同一に罰することとし、「皇族」に對する不敬罪は別に之より輕く罰することに改正された。又舊刑法では「天皇、三后、皇太子」に對する危害罪を同一に罰し、「皇族」に對する同罪を之より輕く罰したのに對し、新刑法は天皇、三后、皇太子、皇太孫に對する危害罪を同一に罰し、「皇族」に對する危害罪を之より輕く罰する。是等から考へて舊刑法は天皇、三后、皇太子の尊嚴を同一に考量し、新刑法は天皇、三后の尊嚴を同一に考量し、皇太子、皇太孫は稍之に差を設け、唯皇位の第一繼承者で在す點から、危害罪のみに就き天皇、三后に對するものと同一に罰することとしたとも考へられる。又舊刑法當時に於ても新刑法施行當時に於ても三后の御墳墓は陵と稱せられ、陵墓令公布後は之が明に公定されたのであるから、皇陵とは陵の稱を有する皇室の御墳墓と解するを適當とすると解釋することも出來るのである。大寶令時代に先皇の陵と云ふ文字が用ゐられ、解釋上も陵とは天皇の御墳墓とされたのであるが、それが其の後三后のものをも含まるゝものと解釋される樣になり、陵墓令は此の沿革を踏襲したものであることも考量の中に加ふべきでありとも論ぜらる丶（勝本勘三郎博士「刑法各論」（舊刑法）三八頁以下は此の點に就き最も詳論して居る。參照すべし）。 夫と同様に北朝天皇陵、尊稱天皇陵、中宮陵等も皇陵と解すべきやに就いても同様のことが論じ得ると思ふ。

皇陵に對する不敬の行爲とは毀壞、汚損、發掘等總て皇室の尊嚴を害する行爲を云ふ。

皇太子（或は太皇太后、皇太后、皇后、皇太子）以下の皇族の御墓（或は陵墓）に對する罪に就いては、別段の規定がないから、一般庶民の墓所に對すると同じく「公然不敬の行爲ありたる者」、「發掘したる者」が一般の墳墓に關する罪として、不敬行爲に付ては六月以下の懲役若は禁錮又は五十圓以下の罰金、發掘行爲に對しては二年以下の懲役、死體、遺骨、遺髪又は棺內に藏置したる物を損壞、遺棄、又は領得する行爲に對しては三年以下の懲役、發掘に依る是等の行爲に對しては三月以上五年以下の懲役が課せらる丶。

是等刑法上に於て「皇陵」と云ひ「墓所」と云ふ意義は單に墳塋を示すのではなく、兆域及兆域內の土地其の他の附屬物を指すものと解すべきは、陵墓の兆域及附屬物が宮內大臣の公告事項として規定せられ且兆域の疆界線には圍障又は構渠を設くべきやう規定せられて居る點から確實である。

第九講　皇室の財産制度

第一　總　說

茲に財産制度と云ふのは、天皇及皇族の財産權に關する制度を指す。後に說く經濟組織卽ち皇室經費の管理に關する組織とは觀念上差あり。財産權とは身分權及人格權に非ざる私權を意味するが（穗積重遠博士民法總論改訂版九〇頁、川名兼四郞博士日本民法總論二三頁以下參照）、財産制度と云ふ中には財産權に伴ふ公法上の權利義務、例へば森林法、土地收用法等公法の法系に屬する法律上の隣地立入權、稅法上の義務の如きも包含するのである。

天皇は義務を超越された御存在である（憲法第三條）。又天皇は其の御位の尊貴なるに鑑み、財産上の權利の行使に就き、天皇を直接の主體と看奉り、財産上の權利に基く責務を天皇に直接に歸し奉るは、我が國體觀念、我が民族信念の許さぬ所である。故に財産に關する天皇の權義に關しては特別の法制を必要とせねばならぬ。然しながら天皇と臣民とに相涉る財産上の事柄に就き、全く相異なつた制度を立つることは國民一般の經濟生活に影響する所が大きい。是に於て是等の事柄を調和する制度がなければならぬのであつて、現在に於ては「御料」に關する特別の制度が立てられて居るのである。

皇族の御身位は天皇と自ら異なるけれども、また素より一般臣民の地位とは比すべくもない。故に其の財産權に關する制度に於ても民間の制度と調和を保つ範圍內に於て、其の尊嚴を維持せしめられなければならない。是れ我が國に特別なる皇族財產制度の存する所以である。

皇室は我が國家組織の中心であるが故に、皇室の經理は一般人民の一家の經理とは其の根本に於て全く其の精神を別にし、其の經理は私的なものではなく、公的なものである。憲法が、其の第六十六條に「皇室經費は現在の定額に依り每年國庫より之を支出」する旨を規定するのも其の故である。然し皇室經費の經理一切を國務とし、其の一々に就き政府及議會が參與することは、また決して皇室の尊貴を重からしむる所以ではない。故に我が國法は是等の事務を宮務に屬せしめ皇室制度中に特殊な經濟制度の律程を定めて居るのである。

第二　天皇の財產法上の地位

天皇が財產法上の義務を負はさせ給ふことなきは、其の不可侵性(憲法第三條)當然の歸結である。故に其の財產法上の地位の探究は專ら權利の方面からなさるべきものである。

一般臣民の財產法上の地位は主として民法の規定する所である。民法は其の第一條に於て「私權の享有は出生に始まる」ことを規定す。其の私權の重なるものの一は財產權であるが、民法は此の權利を享有する能力に就き、未成年者、禁治產者、準禁治產者等に、夫々制限を加へて居るのである。

天皇が實體上財産の主體たらせらるべきことは論なき所であるが、法制上天皇を財産の權利主體とするときは、其の行爲に基き各種の義務を生じ、我が天皇の地位に關する根本的な組織と相反する事態を生ずることなきを保し難い。是を調節するには天皇の財産を一括して財團と爲し、此の財團を權利義務の主體と爲し、財團の意思は恆久的に皇室令、宮内省令等の法に依り組織せしめ、或は宮内大臣輔弼の責の下に時に臨み天皇の旨を承け、宮内大臣が財團の機關として財團の法律行爲の當事者と爲るならば、天皇の尊嚴を傷くることなく、而も他面一般臣民の利益を害することなく、皇室の財産を運行することが出來る。我が法制は正に此の制度を採用するものであつて、此の財團を御料と稱して居る。

從て、天皇に就き行爲能力の問題は起らない。勿論、此の財團を統治せらるゝは天皇であり、天皇の意思と財團の意思とには密接な關係はあるけれども、天皇の御未成年の場合、天皇久しきに互り故障あるときは攝政が置かれるのであり(典範第十九條)、天皇の皇室財産上の御行動に就いては凡て宮内大臣が其の輔弼の責に任ずるのである(宮内省官制第一條)。

扶養の請求權、相續權の如きも財産權と認め得るものであるが(川名博士日本民法總論二六頁、穗積博士民法總論九〇頁等參照)、是等の權利は自然人の身分に伴ふ權利であつて、財團の關する所でなく、又立法論としても天皇の尊位に繋くべき筋合のものでない。

第三　御料の法律關係

一　御料の意義及性質　御料と云ふ語には㈠天皇に屬する、卽ち皇位に繫屬する財團の義と㈡財團の内容を成す各個の財産の義との二つの意味がある。

御料は法人なりと云ふことを明確に論斷した學者は居らないやうであるが、皇室財産令が「御料に關する法律上の行爲に付ては宮内大臣を以て其の當事者と看做す」と規定し敢て「天皇の法律上の行爲」と云はない點や、皇族の遺産相續人曠缺の場合に就き其の遺産が「普通御料に歸屬す」と規定し、恰も民法の同樣な場合に就き、「相續財産は國庫に歸屬す」と規定したる點、「御料に屬する財産」なる用語ある點（御料が天皇の財産を意味するならば御料とのみにて足るべし）等から略疑を容れぬ所と信ずる（財産令第二條、第七十六條、第七十九條、會計令第七條、民法第千五十九條）。尤も皇室財産令が民法第一編乃至第三編等を「御料に關し之を準用す」と云ひ（「御料に準用す」と云はず）、「内廷に屬する財産の管理」と云ふが如き字句を用ゐるのは御料の性質に關し、法規の立案者に於て確乎たる斷案がなかつたが爲めであらう。然し財團に關することが、皇室令と云ふ規律に依て定まること、私法人の寄附行爲、定款の如くであり（私法人に在ては財團、社團の目的が規定されて居るから、一應御料の場合と異なる如く見えるが、財團なり、社團なりの意思が規律に依つて意思付けられて居ることは同樣である）、個々の法律上の行爲に就いては宮内大臣の輔弼に於て天皇之を統括し給ひ、之が意思代表の機關として宮内大臣以下の機關も備つて居るのであるから、其の本質に於て法人と異なる所なしと云はなければならない。以下自分は此の意味の御料を特に御料財團と呼び、單なる財産を指すときは御料財産と云ひ、以て彼是區別しやうと思ふ。

御料がまた個々の財産を意味することは、說明する迄もないことであつて、例へば皇室典範に「土地物件の世傳御料と定めたるものは分割讓與することを得す」と云ふ場合の用語の如きが、其の一例である。

二　御料財團の私法上の行爲　「民法第一編乃至第三編（卽ち總則、物權、債權）商法及其の附屬法令は皇室典範及皇室財產令其の他の皇室令に別段の定なきときに限り御料に關し之を準用す」（財產令第三條）。蓋し民法の財產に關する規定、商法の規定とは一般國民の經濟生活の安定を保つことを主眼とするものであるから、御料と一般臣民とに涉る事項に就いても、特別の事情の無い限り之に依らしむることが、國民の經濟生活を安定せしむる所以であるから、特に皇室制度上、除外例を設くる必要ある場合の外は御料にも之を用ゐることを原則とすべきである。そして、除外例を作るにしても、愼重に考慮を加ふるが爲め、特に皇室典範又は皇室令を以て爲なければならないやうに規定されて居る。民商法の附屬法令とは財產に關する私權保護の法令と云ふ意味であつて、著作權に關する法令、信託法の如きは勿論、不動產登記法、供託法、競賣法等手續法までをも含むものである。但し借地法、借家法、小作調停法の如き、私權の保護を目的とせず、社會利益を保護する所謂社會法を包含するや否やに就いては疑問あるを免れないが、之は後に說明しやうと思ふ。民事訴訟法は別段の規定がなければ、當然御料に適用がある筈であるけれども、訴訟手續に就いては別に皇室裁判令がある（第十一講參照）。

斯の如く、御料には頗る廣範圍に亙り、一般私法の準用があるのであるが、皇室典範及皇室令に依る除外例も相當にある。今其の重なるものを擧げて見れば次の如くになる。

（イ）　世傳御料の不融通性　「土地物件の世傳御料と定めたるものは分割讓與することを得す」（典範第四十五條）。分割とは實力に依る物の處分、例へば畫圖の破毀、燒却の如きを云ひ、讓與とは法律的に所有權を移轉することを云ふ。

既に讓與を許さないのであるから、之を確保すべき擔保物件の設定をも認めざるは勿論である。之を一言にして云へば「分割讓與することを得ず」とは「處分することを得ず」と云ふ意味である。

世傳御料は皇室典範の規定上、之を處分し得ないものであるから、相手方又は第三者の世傳御料たることを知るや否やを問はず、其の處分行爲は無效である。故に他人をして不慮の損害を蒙らざらしめむが爲め、世傳御料に編入する土地物件は宮內大臣をして必ず之を公告せしむることとして居る(典範第四十六條)。

(ロ) 地上物權設定の制限 「世傳御料に屬する土地の上に新に物權を設定するは公用又は公益事業の爲に必要なる場合に限る」(財產令第十五條)。世傳御料には擔保物權を設定することを得ないが、皇室財產令は其の以外の物權、例へば地上權、地役權等に就いても、それが公用又は公益事業の爲め必要なる場合に限り、而も其の果して必要なりや否や設定條件の適當なりや否やに就きても、之を愼重審議せしめむが爲め、之を樞密顧問の諮詢に附することとして居る。最後の設定の決定は勅裁に依る所であつて、宮內大臣の專決を許さない(同令第十五條第二項)。公用とは道路、要塞、公園の設定の如きを云ひ、公益事業とは土地收用法に公益事業と指定する事業の如きを云ふ(土地收用法)。

(ハ) 不動產登記 世傳御料たる不動產は勅書を以て設定せられ、宮內大臣之を公告するものであるから、不動產登記法に依る登記を要せず、當然第三者に對抗し得べきものである。之は云ふ迄もないことであるが、唯世傳御料たる土地の上に在る地上權、地役權等の物權が設定又は變更さるゝときは一般取引の安全の爲め、宮內大臣の公告を要すること及此の公告が登記と同一の效力を有することを明文を以て著して居る(同令第十六條、第十七條第一項)。

普通御料たる不動産に就いて登記を要するや否やに就いては宮内大臣の公告の義務を規定して居らないから、民法附屬の法令たる不動産登記法の準用あり（同令第三條）とする説と、事實上公示ありたる場合には其の適用なしとする説（同令第三條には「準用」とありて「適用」なき場合を豫想す）とを想像し得る。若し後説を採るとすれば普通御料登錄簿（同令第十八條、同令施行規則第十二條）の登錄が登記と同一の效力ありと解すべきである。

不動産登記法に依る登記を爲したる普通御料を世傳御料に編入したる場合に於ては、登記は其の效力を失ふが故に宮內大臣は遲滯なく其の登記の抹消を登記所に囑託しなければならない（財産令第十七條第二項）。物權の設定ある不動産は該物權を消滅せしむるにあらざれば、世傳御料に編入することを得ない。何となれば、現に存する物權の登記を宮內大臣の一方的行爲に依り其の抹消を登記所に囑託することを得べしとは到底解せられないからである。

(ニ)　褒賞、賜與、進獻と贈與　褒賞、賜與、進獻と贈與とは相似たる所があるけれど其の觀念に於て異なる。贈與とは所有權を無償にて與へむとする意思と之を受けむとする意思とが、互に平等な意思であつて、且、其の意思が互に合致する場合である。然るに褒賞、賜與、進獻に於ては二つの意思が決して平等でなく、又意思の合致ではなくて一方的な行爲である。褒賞を受くる者、賜與を受くる者は之を拒むことを得ない。進獻は何人にも當然に許さるゝ所ではなく、進獻の出願は當局に對し獻上せむとする意思を御受納あらせらるべきや否やの御內意を伺ふのであつて、契約の申込ではない。

故に是等に就いては當然に民法の贈與の規定は適用がない。之に反し、財團たる御料の機關——例へば宮內大臣、主管部局長官――の意思に依て行はるゝ贈與に就いては原則として民法が準用せらるゝのである。

宮內省官制が特に褒賞、賜與、進獻等の語を用ゐるは贈與と區別せんの用意と云はなければならない。

(ホ) 宮內職員と雇傭契約　一般に行政法學者は各官廳の雇傭人は民法に依る雇傭契約の法律關係に立つと說明する。然し少くも宮內省の關係に於ては左樣でないと解すべきである。蓋し宮內省官制(第八條)は「宮內大臣は宮內判任官及判任待遇宮內職員の進退は之を專行す」と規定して、他に宮內職員の在るべきを豫想し、之を承けて雇員傭人規程(大正十年訓令第七號)は「各部局長官は豫算の範圍內に於て雇員及傭人を置くことを得」る旨規定し、各部局長官の權限には必ず「所部職員を監督す」べきことを規定して居る。宮內省恩給令が是等を職員と見ざるは立法上の理由に基く擬制であり、宮內省恩給規程外勤仕者給與例(宮內大臣訓令)が雇員を當然に職員の內に包含せしめ、傭人を別に揭出して居るは誤解を防ぐ爲めであると解せらるゝ。從て宮內省部局にて命ずる雇員傭人には民法雇傭契約の準用はないものである。然し例へば常傭夫、臨時傭入人夫の如きは民法の雇傭契約と同樣な法律關係に立ち、其の規定の準用を受くることは當然である。

(ヘ) 契約に關する特例　御料財團の契約に關しては原則として民法に準據すべきであるが、皇室の性質上又は實際の必要上より其の例外が認められて居る。

(1) 賢所皇靈殿神殿の造營又は修繕及陵の營建修補又は改築は直營とす(會計令第二十五條)。故に之を請負に附したる場合には、其の請負契約は無效である。

(2)　御料財團に金錢を納入する者は納入告知書に據り納入する義務がある(同令第四十九條)。故に納入告知書に依らざる納入は無效であつて、債務不履行の狀態は繼續する。

(3)　納入者は納入告知書に現金を添へ、該納入告知書に指定する御料の預金銀行又は出納官吏に拂込を爲さなければならない(同令第五十條)。故に是れ以外の者に支拂ひても、それは無效である。預金銀行は宮內大臣之を定むることになつて居るが(同令第二十四條第二項)、若し預金銀行が公示されざる場合に於て萬一納入告知書に預金銀行に非ざる銀行が指定せられて居つた場合には、其の指定された銀行に拂込めば債務は履行されたものと解すべきである。

(4)　一般預金銀行所在地外に在る者の納金は郵便振替貯金に依ることを得る(同令第五十七條、同令施行規則第六十六條)。故に一般預金銀行とは宮內大臣が、收入金及仕拂金の受拂を整理すべき預金勘定を置くものと定めたる銀行を云ふ(同令施行規則第八條)。此の銀行所在地に在る者は郵便振替貯金に依る仕拂を爲すことを得ない。

(5)　御料財團が仕拂を爲さむとするときは後に述ぶる例外的方法を除くの外、現金の交付に代へ、預金銀行を支拂人とする小切手を振出し仕拂を受くべき者に之を交付する(同令第五十三條)。故に此の方法又は皇室會計令に別段の定めある方法(後出)以外の仕拂は無效であり、又仕拂を受くる者は同令に定むる仕拂方法を拒むことを得ない。例外的方法と云ふのは、(イ)隔地者に對する仕拂には、宮內大臣の特定したる送金取扱銀行をして送金せしむることと(ロ)恩給金の仕拂を郵便振替貯金にて送金することを指すのである(會計令第五十六條、第五十七條　同令施行規則第六十五條乃至第六十七條)。

(6)　賣買、貸借、請負其の他の競爭入札契約に就き種々特別な規定がある。卽ち、入札者には一定の資格條件を附せられ、資格なき者の入札は無效とされ、有資格者の入札も特定の場合には之を無效とされることがある（同令施行規則第百四條、第百十一條）。入札を爲し又は入札に依る契約の締結を爲さむとする者は保證金を提供するを要し、一定の場合には此の保證金は當然御料財團の收得する所となる（同規則第百條、第百二條、第百四條、第百十一條、第百十三條、第百十四條、第百十六條、第百十九條、第百二十四條ノ七等）。又或る種の入札は當然無效とせられ（同規則第百十條）、入札者が入札を取消したる場合、競落人が特定期限内に契約の締結を爲さゞるときは保證金は御料財團に收得せらるゝ（同規則第百八條、第百九條、第百十四條、第百十八條）。契約違反の場合及不履行の爲め契約を解除したるときは契約保證金は違約金として御料財團に收得せらるゝ（同規則第百十九條）。

(7) 隨意契約の締結、解除に就いても特別な規定がある。特定の者に就いては契約の資格を認めず、又契約の相手方は契約保證金を提供するを原則とし（同規則第百二十一條、第百二十二條）、契約の條項に違反したる場合又は其の履行を爲さゞる爲め契約を解除したるときは、此の保證金は違約金として收得せらるゝ（同規則第百二十一條）。

(8) 擔保に關する特別な規定を存する。土地建物其の他の物件の賣拂代金に付き分納又は後納が許可せられたるときは、原則として國債證券、府縣市債券を擔保に供することを要し、且未納代金に對しては特定の場合の外利子を附せなければならない（同規則第百二十四條ノ四乃至同條ノ六）。

(9) 糶賣を爲す場合には入札に關する規定が準用されるが、慣習あるときは其の慣習に從ふことを得る（同規則第百二十六條）。

(10) 契約を締結するときは一定内容を有する契約書を作成することを要するを原則とし、其の契約書には契約擔任官吏の記名捺印あるを要す（同規則第百二十三條ノ二、同條ノ三）。

(6)乃至(10)の特例はいづれも、宮內省令たる會計令施行規則に規定せらるゝ所であつて、皇室令たる皇室會計令には規定がないから、一見皇室財產令第三條の規定に依り、無效の規定の樣に考へられるが、然し之は皆債權契約に關することであるから、民法の契約自由の原則に依り、一般的意思表示として有效に成立するものと解さなければ實際に適せない。然し斯の如き一般的な意思表示が有效なりや否やは大に議論の餘地がある點であるから、立法論としては、皇室會計令中に「本令の施行に關し必要なる規定は宮內大臣別に之を定む」と云ふ樣な一條を設け、特例規定に就き皇室令上の根據を置く方が妥當と思はれる。

三　御料財團と一般公法の關係　　御料は皇位に繫屬する財產から成る財團であるから、之に及ぶ權力は國務法に依らず、宮務法に依りて規定せらるべきは當然である。故に國務法たる一般公法は御料に適用せらるゝことが當該法令に明示せられ且他に宮務法が存在せない場合にのみ、御料財團を拘束する。若し國務法と宮務法と兩方に規定があれば、宮務法が適用せられる。又宮務法がない場合に國務法の方に規定があれば、其の法規が當然適用あるのは人民及人民の財產を覊束する權力も、皇族、御料財團及皇族財產を拘束する權力も、共に同じく天皇の總攬あらせらるゝ統治權であるからである。

此のことは法理上當然に云ひ得る所であるが、之を現行成文法の上に根據して論ずることも出來る。卽ち皇室典範第四十八條に「皇室經費の豫算決算檢查及其の他の規則は皇室會計法の定むる所に依る」と云ふのが、其の該當條文であつて、茲に「皇室會計法」とは宮務法を以て定むる「財產に關する法」と云ふ意味と解すべきであり、從て此の條文は「御料財團及皇族財產に關しては宮務法の規律する所たるべし」と云ふ原則を示すものである。そして此の條文に根據して皇室財產令第三條に依り、私有財產保護法及其の手續法のみが御料財團に準用（準用とあるは御料財產必ずしも私有財產と解すべきでないからである）される旨を規定し一般公法は當然には適用又は準用なきことを明かにして居るのである。此のことは皇族財產に就き公益上の財產制限法が適用さるべき旨を規定する所の同令第二十二條（後出）と對照すれば益〻明かになる。從來一般に御料財團と一般公法との關係に就き「皇室典範增補第七條及第八條に皇族の權義に關する規程は典範に定めたるものの外は別に之を（皇室法を以て）定むべく、皇族と人民とに涉る事項にして各〻適用すべき法規を異にするときは、此の別に定められたる皇室法に依るべく、又法律命令中皇族に適用すべきものとしたる規定は典範又は之に基き發する規則、即ち皇室法に別段の條規なきときに限り之を適用する旨を規定して居るのであるから、況や御料に關する事項は勿論、其の精神に於て皇室立法事項に屬す」と說くのであるが、此の議論は御料を天皇の財產と觀念し、且天皇と皇族とを比較して立論するものであつて、其の基礎に於て、法律的なるが如く見えて、實は一般國民の觀念と離るゝものであるのみならず、御料に關する法規を國務法が定めたるとき、何故當然それが有效であるかを說明し盡し得ない。自分は甚だ僭越であるが、前段の如く說くのを正しいと信ずるのである。

今御料財團に密接の關係ある公法を類別して揭ぐれば、次の如くである。

(1) 警察法　出版法、豫約出版法、狩獵法、航空法、傳染病豫防法、家畜傳染病豫防法、畜牛結核豫防法、屠場法、水道條例、汚物掃除法、下水道法、墓地埋火葬取締規則、市街地建築物法

(2)　産業法　鑛業法、砂鑛法、森林法、國有林野法、耕地整理法、公有水面埋立法、土地收用法、砂防法、河川法、都市計劃法、特別都市計劃法、水利組合法、牧野法、種牡牛檢査法、種牡馬檢査法、馬匹去勢法、馬籍法、競馬法

(3)　財務法　各種稅法、各種專賣法、外國爲替管理法、資本逃避防止法

(4)　軍務法　軍港要港に關する法律、戒嚴令、徵發令、軍需工業動員法

(5)　文化保存法　國寶保存法、重要美術品等の保存に關する法律

(6)　社會法　借地法、借地借家調停法、借地借家臨時處理法、小作調停法、國立公園法

是等の法律は概ね御料財團に適用なきものであるけれども、事實は政府と宮內省との協議により、法の精神を實施するに些の支障なきやう取運ばれて居る。

第四　御料財產の種類及管理

一　御料財產の種類　御料財團に屬する財產は分ちて世傳御料と普通御料とされる(財產令第一條)。世傳御料とは皇位に繫屬して永世に傳ふべきものと定められたる御料たる財產を云ひ、從ひて分割讓與卽ち處分し得ない(典範第四十五條〇前項の說明參照)。

世傳御料に非ざる御料財產は總て之を普通御料と云ふ。故に其の範圍は頗る廣く、上は聖上の御手擇品、御調度

より下は宮內省の廳用物品に迄及ぶ。立法論としては廳用物品の如きを御料と爲すは論議の餘地があるけれど、現行の法制上は斯く解せざるを得ない。但し法制上に於ても是等の點にも意は用ゐられ、賣却、拂下、購入、交換、支給等の語と、下賜、御贈進、御買上、賜與等の語とを區別して使用して居る。

二　御料財產管理に關する通則

（イ）管理者及管理部局　御料財產の管理者が宮內大臣であることは勿論であるが（宮內省官制第一條、財產令第二條）、其の部下職員は各其の所屬部局の所管に從ひ、其の所掌に應じ之が管理を分擔する。卽ち左の如し。

(1) 土地　に就いては帝室林野局其の管理に任じ、帝室林野局長官其の長たり（帝室林野局官制第一條）。但し宮殿地、博物館用地、陵墓地等は夫々其の事務を所管する部局が保管する。

(2) 建物　は內匠寮の管理に屬するを原則とし、特別會計に依り造營せらるゝものは、其の主管部局長官の管理に屬す（宮內省官制第二十一條、宮內省分課規程第三十二條、帝室林野局及同支局分課規程第二條、第七條〇內匠寮に就き官制が保管監守の語を用ゐて管理の語を用ゐざるも意味に於ては管理と解すべきが如し）。

(3) 陵墓　陵墓は一の宗教的精神的建營物であつて、必ずしも財產と目することを得ない。陵墓に就いては財產令は何等規定せず、世傳御料に編入せざるは勿論、陵墓は絕對に處分することを得ずと規定せられたるは（陵墓令第二十條）此の故である。

然し陵墓の附屬物、陵墓地、陵墓參考地は一の物體であり、御料たる財產である。但し性質上他の御料財產と區別さるべきが故に、財產令は其の規定を爲さず、陵墓令に於て之を規定して居る。

陵墓の管理は諸陵寮（宮内省官制第十六條）に屬する。附屬物、陵墓地、陵墓參考地の管理部局に就いては法に明文を存せないが爲め、疑はあるけれども、土地に就いては帝室林野局（同局官制第一條）、土地以外の附屬物に就いては諸陵寮の管理に屬すると解すべきであらう。

(4) 物件　の管理は特に規定なきものは內藏寮の管理保管に屬す。但し特別會計又は內廷會計に屬する物品は當該主管部局長官之を管理する。特別に管理、保管を規定し居るもの、又は法の精神上特別なる管理に屬すと認むべきものは左の如くである。

(i) 御物　御物とは「帝室に屬する書畫圖書其の他の物品にして帝室に由緒あるもの、歷史の證徵となるへきもの及美術的鑑賞の價値あるものに付き宮內大臣が御物と指定したるもの」を云ふ（御物調査委員會規程第二條）。御物の管理は宮內大臣官房總務課の所管であつて、其の管守は侍從職經理課の所掌である（宮内省官制第十條、宮内省分課規程第三條、第五條ノ四）。御物管理の爲めに宮內大臣の諸問機關として御物調査委員會がある（後出）。

(ii) 公文書　皇統譜、陵籍、墓籍、皇室典範、詔書、勅書、皇室令、世傳御料臺帳、王族譜、公族譜、王公族の墓籍の原本の尙藏其の他の公文書類の保管は圖書寮の所掌である（典範第三十四條、宮內省官制第十七條、財產令第七條、王公族譜規程第二條、王公族墓籍規程第九條）。圖書の保管に就いては別段の規定がないから、當然には圖書寮の所掌ではなく、宮內大臣より其の保管を命ぜられたもののみを保存管理するものであると解する。

(iii) 帝室博物館の蒐集品　は同館の管理に屬す（帝室博物館官制第二條、第七條）。

(5) 金錢、有價證劵及金錢債權 は原則として內藏寮の所管に屬する（宮內省官制第二十條、會計令第七條、第十條）。特別會計の主管部局長官も其の會計に屬する是等の財產を管理することを得るけれども（同令第七條）、現今に於ては有價證劵を保存し得るは內藏頭の主管する御資會計に限られて居る。

(6) 無體財產權 の管理に就いては何等の規定を存せないから、各其の權利を發生せしめた部局の長を以て之が管理者なりと認むべきである。

(ロ) 土地の管理方法 土地の疆界線には界標、圍障又は溝渠を設けて之を明かにしなければならない（財產令施行規則第十六條）。御料地には名稱を附し（明治三十一年大臣決定）、宮殿地、陵墓地、林地、農地、宅地、雜地等の地目に分ち（明治四十四年帝室林野管理局長官達）、必要あれば地番を附し（明治三十八年大臣決定）夫々土地臺帳に登錄する（後出）。

(ハ) 建物の管理方法 建物に就いても宮內大臣の定むる所に從ひ臺帳を設けて之に登錄し（財產令第五條、第十八條、建物臺帳規程）、官舍の如き特定の建物に就いては管理に關する規則を存する（官舍規則、牧場官舍規程、帝室林野局官舍規則等）。

(ニ) 現金、地金銀、登錄國債及有價證劵の管理方法 御料に屬する財產中地金銀、登錄國債及有價證劵の管理は其の出納と共に所謂皇室會計制度を成すものであるが故に、後に述べることとする。

(ホ) 御物の管理方法 に就いては御物管理規則（大年十三年訓令第十五號）あり、管理者たる大臣官房總務課に御物管理臺帳を備へ、保管者たる各部局に御物保管臺帳に備ふること、臺帳と現物との照合其の他に就き規定す。又宮內大臣の諮問機關として御物調查委員會あり、御物の指定、解除及保管に關し宮內大臣の諮問に應じ、意見を開申す（昭和五年宮內省達第四號御物調査委員會規程）。

（へ）其の他の動産の管理　に就いては皇室財産令、同施行規則に臺帳又は目錄の作成を命じる等の規定を存するが、未だ物品會計に關する完備した法令は制定されて居ない。

三　世傳御料の設定、管理及變更　世傳御料に編入する土地物件は樞密顧問に諮詢し勅書を以て之を定め、宮內大臣之を公告す（典範第四十六條）。此の公告には、土地に付ては所在、地目、地番及面積、建物に付ては所在、種類、構造及建坪、其の他の物件に付ては品目、種類及箇數を揭ぐることを要し、又不動產たる世傳御料に關する公告は登記と同樣の趣旨を有す。然し世傳御料たる土地及建物は其の性質上取引の安全を期する意味に於ての登記を必要と爲ないから、公告を以て第三者に對する對抗要件とするの必要なく、勅書に依りて世傳御料たることが決定すれば既に完全に其の效力を發生するものである。但し是等の不動產の上に物權が設定せられた場合には直に一般取引に關する所が多いから、該物權に就いては、公告を以て登記と同一の效力あるものとし、登記を以て第三者に對する對抗要件とする。又既に登記簿に登記せられた不動產が世傳御料に編入せられた場合には、此の登記を抹消しなければ統一がとれないのみならず、却て第三者を誤らしむる虞があるから、宮內大臣は遲滯なく抹消を登記所に囑託しなければならない（財產令第四條、第十六條、第十七條）。

世傳御料に屬する財產に付ては其の種類に從ひ、勅裁を經て定められたる樣式の土地臺帳、建物臺帳、動產臺帳を作成し、特定の記載事項を登錄し、宮內大臣、主管部局の長官及圖書頭之に捺印し、圖書寮に之を尙藏しなければならない（同令第五條、第七條、第十二條、同令施行規則第五條）。土地臺帳には圖面及疆界簿を添附し建物臺帳には圖面を添附することを要する（同令第六條）。其の他臺帳に就いては種々細目に亙る規定がある（同令第十一條、第十二條、同令施行規則第二條乃至第六條、第九條乃至第十一條）。臺帳には副本はないが、該財産の主管部局長官が圖書頭から臺帳の謄本を受け、之に基いて帳簿を設け登録しなければならない（同令施行規則第七條、第八條）。

世傳御料は分割讓與することを得ざるのみならず、其の管理に就いても重大な制限がある。

（イ）變更、修補、改築　する必要あるときは、勅裁を經なければならない。修補とは大修繕の意味、改築とは民法（第十二條）に於けると同樣の意味である。

（ロ）物權の設定　世傳御料たる財産の上には原則として物權を設定することを得ない。唯土地の上には公用又は公益事業の爲め必要なる場合は例外として之を認めるけれども、此の場合に於ても樞密顧問に諮詢したる後に勅裁せらるゝと云ふ愼重な手續を要するのである（同令第十五條）。公益事業とは土地收用法に於けると同じ意味なりと解す。

（ハ）解除　世傳御料に屬する財産は重大なる事由を生じたる場合に限り樞密顧問に諮詢し、勅裁を以て解除することを得る（同令第八條）。重大なる事由とは天災地變等に依り、或は設定當時豫想し得べからざりし事情の大變化に依り、世傳御料として永く存續せしむること能はざるが如き事態を生じたる場合を云ふ。

是等の異動、物權設定等は一々之を公告し、臺帳も之に從ひて訂正せなければならない（同令第八條、第十條、第十三條、第十六條）。

四　普通御料の管理　普通御料たる財産に付ては、其の種類に從ひ、必要なる帳簿又は目録を設け、特定の事項を記載して主管部局に於て保管して置かなければならない（同令第十八條、第十九條、同令施行規則第十二條乃至第十五條）。

御物、豫備品、學事基金、豫備品資金、舊堂上華族保護資金等特殊の財産に就いては夫々特別な規定が存する。又内廷に屬する財産の管理に關する規定は性質上敢て皇室財産令に規定せず、宮内大臣勅裁を經て之を定むることになつて居る（同令第二十條）。

第五　皇族の財産法上の地位

一　總説　皇族の財産法上の地位に就いては民事訴訟、禁治産に關し正條を存するの外（典範第五十條、第五十三條）「皇族の諸規則は別に之を定むへし」（典範第六十一條）と規定し、以て一般國務法が皇族に適用なきを明かにして居るが、條文簡單なると、文脈の點から疑義生じ易く、實際上も學說區々となつた爲め、典範第一增補は「皇族の身位其の他の權義に關する規程は此の典範に定めたるものの外別に之を定む」（第七條）との明文を置き、此の主旨を鮮明ならしめた。

此の規定を受けて皇室財産令中に皇族の財産法上の地位が定められて居る。皇族の中にも太皇太后、皇太后、皇后、皇太子、皇太子妃、皇太孫、皇太孫妃の如く特に御地位重きに在らせらるゝ方々、皇子（皇太子を除く）、皇太子・皇太孫の子の如く御地位之よりは低く而も他の皇族より高き方と其の他一般の皇族とに依て私法上の地位を異にすることに規定されてある。但し皇子及皇太子又は皇太孫の子が特殊の御取扱を受けらるゝは是等の方が未成年の間（未成年中と雖も御結婚後は除く）に限られる。先づ皇族一般のことを說明しやう。

二　一般皇族と國務法　成年の皇子、結婚したる未成年の皇子、皇太子・皇太孫の子たる成年又は結婚したる親王、内親王及其の以上に皇位に遠き各皇族に就いては、民法第一編乃至第三編、商法及附屬の法令、換言すれば財産保護法の適用あること御料財團に同じけれど、更に此の以上に國務法中公益の爲めにする財産の收用徴發又は制限に關する法令の適用がある。但し皇室典範又は皇室令に別段の定ある場合には其の宮務法に據る。所謂社會法が適用ありや否やは該法規が公益の爲め財産權を制限する主意のものなりや否やに依て決定するの外はない（財産令第二十二條）。皇族の權利義務の法律關係が人民と相渉り互に本來據るべき法規を異にする場合には宮務法を以て此の法律關係を規律すべきものとする（典範第一増補第七條第二項）。又國務法たる法律命令中皇族に適用すべきものとしたる規定は、典範又は之に基き發する規則即ち宮務法に別段の條規なきときに限り皇族に適用す（典範第一増補第八條）。

三　一般皇族の權利能力及行爲能力　一般の皇族の權利能力は出生に始まる（民法第一條）こと人民と同じなれど、行爲能力に就いては稍之と異なる。

（イ）未成年者　民法に於ては凡て未成年者は制限能力者（無能力者とも云ふ）であるけれど、未成年皇族男子は結婚後は完全に行爲能力を有せしめらる。是れ夫たる地位に在る皇族を制限行爲能力者と爲すは穩當を缺くが故である。故に婚姻解消後は再び制限能力者となると解すべきかは問題であるが明文がない。未だ婚嫁せざる未成年皇族が財産に關する法律上の行爲を爲すには法定代理人の同意を要し、此の同意なき行爲は取消すことを得。但し民法の精神と同じく、法定代理人（親權者、典範第三十七條の保育官、後見人）に於て處分を認諾せる財産に關する行爲及單に權利を得又は義務を免るべき行爲に就いては法定代理人の同意を必要とせず（財産令第二十四條、第二十五條）。

(ロ)　禁治産者　一般皇族(1)精神の重患あるとき(2)蕩産の所行あるときは勅旨を以て、皇族會議に諮詢し禁治産を宣告す(典範第五十三條、財産令第二十七條、第三十一條)。原因及手續に於て民法と趣を異にす(民法第七條參照)。蕩産の所行に因る禁治産者の無能力の範圍は未成年者に同じきに反し(財産令第二十六條、典範第五十三條、後見令第一條、第七條)(法定代理人は管財者)、精神の重患に因る禁治産者の無能力の範圍は民法に於けると同じ(財産令第二十八條)。故に未成年者と禁治産とは競合することを得る。

(ハ)　準禁治産者　一般皇族が精神の耗弱なるとき又は身體の重患あるときは、勅旨に依り、皇族會議の諮詢を經準禁治産を宣告することがある。準禁治産者には勅選に依る保佐人を附し、民法と同様一定の法律上の行爲に就いては其の同意を要するものとし、同意なき行爲は之を取消し得るものとす(同令第二十九條、第三十一條、第三十三條)。未成年者及女子は保佐人たることを得ず、又保佐人の一方的解任は勅旨に由り、辭任は正當の事由あるを理由とし勅許を得なければならない(同令第三十四條乃至第三十六條)。

(ニ)　妃　皇室財産令には「治産能力」なる一節を設け、而も民法の妻に關する規定に當るものを掲げず、一方略民法と同様の條文を態ゝ成文に示すが故に一見皇族の妻卽ち妃は完全なる能力者の如くである。然し抑ゝ民法が妻の行爲能力を制限するのは夫權を保護せむとするに由るのであるから、男系主義を採る皇室制度に於て民法を準用する以上(同令第二十二條)妻に關する民法の規定(同法第十四條、第十六條乃至第十八條)が妃に準用せらるゝのは當然であると解すべきである。

民法第十九條、第二十條(追認の催告及其の效力。無能力者が故意に能力者たることを信ぜしめたる場合の效力)の規定は以上の制限無能力者に準用せらる(財産令第三十七條)。又禁治産又は準禁治産の原因止みたるときは勅旨を以て之を解除すべく、又是等の宣告及解除は宮内大臣之を公告するの義務を有す（同令第三十條、第三十二條）。皇族の婚姻及離婚も亦同様公告事項にして（親族令第二十八條、第三十一條）、皇族男子成年式を擧ぐれば之を公告する（成年式令第十三條）。皇族男子、成年に達したる當日成年式を行はれざる場合、皇族女子が成年に達せられたる場合に就いては公告に關する規定がない。之は財産制度上から見れば民法と同一軌としたものとは云へるが、立法論としては議論の餘地は存するであらう。

皇族は任官に依る場合の外報酬を受くる職に就くことを得ず、又商工業を營むことを得ず（身位令第四十四條、第四十五條）。又皇族には民法相續編の規定の適用なきも他人の遺産相續人となり又は受遺者となることは特に之を認めらる。被相續人、遺贈者が臣民なるときは民法の規定に依る（財産令第二十三條、第七十八條）。被相續人又は遺贈者が皇族なる場合に就いては後に之を説く。

四　特別皇族の權利能力及行爲能力　　太皇太后、皇太后、皇后、皇太子、皇太子妃、皇太孫、皇太孫妃、未だ婚嫁せざる未成年の皇子及皇太子・皇太孫の子にして未だ婚嫁せざる未成年者は其の身位高く、一般の皇族より異なりたる地位に在す。今便《カリ》に之を特別皇族と稱し奉る。

特別皇族の財産に關しては、皇室典範及財産令其の他の皇室令に別段の定なきときに限り民法第一編乃至第三編、商法及是等の附屬法令を準用す（財産令第二十一條）。故に私權の享有は御出生と共に始るのであるが（民法第一條）、是等の皇族の財産に關する法律上の行爲に付ては宮內大臣を以て其の當事者と看做す（同令第二十一條）を以て、行爲能力の問題は起らない（同令第三十八條）。又太皇太后、皇太后、皇后、皇太子、皇太子妃、皇太孫、皇太孫妃は受遺者、又は遺産相續人となることなく、皇太子、皇太孫は他日皇位に卽かせらるべき御身位に在らせらるゝを以て遺留財產を設定せらるゝことなし（同令第六十二條）。一般皇族にても制限又は禁止せらるゝ財產上の行爲は當然特別皇族にも妥當すべきは勿論である。

第六　皇族の遺留財產

一　總說　遺留財產とは或る皇族男子の子孫の內一人に永く傳ふる目的を以て相續者を限定せる財產を云ふ。現在の制度に於ては皇位繼承の順位を重じ、設定者より出でたる男系の皇族男子、皇位繼承の順序に依り之を相續することを定む（財產令第五十條）。

遺留財產制度を認むる理由に就いては一般に「各宮は家に非ず從て家に傳はる世襲財產を認め得ざるは勿論であるが、實情に就いて觀れば、皇族亦固より各〻彝倫の序あり、尊屬卑屬自ら一團を湊成し其の一團には必ず之に幹たる者ありて、之に係屬する者その扶擁を受くるが故に其の幹を鞏固にし以て一團をして皇族たるの尊榮と品位とを長く失墜せざらしむるの計を爲すは情理に於て當然である。之此の制度を認むる所以である」となす。卽ち之を簡明直截に云へば「皇室は天皇を家長とする家である。故に皇室は全體として一家であつて、其の下に家を認むることは出來ない。然し實際は幾團かの團體を成して居るのであるから、其の團體の根幹たる代々の方に傳はるべき財產を限定し、紊に處分せしめず、一團の尊位と品位とを保つの資となすべし。故に世襲財產と稱せず、遺留財產と稱するが、其の性質に於て之と近似するものと認むべきである」と云ふことになる。

然し自分の如く皇室は家の觀念と必ずしも一致せず、天皇が皇族を監督あらせらるゝは、戸主權に非ず、統治權の一體容であると解するならば、皇族が血緣に依りて一團を成すも極めて自然のことであり、其の根幹たる方を認むるも當然であり、又實際に於て宮號を有する親王、王が之に該當せらるゝのである。從て各宮に世々相傳する財產制度を認むること亦極めて妥當なこととなるのである。

此の見解を執るならば立法論としては、遺留財產の設定者を現行法が宮號を有する親王、王に限定せず、同一宮號に附屬せらるゝ親王、王も亦子孫の爲めに遺留財產を設定し得る如く規定せらるゝは、尙研究改善の餘地あるものと斷ぜざるを得ない。

實際問題として、現在に於ては遺留財產を設定せられた皇族はあらせられない。

二　**遺留財產の設定者**　皇族男子は、未だ婚嫁せざる未成年者、禁治產者、準禁治產者に非ざる限り、何人でも遺留財產を生前行爲又は死後行爲（遺言）を以て設定又は增加することを得る。女子は之を設定增加することは得ない（同令第三十九條乃至第四十一條）。

三　**設定增加の手續**　遺留財產を設定又は增加せむと欲する者は一定の事項を記載し、當該財產の目錄其の他の必要なる添附書類と共に宮內大臣に申述する。宮內大臣は財產目錄を審査し、支障なしと認めたるときは、勅裁を經て、其の旨を一週間公告し、其の後三十日內に故障の申立が同大臣に對し無い場合には宮內大臣は之を遺留財產と爲すことに付き勅許を受け、一定事項と共に此の旨を公告する。遺言を以て設定增加を爲す場合には、遺言の效力を生じたる後、相續人又は其の法定代理人が遲滯なく申述の手續を執らなければならない（同令第四十二條乃至第四十六條、同令施行規則第十八條、第十九條）。

遺留財産と爲すことを得べき財産は土地、建物、其の他の物件とし、物件の中には有價證券を包含する（同令第四十七條、第四十八條）。

四　遺留財産設定增加の效力　遺留財産は設定者より出でたる男系の皇族男子が皇位繼承の順序に依り永く相續すべき所であつて、此の相續は之を抛棄することを得ない。又遺留財産は之を處分し得ないのみならず、他人が之を絕對に執行行爲の目的と爲すことを許さない。又遺留財産は之の設定に際し其の旨之を公告し、故障の申立を許したものであるから、其の申立期間に故障を申立てない限り、設定後は第三者から故障を申立て權利を主張することは出來ない。但し登記ある權利、登錄國債に登錄ある權利は此の限でない（同令第四十九條乃至第五十一條、第五十六條、第五十七條）。又遺留財産は單に處分することを許されざるのみならず土地に關しては地上權、永小作權、地役權を設定するに就いても勅許を受くることを要するのである（同令第五十六條第二項）。

遺留財産中の土地の地目又は建物の種類若は構造を變更せむとするときは、其の所有者は書面に事由を具し宮內大臣を經て勅許を受くることを要す（同令施行規則第二十五條）。

遺留財産の相續ありたるときは宮內大臣は其の旨を公告し之を臺帳に附記する（同令第五十二條）。相續開始前の申述に係る遺留財産の設定又は增加に付き相續開始の後勅許ありたるときは其の設定又は增加は相續開始の時に遡りて其の效力を生ず。遺言に基く遺留財産の設定又は增加の勅許ありたるとき亦同樣である(同令第五十四條)。

遺留財産の果實、遺留財産の變更、修補又は改築に因りて生じたる材料は遺留財産に屬せず、普通の皇族財産として處分すること自由なり(同令第五十五條)。

五 遺留財産の確保　遺留財産に付ては臺帳を設け、一定の事項を登錄し、其の有價證券には遺留財産たる旨を記入し、登錄國債には同じく其の旨を登錄しなければならない。臺帳、登錄等に就いても夫々精細な規定がある(同令第四十七條、第四十八條、同令施行規則第二十條乃至第二十四條等)。

遺留財産は其の所有者たる皇族が之を管理するのであるが、其の安全を期する爲め、勅許を經て之を宮內大臣に委託し得るの途が開かれて居る(同令第五十三條)。

六 遺留財産廢止其の他の異動　遺留財産の所有者は勅許を經て其の全部又は一部を廢止することを得る。此の場合に於ては、設定の時と同樣の手續を執らなければならない。又未だ婚嫁せざる未成年者、禁治産者、準禁治産者は廢止を爲し得ざること、及廢止は遺言を以て爲し得ることも亦設定の場合と同じである。遺言に依る廢止の效力は、勅許申述中所有者の薨去せる場合の勅許の效力に就いても同樣である(同令第五十八條、第五十九條)。遺留財産の相續人なきときは遺留財産は廢止せられたるものと看做され、普通の遺産相續の目的物となる(同令第六十條)。

廢止の外の異動としては土地建物其の他の物件の全部又は一部の滅失、土地の收用、證券の償還、地目地番の變更、建物の種類構造の變更、實測に依る面積の相異の發見等がある。是等の異動中所有者の行爲に因るものは一々勅許を經ることを要するものとす。遺留財產の廢止は勿論是等の異動は總て宮內大臣之を公告し、臺帳には其の事由を附記して登錄しなければならない（同令第六十一條、同令施行規則第二十五條、第二十六條）。

第七　皇族財產の相續

一　總說　皇族には民法に所謂家なく戶主權なきが故に家督相續も生ぜない。然し皇族には各個人の財產の所有を認めらるゝが故に遺產相續は起るのである。但し太皇太后、皇太后、皇后、皇太子、皇太子妃、皇太孫、皇太孫妃には其の御身位皇位と離る可からざる關係に在らせられたる又は在らせらるゝ御方なるが故に、其の御財產も之を一般の遺產と同一視すべからざるものあり。仍ち皇室財產令（第七十九條）は是等の皇族の遺產は法律上當然に普通御料に歸屬するものとなす。天皇は其の御身位に鑑み他人の遺產を相續せらるゝと云ふが如き觀念を許さず、是等の皇族の遺產及相續人曠缺の場合に於ける皇族財產は何れも天皇が相續せらるゝにあらず、當然に財團たる御料に歸屬し、其の御料財產としては普通御料となるのである（同令第七十六條）。

二　遺產相續の開始及相續順位　遺產相續は皇族の薨去に因りて開始す（同令第六十三條）。失踪の宣告が薨去と同一の法律上の效果を生ずるは前に述べた如くである。皇室財產令は相續開始の場所に關しては何等の規定をして居らないが（同令第七十四條參照）、之は明文なくとも被相續人たる皇族の住所に於て開始するものなることは論なき所であるからであらう（民法第九百六十五條參照）。又遺產相續回復の請求權の消滅時效に關する規定（民法第九百六十六條）を存せざるは一般の消滅時效として取扱ふの主旨と解する（民法第九百六十六條〇財産令第二十二條）。相續財産に關する費用を其の財産中より支出し得るや否やに就いても明文を存せないが、之は元來皇族の御費用は皇族御自身にて支辨せらるゝ立前になつて居るのであるから、矢張り當該遺産より支出すべく、若し不足すれば遺産相續が實際上起らぬこととなり、不足分は御料の負擔となると解すべきであらう（民法第九百六十七條參照）。

遺産相續の順位は㈠直系卑屬㈡配偶者㈢直系尊屬㈣兄弟姉妹とし、直系卑屬又は直系尊屬の間に於ては親等の近き者を先にし、同親等者間に在りては同順位にて相續する（財産令第六十五條）。其の主旨に於て全く民法と同じ（民法第九百九十四條乃至第九百九十六）。故に皇族たることは要件でない。唯民法に揭ぐる相續人の外兄弟姉妹を加へたるは直系尊屬が相續人たることあれば、其の遺産は他日該直系尊屬の子卽ち被相續人の兄弟姉妹に移るべきであるからである。民法が戶主を相續人たるべき者の中に加へ、皇室財産令に之を揭げないのは皇族には法律上戶主を存せないが故である。又相續人の缺格條件を定めず、被相續人が相續人を廢除することを認めざるは、民法に揭ぐるが如き缺格廢除原因は皇族間には在り得べからざる事態なるが爲めである（民法第九百九十七條乃至千條參照）。胎兒は遺産相續に付ては既に生まれたるものと看做され、遺産相續者となる。但し死産となつた場合には遺産相續なかりしものとなる（財産令第七十四條、民法第九百六十八條）。

遺産相續を爲すべき直系卑屬が相續開始前に薨去又は死亡したる場合に於て、其の者に直系卑屬あるときは其の直系卑屬は薨去又は死亡したる者の順位に於て遺産相續を爲す（財産令第六十五條）。之民法同樣大寶の繼嗣令以來の孫男承祖の制に據つたものである（民法第九百九十五條）。彼に規定する直系尊屬の相續權の喪失は皇族遺産制度に於て之を認めざるが故に民法と法文を異にするのみ。

三　遺産相續の效力　　遺産相續人は相續開始の時より、一身に專屬せし權利義務の外、被相續人の財産に屬せし一切の權利義務を承繼するものであつて、相續人數人あるときは相續財産は其の共有に屬し、各共同相續人は其の相續分に應じて被相續人の權利義務を承繼する（財産令第七十四條、民法第千一條乃至第千三條）。

相續分とは相續人が承繼すべき相續財産の部分を云ふ。同順位の相續人數人ある場合に於て、被相續人は其の共同相續人の相續分を遺言を以て定むることを得（同令第七十一條）。遺言なきときは各自の相續分は相均しきものとし、唯直系卑屬數人あるときは庶子の相續分は嫡出子の相續分の二分の一とす。又遺産相續を爲すべき直系卑屬相續開始前に薨去又は死亡したる場合に於て之に代る遺産相續人は其の薨去又は死亡したる者の受くべかりしものと同じ相續分を有し、若し此の相續人數人ある場合は各自の分は相均しく、唯庶子は嫡出子の二分の一を受くるのみ（同令第六十九條、第七十條）。被相續人に於て共同相續人中の一人又は數人の相續分のみを定めたるときは、他の共同相續人の相續分は遺言に依り定まれる財産を除きたる殘餘に付き相均しき相續分を有するも、庶子あるときは嫡出子の二分の一に限らるゝものとす（同令第七十一條）。

皇室財産令に於ては遺留分の制度を認めて居らないが、之は遺留財産制を強制的のものとせざる限り、立法論としては議論のあり得べき事柄であると信ずる（民法第千百三十條以下參照）。　又遺言を以て相續分の決定を第三者に委託すること、共同相續人中特殊の者に付き相續分を減ずることは之を認めざる點も民法と異なる（民法第千六條乃至第千八條）。

四　遺産の分割　共同相續人は其の相續分に應じて相續財産を共有するものであるから（財産令第七十四條）、相續後の共有關係に就いては民法が適用され（同令第二十二條）、共有者は何時にても共有物の分割を請求することを得（民法第二百五十六條）、若し協議調はざるときは宮内大臣勅裁を經て分割を爲す（財産令第七十三條、同令施行規則第三十一條）。被相續人が遺言を以て分割の方法を定めたるときは之に依る（同令第七十二條）。又被相續人は遺言を以て相續開始の時より五年を超えざる期間内分割を禁ずることを得る（同令同條、民法第千十一條）。

遺産の分割は相續開始の時に遡りて其の效力を有する（同令同條、民法第千十二條）。又被相續人が遺言を以て別段の意思を表示したる場合の外、各共同相續人は㈠其の相續開始前より存する事由に付き他の共同相續人に對し賣主と同じく其の相續分に應じて擔保の責に任じ㈡又其の相續分に應じ他の共同相續人が分割に因りて受けたる債權に付き分割當時に於ける債務者の資力を擔保し、辨濟期に在らざる債權及停止條件附債權に付て辨濟を爲すべき時に於ける債務者の資力を擔保し㈢擔保の責に任ずる共同相續人中償還を爲す資力なき者あるときは其の償還すること能はざる部分は求償者及他の資力ある者各其の相續分に應じて之を分擔す。但し求償者に過失あるときは他の共同相續人に對して分擔を請求することを得ず（同令同條、民法第千十三條乃至第千十六條）。

五　遺産相續の承認及拋棄　遺産相續人は相續の拋棄を爲すことを得るが、此の場合には自己の爲に相續の開始ありたることを知りたる時より三月以内に其の旨を宮内大臣に申述することを要する。此の申述なきときは相續の承認を爲したるものと看做さる（同令第六十六條）。而して民法には單純承認と限定承認との區別があるが、皇族遺産の相續には限定承認の制は認められて居らぬ。從て相續人が相續するに就いて相續財産を調査する權利も與へられて居らぬ(民法第千十七條參照)。拋棄を爲し得る期間の計算法に就いては、相續人が拋棄せずして期間中に薨去又は死亡したるときは其の者の相續人が自己の爲めに相續の開始ありたることを知りたる時より之を起算すべく、相續人が無能力者なるときは其の法定代理人が無能力者の爲めに相續の開始ありたることを知りたる時より之を起算す(財産令第七十四條、民法第千十八條、第千十九條)。又一旦相續を拋棄したるときは前述の期間中と雖も之を取消すことを得ず。但し無能力者が拋棄を爲したる場合には法定代理人は之を取消し得るが、此の場合に於ても法定代理人が無能力者の爲したる拋棄の追認を爲すことを得る時期より六月間又は拋棄の時より十年間を經過すれば其の取消權は消滅時效に依りて消滅する(同令第七十四條、民法第千二十二條)。

遺産相續人は相續の承認を積極的に申述する義務はないが、自ら進んで承認を爲すことは差支ない。遺産相續人は承認前又は拋棄期間の滿了前には相續財産を處分することを得ない。若し共同相續の場合であるならば、總ての共同相續人に付き承認なり、拋棄なりがあり又或は期間滿了してしまふなりしなければ相續財産を處分し得ない。此の確定迄は遺産相續は遺言執行者ある場合の外、宮內大臣が、財産目錄を調製して之を管理する。管理に要する費用は宮內省(卽ち御料財團)が之を支辨する(同令第六十七條、第六十八條、同令施行規則第三十二條、第三十四條)。

相續の拋棄は其の開始の時に遡りて效力を生じ、數人の相續人ある場合に於て其の一人が拋棄を爲したるときは、其の相續分は他の相續人の相續分に應じて之に歸屬する(同令第七十四條、民法第千三十九條)。

相續拋棄の申述ありたるときは宮內大臣は其の拋棄に因りて遺産相續人となりたる者に其の旨を通知することを

要する（同令施行規則第三十條）。

遺産相續分離の制度は皇族遺産の相續に就いては認められて居らぬ（民法第千四十一條以下參照）。

六　遺産相續人の曠缺　皇族遺産の相續人の分明ならざることは殆んどあり得ないから、此の點に就いては民法の如き規定を存せない（民法第千五十一條乃至第千五十六條參照）。

遺産相續人なきときは宮内大臣遺産の清算を爲すべく、同大臣は遲滯なく一切の相續債權者及受遺者に對し二箇月内に其の請求の申出を爲すべき旨公告し、此の期間の滿了を待ちて、相續債權者及受遺者に辨濟を爲す。此の場合の辨濟は先づ債權者を先にす。單に申出ありたる者のみならず、申出を待たずして知れたる債權者にも、又辨濟期に至らざる債權の權利者にも辨濟することを要す。條件附債權又は存續期間の不確定なる債權に就いては宮内大臣評價人を命じて評價せしめて辨濟する。遺産が全債務を辨濟するに足らざるときは、各其の債權額の割合に應じて辨濟を爲すが、優先權を有する債權者の權利を害することを得ない。債權者に辨濟を爲して殘餘あるときは遺贈の受遺者に辨濟を爲し、更に仍殘餘財産あるときは其の財産は御料財團に歸屬し、普通御料となる。一旦御料財團に歸屬したる以上は辨濟を受けざりし權利者あるも、其の權利は消滅する（同令第七十四條乃至第七十七條〇同令施行規則第三十三條、第三十四條　民法第千三十一條乃至第千三十三條參照）。公告の費用は御料財團の負擔とす。

是等遺産に關する法律上の行爲に付ては宮内大臣を以て當事者と看做し、宮内大臣は所部の官吏をして代理せしむることを得る（同令第七十五條第一項）。

七　臣民の遺產に對する皇族の相續　前項に述べた所は、皇族の遺產を皇族又は臣民が相續する場合の事柄であるが、皇族が臣籍に在る者の遺產相續人となるのは民法の規定に依るべく、此の場合の法律關係は總て民法第五編第二章乃至第四章及第七章（第二章遺產相續、第三章相續の承認及拋棄、第四章財產の分離、第七章遺留分）の規定する所に依て律せらるゝ（財產令第七十八條）。太皇太后、皇太后、皇后、皇太子、皇太子妃、皇太孫、皇太孫妃は斯る遺產相續をせらるゝことなし（同令第七十九條）。

第八　遺　言

一　總說　或る者が己の死亡に依りて效力を生ぜしめむとする法律上の一方的意思表示を遺言と云ふ。故に私生子の認知、後見人の指定の如きも遺言たることを得るのであるから、遺言の內容は必ずしも財產に關する事柄ばかりでなく、又固より相續に關する事柄のみではない。然し遺言は死亡に依りて效力を生じ、家督相續、遺產相續とも密接な關係を有し、包括遺贈の如きは遺產相續と略同樣な法律的效果を有するものであるから、我が民法は之を相續篇中に規定して居る。皇室制度に於ては家督相續を存せず、從て相續法なる單行法を有せないから、純理に據りて單獨に皇族遺言令（大正十五年皇室令第十號）が制定せられた。本講話に於ては遺言の許さるゝ重なる事項は皇族財產に關するから、便宜上財產制度中に一項を設けて說明せむとするのである。

二　遺言者、遺言能力及遺言の範圍　皇室典範（第二十七條）は先帝が未成年天皇の太傅に就き遺命することあるべきを規定して居るから、太傅の勅選を實質上の遺言に依りて爲し給ふことあるべきは明かであるが、此の以外の事項に就き遺命を下し遺言を爲し給ふ場合、果して法律上の效果あるべきや否やに關しては論議の餘地がある。抑〻遺言の制度が一般に法制上認めらるゝのは人の私生活上の事項殊に私有財産上の事柄に關する死後の處分を明かにせしめ以て子孫近親の安寧を期せしむる爲めである。然るに天皇に就いては、先帝崩御あらせらるれば皇嗣即ち踐祚し給ふが故に皇位、皇親の安寧を策するの餘地なく、法制全く備はつて居る譯であり、又天位に繫る財産上の事項は御料財團に關する事柄であり、新帝即ち之を統治し給ひ、法律上の當事者としては宮內大臣之に當るのである。されば太傅の勅選以外天皇の遺命又は遺言の制なきこと卽ち皇室の制なりと解せざるを得ぬであらう。皇族遺言令ありて皇室遺言令なく、皇族遺言令は又皇族中にても三后其の他特別の皇族の遺言に適用なきことを規定せらるゝことも、這般の主旨を窺はしむるものありと云はざるを得ない。

未成年天皇が太傅の遺命を遺し給ひ得るや否や、換言すれば未成年天皇の遺命の效果如何、又久しきに亙る故障の爲め攝政を置かるゝ場合に於ける遺命の效果如何に就いては何等法規を存せない。之蓋し殆んど豫想し得ざる事態に屬するが故である。

皇族遺言令第十九條は「本令の規定は太皇太后、皇太后、皇后、皇太子、皇太子妃、皇太孫、皇太孫妃の遺言に之を適用せす」と規定して居る。此の條文に依れば一應是等の特別なる皇族も遺言を爲し給ひ得るが如く解せらるるけれども、他の法令を見ると、皇太子、皇太孫のみが、後見人を選定し得るのみで、外に遺言を爲し得べき規定がない。そこで此の規定は(一)「遺言令は是等の皇族に適用なし」と云ふ意味に解するか(二)是等の皇族は法令に違反せざる限り有效に遺言を爲し得ると解するか（三）總ての皇族は法律上の效果如何を問はず兎に角遺言を爲し得る、但し此の場合には其の方式其の他は遺言令に依らなければならないが、特別皇族は其の點でも遺言令の外であるとの意と見るべし、と云ふ種々な議論が立ち得るが、此の條文を生かして解釋するが爲めには第三の說を執るより外にないであらう。

一般の皇族の遺言は、（一）後見人の選定（典範第三十七條、後見令第二條、第三條）（二）相續分の指定（財産令第七十一條）（三）相續財産分割方法の指定（同令第七十二條）（四）遺産分割の制限（同令第七十四條、民法第千十一條）（五）共同相續人の擔保責任の指定（同令同條、民法第千十六條）（六）遺贈（同令同條、民法第千六十四條）のみが法律上效果あるものとして認められて居る。蓋し遺言の效力を如何なる事項に就いても認むると云ふことは條理に合はないから民法も特に規定する場合のみを有效となして居るのであつて、皇室制度に就いても之を同樣に解すべきである。

民法には以上列記したものの外、猶種々な事項を許して居るが（私生子の認知、養子縁組、後見監督人の指定、親族會員の選定、推定家督相續人の指定及其の取消、推定遺産相續人の廢除及其の取消、相續分の指定の委託、遺産分割方法指定の委託、遺言執行者の指定及其の委託、遺贈減殺の制限、寄附行爲、信託等）、皇族に就いては認められて居らない。唯寄附行爲、信託を認めるかどうかは議論があるであらうが、前者は公益法人の役員になるに就き特別な規定を以て特に認められて居る（身位令第四十七條）點から見て之を消極に解すべく（故に此の場合の遺言執行者に關する規定はない）、後者に就いては之を民法附屬の法令と解すれば積極に解すべきであらう（財産令第三條）。

皇族の爲す遺贈に關しては皇室財産令に規定せず、皇族遺言令に規定して居るが、單純承認、遺留分に關係ある——從て當然皇族財産の處分として適用なき——條文の外はすべて、他の皇室令に別段の規定なき限り、民法の條文を準用されて居るから、玆には其の説明を省くこととする（遺言令第十八條、民法第千六十四條、第千八十八條乃至千百四條）。

遺言に法律上の效力を認めるのは薨去されたる皇族御生前の意思を尊重するに由るのであるから、遺言當時に於て所謂意思能力がなければ假令形の上で遺言ありと雖も、其の遺言は無效である（同令第十八條、民法第千六十三條）。未成年者に就いては果して意思能力ありや否やの決定がむづかしいから、法は劃一的に滿十五年に達したる皇族は遺言を爲すことを得と規定し、十五年未滿の者の遺言は之を無效となした（同令同條、民法第千六十一條）。準禁治產者たる皇族及妃は制限能力者ではあるが、意思能力ある限り遺言を有效に爲し得る。是等の方の遺言は生前行爲と異なつて、法定代理人、保佐人の同意又は夫の許可を必要とせず、又法定代理人は未成年皇族に代りて遺言を爲すことを得ない（同令同條、民法第千六十二條）。民法は禁治產者も本心に復して居る間は遺言を爲すことを認めて居るが、皇族遺言令は之を禁じて居る（同令第七條）。

三　遺言の方式　　皇族の遺言も、庶民の遺言と同じく要式行爲である。

（イ）普通方式　としては遺言者が全文及年月日を自書し署名の後封緘して置かなければならない。公正證書、祕密證書の方法は皇族に就いては認められて居らない（同令第一條）。

（ロ）特別方式

(1) 一般故障の爲め自書に依ることを得ないときは親族及宮內高等官の中三人以上の立會を以て其の一人に遺言の趣旨を口授して之を爲すことを得（同令第二條）。

(2) 從軍中又は軍艦其の他海軍所屬の船舶に搭乘中自書に依り遺言を爲すこと能はざるときは將校同相當官及隨

從官の中二人以上の立會を以て同樣口授作製せしむることを得(同令第三條)。

(3)　旅行中自書に依り難きときは隨從官二人以上の立會を以て同樣口授作製せしむることを得(同令第四條)。

是等特別方式に依る遺言書は立會者の閲讀を經たる後、事由を附記して各立會者署名し、立會者の一人之を封緘し、其の封皮に年月日を記入して署名することを要し、又其の後遺言者自書に依り遺言を爲すことを得るに至りたる後六月以上生存する場合には其の效力を失ふ(同令第五條、第六條)。

總て遺言書は何人にても保管せしむること遺言者の自由ではあるけれども、遺言令は之が保管を委託することを得る旨を特に規定して居る(同令第十條)。特に規定を設けたるは宮內大臣が官制上當然官の名に於て保管委託を受け得るや否やの疑問を生ぜざらしめむとする爲めであらうが、一面之に依て一般に當該皇族の事務に從事する別當、宮內事務官等以外には官の名に於て(例へば陸海軍大臣內大臣等)此の委託を受くることを得ざるの法意を示すものである。

二人以上の皇族が同一證書を以て遺言すること即ち共同遺言は、民法同樣禁止せられて居る(同令第十八條、民法第千七十五條)。

四　遺言者の遺言取消　遺言は遺言者の薨去迄は何人にも權利を與へるものではないから何時でも其の一部又は全部を取消し――民法總則に謂ふ所の取消と區別すれば撤回と云ふ方が當る――得ることは當然であつて、遺言令には民法(第千百二十四條)の如く明文を置かないけれど主旨に於ては同樣である。さればこそ、「前の遺言と後の遺言と牴觸するときは其の牴觸する部分に付ては後の遺言を以て前の遺言を取消したるものと看做す」、此の「規定は遺言と遺言後の生前處分其の他の法律行爲と牴觸する場合に之を準用す」、「遺言者か故意に遺言書を毀滅したるときは其の毀滅したる部分に付ては遺言を取消したるものと看做す。遺言者か故意に遺贈の目的物を毀滅したるとき亦同し」、「取消されたる遺言は其の取消の行爲が取消され又は效力を生せさるに至りたるときと雖其の效力を回復せす、但し其の行爲か詐欺又は强迫に因る場合は此の限に在らす」、「遺言者は其の遺言の取消權を拋棄することを得す」、と云ふ民法の條文（第千百二十五條乃至第千百二十八條）は總て他の皇室令に別段の定なき限り皇族の遺言に關し之を準用されて居る（遺言令第十八條）。唯皇族が遺言を以て前の遺言を取消す場合には皇族遺言令の定めた遺言方式に依ることを要する。此の場合と雖も其の方式が同令所定の方式（第一條乃至第五條參照）の一に據れば十分であつて、必ずしも前の遺言の方式と同一方式なるを要せないものと解すべきである。遺言後禁治產の宣告を受けたる者は假令事實上意思能力を回復した場合と雖も前の遺言を取消すことを得ない。前遺言を取消す遺言も一般の遺言同樣其の保管を宮內大臣に委託することが出來る（同令第十六條）。

斯の如く皇族の遺言の取消に關しては殆んど全く民法に於けると同樣であるから詳しい說明は略することとする。

五　遺言の執行　遺言書は遺言者が之を自身保管しても、又或る特定の人に之を委託しても差支ない。遺言令は特に安全を期せむとする皇族の爲めに宮內大臣に保管を委託することを得るの途を開いて居る。宮內大臣とは個人に非ず、皇室の機關たる宮內大臣を指す。特に條文を設けたるは官制に依る當然の權限とは解し難いからである。皇族附の別當、事務官に機關としての地位に於て保管を受くる權能ありや否やに就いては、議論もあらうけれど、之は明文なくとも當然權限ありと解すべきであらう（同令第十條）。

宮內大臣以外の遺言書保管者は當該皇族の薨去後遲滯なく、又當該皇族薨去の後遺言書を發見したる者（遺言者親ら保管の場合多し）は發見後遲滯なく、之を宮內大臣に提出する義務あり。宮內大臣此の提出を受けたるときは、宮內高等官三人以上の立會を以て之を開封す。宮內大臣委託に依り之を保管する場合亦同じ。宮內大臣以外の者の開封を許さぬのは僞造、變造を防ぎ、祕密を保つが爲めである。立會人を設くるも確實と公明を期する所以に外ならない（同令第十條、第十一條）。

遺言書に遺贈のことがあれば、宮內大臣は宮內高等官の中より遺言執行者を命じ、之を命ぜられたる者は就職後遲滯なく執行に着手せなければならない（同令第十三條、第十四條〇後段參照）。

六　遺言の效力　遺言は遺言者たる皇族薨去の時其の效力を生ずる（同令第八條第一項）を原則とするが、遺言に停止條件を附した場合に於ては其の效力は條件が薨去後成就する迄は發生せず、之が成就すれば其の效力は始るものとす（同令同條第二項）。停止條件が薨去前に成就した場合には、薨去者は薨去後の成就を條件として遺言したものであるから之を遺言無かりしものと見るべきや、條件成就と共に無條件の遺言となるが故に薨去と共に效力を生ずと解すべきや（民法第百二十七條第一項參照）稍〻疑を存せないではないが、通說は條文（民法第千八十七條第二項、同令第八條第二項）の書き方と前揭民法第百二十七條とから推して無條件遺言と見るものの樣である（穗積博士前揭書一七四頁）。薨去後停止條件成就したるときは其の效力を薨去の日迄遡らしむる旨が遺言されてあれば、其の遺言通り效力は遡及する（財產令第二十二條、民法第百二十七條）。遺言に解除條件を附し得る場合は皇族の遺言に就いては存せないであらうと思ふ。

遺言に始期が附せられて居る場合には遺言の效力は薨去の時に生じ履行の請求は期限の到來まで停止せらるゝも

のと解せらる（民法第百三十五條第一項參照）。　遺言に終期を附する場合は遺産分割禁止の時の如きに起る譯で、當然有效である。

七　遺言の無效及取消　　遺言が撤回されて遺言なかりしと同樣になることあるべきは既に述べた。又遺言に依る受益者の遺言者薨去前の薨去又は死亡、遺言の目的物の滅失等に依り、遺言が行はれ難くなる場合もある。之は或る意味から云へば遺言の自然的無效である。

斯樣な意味でなく、民法總則に所謂無效取消——法の力に依る無效、取消も亦存する。(一)遺言は要式行爲であるが故に方式を缺いたものは無效である。此の點は民法（第千七十一條）の如く明かに之を推知せしむる條文はないけれども强行法當然の法理として云ひ得る所である。(二)要素に錯誤ある遺言、(三)遺言無能力者の遺言は無效であり、(四)詐欺又は强迫による遺言は遺言者の遺産相續人が之を取消し得ることは民法の適用上當然である（財産令第二十二條、第九十六條第一項、遺言令第十八條、第百二十條第一項、民法第九十五條、第千六十三條）。　又(五)直系血族、配偶者又は兄弟姉妹に非ざる者が後見人である場合、被後見人が後見の計算終了前に、後見人又は其の配偶者若は直系卑屬の利益と爲るべき遺言を爲したるときは、其の遺言は無效とす（遺言令第十八條、民法第千六十六條）。(六)負擔附遺贈を受けたる者が其の負擔したる義務を履行せざるときは遺産相續人は相當の期間を定めて其の履行を催告し若し其の期間内に履行なきときは遺言の取消を裁判所（裁判所の意味に就ては後に說く）に請求することを得（同令第十八條、民法第千百二十九條）。

八　遺言に關する疑義の決定　　「遺言に關し疑義あるときは皇族會議及樞密顧問に諮詢したる後之を勅裁す」（同令第十七條）。即ち遺言の解釋、效力等に就き疑義ある場合に一般臣民間に於けるが如く訴訟を爲し裁判所の裁斷を以て決せしむるが如きは皇族の尊嚴に關する所なるが故に之を採らず、皇族會議及樞密顧問の會議をして愼重審議せしめたる上聖斷を以て決するのである。但し前に述べたるが如く、負擔附贈與の遺言に就いては特例として裁判所へ取消の訴を爲すことが認められて居る。之蓋し疑義に亙る事項を決する譯ではないが爲めであらう。

九　遺贈　遺贈は遺言に依る財産の處分の一種である。法規は之を文に著して「遺言者は包括又は特定の名義を以て其の財産の全部又は一部を處分することを得」と云うて居る（同令第十八條、民法第千六十四條）。單に此の條文だけで見ると、遺贈の目的物は遺言者に屬して居た財産だけのやうに見えるが、他の條文に照らすと、「遺贈は其の目的たる權利か遺言者の死亡の時に於て相續財産に屬せさるときは其の效力を生せす」（同令同條、民法第千九十八條本文）と雖も「其の權利か相續財産に屬せさることあるに拘らす之を以て遺贈の目的と爲したるものと認むへきときは此の限に在らす」（民法同條但書）。此の場合に於ては「遺贈義務者は其の權利を取得して之を受遺者に移轉する義務を負ひ、若し之を取得すること能はさるか又は之を取得するに付き過分の費用を要するときは其の價額を以て辨償する。但し遺言者か其の遺言に別段の意思を表示したるときは其の意思に從ふ」（同令同條、民法第千九十九條）。

受遺者と云ふのは遺言中に指定された遺贈の受益者である。自然人たると法人たるとを問はないが、遺言者の死亡の時生存又は存續して居ることを要する（同令同條、民法第千九十六條）。但し胎兒に就いては特例が認められ「遺贈は胎兒の爲にするものも亦其の效力を有す但し天胎の場合は此の限に在らす」と云ふ條文（同令第九條）が置かれてある。

遺贈義務者と云ふのは、遺贈の主旨に從ひて特定の給付を爲す義務を有する者を云ふ。例へば遺産中の一定の金錢を受遺者に給付するが如し。皇族遺言制度の下に於ては、民法に於けると異り、遺贈義務者は當然に遺言執行者である（後段參照）。

包括の名義を以てする遺贈即ち所謂包括遺贈とは、財産の全部、財産の二分の一、不動産の三分の一、動産中全債權と云ふが如く、財産の抽象的な全部又は一部を遺言を以て處分するを云ひ、特定の名義を以てする遺贈、即ち所謂特定遺贈と云ふのは、之に反し、個々の財産上の利益を具體的に特定して遺言に依り處分するを云ふ。

皇族の遺贈に就いては執行に關し二三特別の規定を設くるの外は、總て民法を準用して居るから、詳しい研究は民法の著述に讓り、以下簡單に其の粗筋を書き記すに止めやうと思ふ（同令第十八條）。

遺贈ある場合には宮內大臣は宮內高等官中から遺言執行者を任命するを要し、遺言執行者は就職の後遲滯なく遺贈ある旨を受遺者に通知し、一方遺贈の目的物たる財産の目録を調製して之を受遺者に交付しなければならない（同令第十三條、第十四條、第十八條、民法第千百十三條第一項、第千百十六條）。遺言執行者は相續財産の管理其の他、遺贈の執行に必要なる一切の行爲を爲す權利義務を有するものであつて、之を法律的に云へば、遺産相續人の法定代理人である（同令第十八條、民法第千百十四條）。皇族遺言令が民法の如く廣く遺言執行者を認めず、又其の取扱を委任代理人に近いものと爲ないのは遺言者が皇族なる尊貴の方なるを顧慮し、遺贈以外の遺言中の執行に就いては必ずしも之を置く必要を認めず、唯財産の處分たる遺贈に就き執行の確實なるべきを一層確保し、從て其の人選も公平適正を得むが爲め宮內大臣の權限と爲したのである。

包括遺贈、特定遺贈とも遺言執行者からの通知を受けたる時より三箇月內に限り拋棄することが出來る。此の期間內に遺言執行者に對し申述を爲さゞるときは遺贈の承認を爲したるものと看做さるゝ。期間の計算に就いては遺產相續の場合と同じく民法第千十八條及第千十九條が準用せらるゝ（同令第十五條）。遺贈の抛棄は遺言者の薨去の時に遡りて其の效力を生ずる。又遺贈の承認及抛棄は之を取消すことを得ない。但し民法總則編及親族編の規定に依る取消は別であること、其の取消には短期の消滅時效が存することは遺產相續の場合と同樣である（同令第十八條、民法第千八十八條第二項、第千九十一條）。受遺者が遺贈の承認又は抛棄を爲さずして薨去又は死亡したるときは其の相續人は自己の相續權の範圍內に於て承認又は抛棄を爲すことを得る。但し遺言者が其の遺言に別段の意思を表示したるときは其の意思に從ふ（同令第十八條民法第千九十條）。

遺贈の效力の發生の時期は一般の遺言の場合と同樣であるが（同令第八條）、胎兒の爲にしたる遺贈ありたる場合に於て、其の胎兒が夭胎たるに至りたるときは遡りて遺言なかりしものとなる（同令第九條）。

遺贈は(一)遺言者の薨去前に受遺者が薨去又は死亡したるとき、(二)停止條件附遺贈の受遺者が其の條件の成就前に薨去又は死亡したるとき、(三)遺贈の目的たる權利が遺言者の薨去の時に於て相續財產に屬せざるときは其の效力を生ぜざるを原則とす。但し(二)の場合に於て遺言者が別段の遺言を爲し居るとき、(三)の場合に於て遺言者が當該權利を遺贈の目的と爲したるものと認むべきときは此の限でない（同令第十八條、民法第千九十六條、第千九十八條）。

包括受遺者は遺產相續人と同一の權利義務を有す（同令第十八條、民法第千九十二條）。之が包括遺贈の根本的效力である。故に包括受遺者は遺贈者の一身に專屬するものを除くの外、其の財產に屬する一切の權利義務を承繼する（財產令第七十四條、民法第千一條）。但し民法の場合に於けると異なり、遺贈に就いては必ず遺言執行者が任命せられ相續財産の管理其の他遺言に必要なる一切の行爲を爲す權利義務を與へらる（遺言令第十八條、民法第千百十四條第一項、財産令第六十八條參照）、然し遺言執行者は受遺者の法定代理人と看做さるゝが故に（遺言令第十八條、民法第千百十七條）、包括財産は法律上直に受遺者に移るものであつて、遺贈者の代理人として引渡行爲其の他を要するものではないのであるから、受遺者に對する遺贈義務は有せず、唯代理人と本人との關係に立ちて權利義務を有するに過ぎないと解すべきであらう。唯受遺者は執行事務の完了迄は、常に遺言の執行を妨ぐべき行爲を爲し得ず、從て相續財産を處分するが如きは爲し得ざる所である（同令第十八條、民法第千百十五條）。又遺産相續人と包括受遺者とが併存し、或は包括受遺者が數人存するときは、包括受遺者は受遺分に應じて共同相續人としての權利義務を有する（財産令第七十四條、民法第千二條、第千三條）。但し民法とは異なり、單純承認か拋棄か二途の一を認められるのみである（本講遺産相續の條參照）。包括受遺者は遺産相續人と同樣に取扱はれるから特定遺贈の場合と異なり、一部を承認し、一部を拋棄すると云ふが如きことは許されず、又遺贈の效力を生ぜぬときは、遺言に別段の意思表示なき限り、受遺者が受くべかりしものは遺産相續人に歸屬すること特定遺贈の場合と同樣であるが、拋棄に依り遺贈の效果が失はれた場合には相續人及他の包括受遺者の相續分又は受遺分に應じて之に歸屬する（財産令第七十四條、民法第千三十九條）。

特定遺贈は遺言者の死後處分に依りて他人に具體的な利益を與ふるものであるから當然に其の權利を承繼するものでは無く、遺言者が物權的效果を生ぜしむるの意思が明白な場合にのみ權利の當然の移轉が法律上結果するのである。そうでない場合、殊に不特定物、特定物、特定債權を目的物にする遺贈には必ず遺贈義務を伴ふ。即ち特定遺贈に於ては原則として債權的效果を發生し、遺贈義務を伴ふ。此の點が包括的遺贈と著しく異なる點である。今一つの點は特定遺贈は特定の利益を供與するものであるから義務の包含することは存せないのである。包括、特定二種の遺贈は斯の如く性質を異にするから效力に於ても相違があるが、然し皇族遺言の場合には民法に於ける如く、何時にても無方式に拋棄を認めて居らないから（遺言令第十五條、民法第千八十八條第一項）兩者の相違も臣民間に於けるが如く著しくはない。今兩者の差異を擧げれば次の如くである。

(一)　包括遺贈と異なり受遺者は遺贈の一部拋棄を爲し得る。

(二)　特定遺贈が拋棄に依りて效力が無くなつた場合には、遺贈者の遺言に別段の意思表示なき限り、受遺者が受くべかりしものは遺言者の遺產相續人に歸屬し、包括遺贈の場合に於けるが如く他の包括受遺者が其の遺贈分に應じて分前に與へると云ふことはない（同令第十八條、民法第千九十七條）。

(三)　包括遺贈に於ては遺言者の薨去と共に權利義務は受遺者に承繼されるから遺贈自體の履行請求の問題は起らないが、特定遺贈の場合に於ては明示又は默示の承認又は法定の承認（同令第十五條第二項）の時より履行の請求を爲し得ることとなる。遺贈の目的物たる物又は權利が果實を生ずるものなるときは、此の請求を爲し得る時から果實は受遺者の取得となる。但し遺言者が其の遺言に別段の意思を表示したるときは其の意思に從ふ（同令第十八條、民法第千九十四條）。

(四)　遺贈義務者が遺言者の死亡後遺贈の目的物に付き費用を出したるときは、受遺者は其の費用を償還する義務を負ふ（同令同條、民法第千九十五條）。包括遺贈の場合には遺贈義務者は存せない。

(五)　包括遺贈の場合には遺産相續人と同じく、遺言者に屬する權利義務を承繼するのであるから、相續財産に屬せざる物又は權利の處分の問題は起らない。特定遺贈の內容が斯の如きものであるならば、其の遺言は原則として效力を生ぜないが、遺言者の意思が相續財産に屬せぬ物又は權利を遺贈の目的物と爲したことが明確なときは特に之を有效とし、遺贈義務者に其の權利を取得して受遺者に移轉する義務を負はしめて居る。若し遺贈義務者が之を取得すること能はざるか又は之を取得するに付き過分の費用を要するときは其の物又は權利の價額を辨償すれば足る。但し遺言者が遺言に別段の意思を表示したるときは其の意思に從ふ（同令第十八條、民法第千九十八條但書、第千九十九條）。

(六)　包括遺贈は權利と共に義務をも承繼するから、況して遺贈の目的物の上に第三者の權利が存在しても、之を如何とも爲し難い。負擔附の權利は義務を伴ふものではあるが、權利そのものの內容は利益であるから、受遺者は原則として遺贈義務者に對し當該遺贈の物又は權利の上に存する第三者の權利を消滅せしむべき旨を請求し得ないけれど、遺言者が其の遺言に反對の意思を表示したるときは、之を請求することを得る（同令第十八條、民法第千百二條）。

(七)　包括遺贈の場合には權利は直接に遺言者から受遺者に移るのであるから追奪擔保の問題は起らない。之に反し、特定遺贈の目的物が、不特定物なる場合には遺贈義務者は追奪に對し賣主と同じく擔保の責に任ずる。又此の場合に於て遺贈義務者は瑕疵擔保の責にも任じ、引渡した物に瑕疵があつた場合には瑕疵なき物に代へる義務を負ふ（同令同條、民法第千百條）。

以上の外、民法は特定遺贈が個々具體的の物又は權利の處分たる性質上、個々の場合に於て爭を生ずべき事項を豫想し、其の法律關係に就き推定條文を置き、以て紛爭の少からむことを期して居るが、皇族遺言令また之を準用して居るのである(同令第十八條)。卽ち左の如し。

(八)　遺言者が遺贈の目的物の滅失若は變造又は其の占有の喪失に因り第三者に對して償金を請求する權利を有するときは其の權利を以て遺贈の目的と爲したるものと推定す(民法第千百一條第一項)。

(九)　遺贈の目的物が他の物と附合又は混和したる場合に於て遺言者が民法第二百四十三條乃至第二百四十五條の規定に依り合成物又は混和物の單獨所有者又は共有者と爲りたるときは其の全部の所有權又は共有權を以て遺贈の目的と爲したるものと推定す(同條第二項)。

(十)　債權を以て遺贈の目的と爲したる場合に於て遺言者が辨濟を受け且其の受取りたる物が尙相續財產中に存するときは其の物を以て遺贈の目的と爲したるものと推定す(同第千百三條第一項)。

(十一)　金錢を目的とする債權に付ては相續財產中に其の債權額に相當する金錢なきときと雖も其の金額を以て遺贈の目的と爲したるものと推定す(同條第二項)。

包括遺贈、特定遺贈何れの場合でも遺言者は之が附款として、受遺者が遺產相續人、特定の第三者又は社會公衆に對し一定の給付を爲す債務を負擔すべきことを命ずる場合がある。斯の如き遺贈を負擔附遺贈と稱し、民法は之が效力に關し「負擔附遺贈を受けたる者は遺贈の目的の價額を超えさる限度に於てのみ其の負擔したる義務を履行する責に任す」(第千百四條第一項)と規定し、更に受遺者が斯の如き遺贈を抛棄したる場合に就き「負擔の利益を受くへき者自ら受遺者と爲ることを得但し遺言者か其の遺言に別段の意思を表示したるときは其の意思に從ふ」べき旨を規定す（同條第二項）。是等の規定はまた皇族の遺贈にも準用せらる（遺言令第十八條）。負擔附遺贈の受遺者の義務履行に對しては、遺產相續人及第二の受遺者たる受益者が受遺者に對し履行の請求權を有することは當然であるが、民法は此の外相續人が相當の期間を定めて其の履行を催告し、若し其の期間內に履行なきときは遺言自體の取消を裁判所に請求することを得るの途を開いて居る（民法第千百二十九條、遺言令第十八條）。

第十講　皇室の經濟制度

第一　總說

皇室の經濟制度とは皇室諸般の御費用を經理する制度を云ふ。御費用の經理なるが故に、結局御料財團に屬する財產の運用、收支に關することとなる。最高の決定意思は天皇の統治權に依り、統治權の許與せらるゝ範圍內に於て宮內大臣其の他の機關の活動がある。之を皇室經濟の組織とす。

御經費の收入支出は要するに御料財團の財源、御料財產の拂出と云ふことに歸着し、之をして規律あらしむる爲めに豫算決算其の他の會計の組織がある。

皇室經濟に就いては本邦に於ても古來一定の組織があつた。神代の御田の制度、上古の屯田、屯倉の制度、大化新政以後の官田御領の制度等が夫であつて、後封建時代に入りても、御領、御料所あり、德川時代に於ては御料所を京都近郊に定め、其の租入を以て供御の定料となし、幕吏之を收納して內裏に上り、臨時の御費用は幕府の支辨となつて居つた。

明治維新後は皇室の經濟と政府の經濟との區分は一般政治の區分と同樣判然たるものなく、天皇親裁、太政官統括の下に皇室の經費も國庫の經理に屬したが、明治二年七月新に宮內省設置せらるゝに及び、其の十月以降は國庫より常額を定めて金穀を供し、之を宮內省に主管せしめられた。此の常額には當初は宮內官の俸給旅費等を含まず、又皇族の經費を包含しなかつたが、前者は明治五年、後者は明治六年から宮內省常額の中に組入れられ、斯くて憲法制定に至つたのであつた。是より先、將來の立憲制度樹立を豫期し皇室直屬の資源たる不動産を造成すべしと云ふ議論が朝野に起り、之が因となつて現在の御料地の制度が立てられた。是等は何れも皇室經濟の財源に關する事柄であるから、項を改めて少しく說明を加へやう。

第二　皇室經濟の財源

一　國庫定額支出金　皇室は國家の組織形體であつて、之と離る可からざる關係に立つものであるから、皇室の諸經費は即ち國家の諸經費の一部である。されば封建時代と雖も是は當然の條理とされて居つた。德川初期の「御遺言狀百箇條」の中にも「征夷將軍宣下の式法は鎌倉殿を以て例と爲す。日本知行の總高貳千八百拾九萬石の內貳千萬石は忠勤の大小名に配當せしむ。八百拾九萬石の處之を知行す。禁裡警衞撫四夷に備ふべき事」、「天子の踐祚及大嘗會興行文用の費は當家之當役たるべし。萬略吝すべからざる事」等の箇條がある。

德川時代の皇室費に就いては種々な沿革變遷があるが、「蠹餘一得三集十」に

一、禁裏御料山城、丹波高三萬貳百五拾四石七斗六升四合、口向御入用御定銀七百四拾五貫目、奧御用金八百兩

一、仙洞御料山城、丹波、攝津高壹萬拾貳石六斗三升、口向御入用御定銀五百拾五貫目、奥御入用御定金八百兩、修學院御幸御入用銀貳拾貫目右光格天皇御在世中如レ此
一、女院御料高三千石、御賄向吳服料御定銀百九拾八貫目、奥御用金四百兩、同增金貳百兩
一、東宮被レ進米四斗入貳千俵二條御藏渡御賄向御定銀百貳拾八貫目、奥御用金三百兩
一、准后御料高貳千石、御賄向吳服料御定銀百九拾八貫目、奥御用金四百兩
一、關白殿御役料米三斗五升入五百俵
一、兩傳奏御役料各四拾石

とあるにて凡そを知るべく、一般には一口に禁裏御料拾萬石と云はれる。之を舊幕領約四百二十萬石に比すれば霄壤の差も啻ならざるものがあつた。

王政復古の業成るや皇室の經費は一般國費と同じく政府直接に之を經理したが、明治二年七月宮內省設置せらるゝや、皇室の經理を其の權限に屬せしめ、每年常額を定めて國庫から金穀を移供することとなつた。明治十六七年の頃より立憲制度實施の準備漸く進み、從來の帝室費、皇族費及宮內省費を合一して帝室費と稱し、十八年十二月宮中府中の別を立てらるゝや、十九年度以降は臨時非常の御費用の外年々國庫より皇室費常額を宮內省に移入し別に之が決算を政府に證明するを要せざることとなり、其の額は二十年度以降金二百五十萬圓と定められた。

斯くて明治二十二年帝國憲法及皇室典範の制定せらるゝや「皇室經費は現在の定額に依り每年國庫より之を支出し將來增額を要する場合を除く外帝國議會の協贊を要せす」（憲法第六十六條）、「皇室諸般の經費は特に常額を定め國庫より

支出せしむ」（典範第四十七條）と云ふ條文が制定せられた。當時に於ける定額は前述の如く二百五十萬圓であつたが、二十三年度に五十萬圓を增額し、四十三年度より更に百五十萬圓を增して四百五十萬圓と爲し以て今日に及んで居る。

此の定額の外に、例へば登極、大喪等臨時非常の御費用があるが、之は現制度に於ては、宮中に大禮使、大喪使費等が置かれ、その費用は議會の協贊を經、政府の經理の下に支出せられることになつて居る。

此の國庫支出金は御料財團に受け入れらるゝものであるから、若し剰餘あれば御料財團が他の財産に換へて積立てる等のことも爲し得るのであるが、皇室諸般の御費用は到底之を以て全部を支辨するを許さない。玆に於て更に他の財源を要するのである。

二　財本收入　其の收入を以て皇室庶般の經費に充つべき御料財産たる資金を財本又は御資と云ふ。之が財本の實質的意味であるが、制度上に於ては此の外に或る財産が形式の上に於ても財本たることを認められる――換言すれば財本なりとして之に組入れられる――ことを要する。

明治維新當時既に朝廷に於かせられては或る程度の御貯蓄金を有せられ、維新以後政府は之を引繼ぎて鋭意其の加增に努め特別の會計を立てて之を經理し、宮內省が獨立してからも此の方針を以て進まれた。

現在の皇室會計令も其の主旨の下に規定が設けられ、「御料に屬する財産中地金銀、登錄國債及有價證券にして特別會計に屬せさるもの」、「現金にして御資會計收支部又は他の會計に屬せさるもの」は之を御資會計の財本とし（同令第七條、第八條）、通常會計に於て歳出に對する歳入の不足あるときは、其の不足額は之を御資會計收支部より移入し（同令第二十二條○特別會計の收入不足の場合の規定なきは斯る場合なしと見たるなるべし、假に現實に歳入不足する場合は通常會計よりの移入か、借入金を爲すの外なかるべし。尚後段參照）、逆に帝室林野局會計の歳計剰餘金は通常會計に移入し、通常會計の歳計剰餘金は御資會計に移入せらるゝ（同令第十九條、第二十條）。

財本の種類には前に述べたやうに現金、地金銀、登錄國債、公債其の他の有價證券があり、現金は之を他の種類のものに轉換し又は特定の銀行に預入るゝことになつて居る。有價證券の種類に就いては何等の制限は置かれて居ないが、之は宮內大臣の責任上國策的なもの又は確實なるものに限らるべきは勿論であるのみならず、事實に於ても「帝國國有財產總覽」（澤來太郎著）等に依るも公債の外のものと雖も日本銀行、橫濱正金銀行等特殊銀行の株、日本郵船會社、東洋拓殖會社の株等殆んど國策と離る可からざるものに限られて居ると云つて宜しい。殊に是等有價證券を御料財團が所持するに至つたのは國策の遂行、或は事實の獎勵等に基くものなること世間に知らるゝ如くであり、又其の所屬株が增資等に依りて增加せる場合には國策、公益等の見地から種々處理せらるゝことも其の時々の新聞報道等に依て人の知る如くである。現金は必ず、宮內大臣の定むる特定の銀行へ預入しなければならない（同令第二十四條）。又地金銀、有價證券は專任の出納官吏をして保管せしめ內藏寮の金庫に格納するのを原則とするが、宮內大臣の指定する銀行に保護預と爲すことを得る（同令施行規第十二條）。

三　林野收入　帝室林野局の事業に依る收入を林野收入と云ふ。「帝室林野局は宮內大臣の管理に屬し土地及林野の管理經營竝其の附帶事業に關する事務を掌る」（帝室林野局官制第一條）のであるから、林野收入は結局御料財團に屬する土地より生ずる收入、卽ち山林拂下、木材拂下、土地貸付料が主なもので、附帶事業の收入としては北海道新冠牧場の收入、日光養魚場の收入等がある。

明治維新に依り京畿に於ける御料所の制は廢せられたが明治七年太政官布告により皇居離宮皇族賜邸地等は官有地第一種中皇宮地に屬せしめられた。是が現在の御料地制度の濫觴であるが、當地の御料地は固より收入を目的としたるものではない。然るに西洋の制度文物を輸入せむとするの氣運益〻興隆するに及び、必然的に泰西王室に王室領あり王室御料地あるに倣ひて、我が皇室にも御收入を目的とする御料地を設くべしとするの考慮も爲政者の間に行はれ始め、更に立憲制度の採用の議略公論の一致するに至るや、將來政黨政治に備ふる意味を以て皇室の財政に獨立性を與へ且つ林野國土の統制、國家林業政策の確立不動を期するの意味を以て御料林野を設置すべしとの議論が盛になつた。是等の議論は凡そ明治十一二年の頃から行はれたと云はれて居るが、中に就き有名なものに、在朝の大官の意見としては同十四年末(或は十五年始)岩倉具視が内閣へ提出した「皇室財産に關する意見書」(岩倉公實記下卷八二一頁以下)、在野の士のものとしては福澤諭吉の「帝室論」(明治十五年五月。單行本あり)がある。此の外參議井上馨の帝俸及帝産を定むべきの説、同伊藤博文の皇有國有民有の土地を區別すべきの説、若山儀一、元田永孚の皇有地設定の建議等が明治十四年より十五年にかけて識者の注目を惹いたと云はれる。次いで伊藤博文の憲法取調の爲め歐洲に差遣せらるゝや、其の特命事項中に「皇室竝皇族財産の事」の一項あり、伊藤に中村彌六(後に農學博士、帝國大學敎授、宮内省御用掛)隨行し、主として彼の地の王室土地制度を研究して歸朝し、「帝室御有の財産を今日に制定すべき意見書」を提出し、帝室の御財産として永久に傳ふるは森林を第一とすべきことを開陳した。

斯くて憲法制定の期迫ると共に御料地設定の準備も着々進められ、明治十八年十二月宮内省に御料局が創設せられ、一方明治十五年以來内閣に設けられた官有財産調査委員命を受けて明治二十年より官林中御財産に編入すべき部分を調査し、宮内大臣より内務農商務大臣に協議し、内閣總理大臣に内申する所あり、同二十一年十月閣議決定して政治上必要ある場合には組換すべきことを豫想しつゝ取敢へず御料地と爲すべき地方及面積が内定され、一面官林官有地取調委員が任命せられた。此の取調により多少豫定地に變更を加へ明治二十二年（即ち憲法發布の年）其の授受が了せられ、翌二十三年十一月二十七日勅書を以て御料林野中函根御料地、畝傍山御料地、度會御料地、富士御料地、天城御料地、千頭御料地、萩原御料地、丹澤御料地、三方御料地、相川御料地、木曾御料地、七宗御料地、木曾御料地、段戸御料地、錦織御料地、上川御料地を世傳御料と定められた（同年宮内省告示第二十七號）。

當時の御料地編入の結果を見ると從來の山林中木曾を含む岐阜、長野、山梨、愛知の山林地帶、奈良、三重に亙る山林地帶等は御料林となり、青森、秋田、熊本、宮崎、埼玉の大森林は國有林となつた。以て將來の森林行政に就き森林を分ちて國有、御料の二大系統と爲し以て國策の萬全を期せむとする爲政者の意圖が窺はれるのである。其の結果は今日に於て好果を來たし是等の地方の旅行者は林層良き山林は卽ち御料林ならずんば國有林であるを知り、之を容易に民有林と區分するを得るの狀となつた。

是等の山林は當初より森林經營を目的とするものであつたが、當時の政府及宮内の當局には東北諸地方開發の計劃があり、爲めに明治十九年から二十三年頃に亙り群馬、栃木、岩手、秋田地方の官有原野が調査され、御料地に編入された。又北海道の官林原野も同道開發の意味を以て政府及宮內省に於て經營することになつた。尙此の外產馬奬勵の爲めの牧場地、御料及公衆溫泉地設定の爲めの溫泉地、鑛山收入の爲めの生野、佐渡の鑛山地も御料地に編入された。

是等御料地の設定時代には全國的に森林經營の調査は固より境界、面積の調査すら頗る不充分なものであつた（前揭告示參照）。そこで明治二十六年から御料地の實況調査、境界踏査が行はれ、調査の完了に從て存廢區分が決定され要存林に就いては明治三十二年より施業案の編成に着手し、四十年、內地の分を終り、爾後北海道の山林施業案が編まれつゝある。林野經營は斯の如くして着々成功しつゝある。

東北諸縣等の山林原野にして御料地に編入せられたるものは夫れ迄舊藩時代以來放牧、秣採取等の入會慣行を有し、政府所管となりてよりも此の慣行を尊重しつゝ所謂豫算開墾の法により開發を奬勵して居たから、御料地となつても、當初は其の管理を地方廳に委託して總て貸付となした。是等山林原野中靜岡、愛知等所在のものは地勢上着々開墾されたが、其の他の地方では餘り目覺ましい發達は遂げなかつた。宮內當局は當時の地方開墾の輿論を尊重し特に農務に關する課をも設け、利根川御料地の耕地整理、栃木縣所在山前、祖母ケ井兩御料地、眞岡御料地等の開田等の事業を行つたが（大年十年頃迄繼續す）是等も亦豫定の成功を收むるに至らなかつた。北海道の御料地は天然林の利用開發と移民開田奬勵が當初からの目的であつたので、此の方針の下に或は貸下規程を作り、或は保護移民の法を樹て、或は大規模のパルプ原料拂下等を行ひ、農地に就いても逐次相當の成績を擧げた。固より森林經營程の良果を結ばなかつたが之を全體として見れば農地開發も相當に行はれ、大正九年頃迄に約五萬町歩の田畑が開墾されたのである。

牧場地としては主馬寮管理する所の北海道新冠牧場、岩手縣外山牧場、下總牧場があつた。何れも國家の産馬政策に多大な貢獻を爲したのであるが、近年政府の此の方面の事業も相當擴張されたので經費節減の意味で外山牧場は大正十年廢止せられ、其の土地は一部縣に下賜せられ、一部は時價より非常に低廉な價格で拂下げられた。現在に於ては主馬寮の牧場は下總に統一せられ、新冠牧場は林間牧場を主とし林業と併行して經營することとなつた。之も産馬事業の一試驗の意味を有するのである。養魚は外國交際、地方振興の一助として箱根及日光中禪寺湖で行はれたのであるが今は後者のみを存して居る。牧場養魚とも收益の目的は殆んど存せず、林野の附帶事業に過ぎない。生野及佐渡の鑛山地は明治二十一年大藏省から宮内省へ引繼がれたもので（此は岩倉具視等の主張せる官有鐵道及官營諸製造所をも其の性質に因り皇室財産部に移管すべしと云ふ議論の一部出現であると思ふ）、宮内省は一時王子硫酸製造所、大阪製錬所をも經營したが、是等の事業は勿論御料財團の事業に相應しくないものであるから、明治二十九年民間に拂下げられて了つた（御料林の沿革に就いては永くその經營の掌に當られた宮内省御用掛林學博士和田國次郎氏著雜誌「御料林」昭和五年七月より昭和八年一月に亙り十八回登載せられた「御料林事業小史」と云ふ貴重なる文獻がある。本項も此の著に負ふ所頗る大、特記して深甚の謝意を表す。）。

斯樣な次第で現在の收益財産としての御料地は直營森林と貸付林野及農地であるが、其の中明治維新當時は社寺に屬し後政府に上地したる所謂社寺上地は其の歴史に鑑み相當の價格を以て特賣せらるゝこととなり（明治三十三年宮内省告示第十一號社寺上地御料林野特賣規程）、又存廢區分調査の結果、飛地、瘠惡地として廢止決定の土地及農地は不要存御料地とし公共團體、沿革上の緣故者等に低廉な價格を以て拂下げらるゝこととなつた（大正七年皇室令第十六號不要存御料地處分令）。農地を拂下げらるゝは時世の推移により其の御料地たるに適せざるに至りたるが故である。

林野收入は特別會計たる帝室林野局會計の歳入となり、同會計各年度の歳計剩餘金は之を通常會計に移入する。移入の時期は必ずしも決算後たるを要せず、年度内に於て出納上剩餘金あること確實なるときは直に移入して差支ない（會計令第二十條）。通常會計は宮内省一般の經理に關する會計であるから、林野收入槪言すれば御料地經營に由る收入は結局皇室經理の一般的財源となるのである。而して通常會計に在りては各年度の歳計剩餘金は次年度への繰越金を除き御資會計收支部に移入し、御資會計收支部の歳計剩餘金は結局財本部に移入せらるゝのである（同令第十八條、第十九條）。尙御料林中には前に述べた樣に當初から世傳御料を存するが故に――現今では當初のもの整理せられ畝傍山、丹澤、木曾、七宗、段戸の五御料地のみとなつた。此の中畝傍山御料地は固より歷史上の緣故地であつて、生產的御料地と云ふことのみを以て目することを得ず、寧ろ御緣故たる意味の方が多いのである――其の土地は分割讓與することとを得ないのであるが、其の上に繁生する樹木は天然果實であるから、皇室財產令の規定（第十四條）に依り普通御料に屬するのである。又御料地の賣拂に因る收入及交換に因る差金收入は帝室林野局會計の歳入とするけれど、直に帝室林野局會計の歳計剩餘金と看做し而も一般原則の如く之を通常會計へ移入することなく、收入の都度直接に御資會計財本部に移入することになつて居る（會計令第二十一條ノ二、第二十一條ノ三）。之蓋し御料に引續き所屬せしむるの要なき土地は大體に於て生產的財產たる御料地たりしものが多く、從て之を處分しても尙其の代償を以て生產的財產と爲すを適當とするに因るのである。

皇室經費の財源たる御料地のことを說明した序に、御料地一般のことに就き一言して置き度い。それは宮殿、離宮、御用邸、森林等御料財團に屬する土地は多額の面積に上るけれども、其の殆んど全部は皇室に缺くべからざるものか、國の政策上御料財產とされたものであることを忘れてはならないのである。それ故に此の目的に添はざるに至るときは之を整理せられたのである。しかのみならず、明治時代以來皇室の御仁慈なる、屢〻國家公共の爲め、或は農村振興の爲め、又或は都民保健の爲め御料地を廢して政府に移管し、府縣市町村に下賜され、又或は緣故を有する農民に廉價に拂下げられたのである。例へば明治四十四年富士、萩原、丹澤、相川御料地中約八萬町步を山梨縣に下賜、大正十年に芝離宮、上野公園を東京市へ下賜、度會御料地を政府へ移管、昭和六年丹澤御料地を神奈川縣へ下賜せられたる如きが其の例である。

又御料地は無稅地なるが故に、所在市町村の收入に關する所多きことを思召され、宮內大臣に適當の處置を取るべきを命ぜられ、仍て大臣は案を立て大正九年以來每年是等の市町村に對し御下賜金がある。政府も之に刺戟せられて國有林所在市町村に對し交付金を下付することになつた。

皇族賜邸地が、御料地なりや、皇族の御私有地なりやに就いては議論があるであらうが、それは其の沿革に依て個々に決定すべき問題であらう。何れにしても賜邸地は無稅地になつて居る。然し其の他の皇族御用地は御料地でない限りは有租地である。

四　其の他の收入　以上の外の皇室經費の財源としては、牧場收入、帝室博物館、學習院等營造物の使用料、不用物件の賣拂代金等があるが、是等は御料財團の收入としては大したものではない。

第三　皇室の御費用

我が國體上皇室と國家とは一體不二の關係に立つが故に皇室の御費用を要する範圍も頗る多岐に亙るべきは拜察するに難くない。殊に其の大部分が國政と頗る密接して居ることを牢記すべきである。例へば宮中の祭祀は固よりのこと、神宮の祭祀、官國幣社の奉幣等の御祭典、陵墓に關する陵墓費、大演習、觀兵式等の御費用、四大節、觀櫻觀菊會等に際し文武官、有爵者、功勞者等御優遇の御費用、外國との御交際費、産業御奬勵に關する御費用の如きは直接國務に關聯するものである。

文化開進の御奬勵の爲めの帝室博物館費、歌道御奬勵の爲めの御歌所其の他の御費用、古樂保存の爲めの雅樂部費、古書及文書保存の爲めの圖書寮費、古技保存竝外國交際の爲めの主獵に關する經費、皇族華族教育の爲めにする男女兩學習院の經費、産馬奬勵の爲めの牧場費等は直接國務に關するとは云ひ得ないにしても國家公共の爲めの御費用である。又宮殿の營繕、調度の費、鹵簿整成の費の如きも帝國の威容上缺く可からざる所である。

皇室御經費の御多端なる實に恐察の外であるが、夫れにも拘らず其の御仁慈なる年々忠臣、功臣、孝子節婦の表彰、神祇崇拜の勸奬、災害救濟、貧兒孤兒貧者老者病者に對する賑恤慈惠、社會事業の御奬勵、戰病死者弔慰、出征者御慰勞、高官死去の節祭資下賜等に思召を以て下し賜はる金額頗る多きこと世人の洩れ承る如くであるのみならず、時に臨み巨額の下賜金あるを拜するは誠に恐懼の至りである。近時に於ける主なる例を表示しても、左の如き夥しき數に上る。

一、教育及學術施設御奬勵賜金

(一)繼續又ハ分賜ノモノ

(1)皇典考究所事業(大正八年以降)　金壹封

(2)帝國學士院(明治四十三年以降)　〃

(3)高等教育機關擴張計畫御助成(大正七年ヨリ分賜)　一〇、〇〇〇、〇〇〇圓

(4)理化學研究所(昭和六年ヨリ分賜)　一、〇〇〇、〇〇〇圓

(5)學術振興會(昭和七年ヨリ分賜)　一、五〇〇、〇〇〇圓

(二)臨時ノモノ

(1)早稻田大學　金壹封

(2)國學院大學　〃

(3)大日本武德會　〃

(4)東洋協會專門學校　〃

(5)慶應義塾　〃

(6)神宮皇學館　〃

(7)日本女子大學　〃
(8)明治大學　〃
(9)聖德太子御忌奉贊會研究基金　〃
(10)帝國敎育會　〃
(11)私立中等學校恩給財團　〃

二、敎化事業御奬勵賜金

臨時ノモノ

(1)斯文會　金壹封
(2)日本青年館　〃
(3)中央融和事業協會　〃

三、保健衞生施設御奬勵賜金

(一)繼續ノモノ

(1)日本赤十字社病院(明治二十四年以降)　金壹封
(2)東京慈惠醫院(明治二十年以降)　〃
(3)東京府下歳末診療事業御補助(昭和二年以降)　〃

(二)臨時ノモノ

(1)救世軍療養所(結核療養)　金壹封
(2)ガーデンホーム(同上)　〃

(3)白十字會（同上）　金壹封
(4)癩救護及豫防　〃

四、國防及軍事救護賜金

(一)繼續ノモノ
(1)義濟會（大正八年以降）　金壹封
(2)海軍義濟會（大正八年以降）　〃
(3)報效會（大正十年以降）　〃

(二)臨時ノモノ
(1)帝國軍人救護會　金壹封
(2)偕行社、水交社　〃
(3)帝國在鄕軍人會　〃

五、産業御奬勵賜金

(一)繼續ノモノ
帝國發明協會（昭和五年以降）　金壹封

(二)臨時ノモノ
(1)大日本産業組合中央會　金壹封
(2)國産奬勵會　〃
(3)大日本蠶絲會　〃

(4)帝國飛行協會（大正七年）　五〇〇、〇〇〇圓

(5)東京市路面改良ニ付（大正九年）　三、〇〇〇、〇〇〇圓

六、國際的救恤賜金

臨時ノモノ

(1)萬國赤十字聯合會平時救護事業	金壹封
(2)國際病院評議會	〃
(3)聯合國傷病兵慰問會	〃
(4)日本基督教青年會聯合軍慰問	〃
(5)米國大統領主催聯合軍隊慰問	〃
(6)天津水害義助會	〃
(7)東京開催世界日曜學校大會後援會	〃
(8)中華民國同情會	〃
(9)北滿水害救援中央委員會	〃

七、慈惠、賑恤、救濟、社會事業御奬勵賜金

(一)恒例賜金　毎年紀元節に際し全國優良社會事業團體に對し御下賜あり。大正十年頃は團體數約二百七十なりしも昭和八年には實に七百餘に及び、下賜金額も頗る多額に上ると承はる。

(二)繼續ノモノ

(1)東京養育院（明治二十二年以降）	金壹封
(2)福田會育兒院（明治二十四年以降）	〃
(3)日本赤十字社病院施藥費（明治三十一年以降）	〃
(4)愛國婦人會（大正二年以降）	〃
(5)救世軍社會事業部（大正七年以降）	〃

(三)特別賜金　皇室に重大なる慶弔在らせらるゝ場合には慈惠賑恤若は社會事業助成の思召を以て特に巨額の御下賜金を拜すること誠に感激に堪へざるものあり。中重なるものを摘錄すれば次の如し。

(1)英照皇太后大喪（明治三十年）	慈惠救濟	四〇〇、〇〇〇圓
(2)明治天皇大喪（大正元年）	〃	一、〇〇〇、〇〇〇圓
(3)昭憲皇太后大喪（大正三年）	〃	六〇〇、〇〇〇圓
(4)大正天皇卽位禮（大正四年）	賑恤	一、〇〇〇、〇〇〇圓
(5)東宮御成婚（大正十三年〇慶福會生る）	社會事業助成	一、〇〇〇、〇〇〇圓
	兒童就學奬勵	一、二九〇、〇〇〇圓
(6)兩陛下御成婚滿二十五年祝典（大正十四年）	男女青年團奬勵	七五〇、〇〇〇圓
	植民地敎化事業奬勵	二五〇、〇〇〇圓
(7)大正天皇大喪（昭和二年）	慈惠救濟	一、五〇〇、〇〇〇圓
(8)今上天皇卽位禮（昭和三年）	賑恤	一、五〇〇、〇〇〇圓

(四) 臨時ノモノ

(1) 施藥救療ノ爲政府ヘ(明治四十四年〇恩賜財團濟生會起る) 一、五〇〇、〇〇〇圓

(2) 米價暴騰ニ付賑恤ノ爲政府ヘ(大正七年) 三、〇〇〇、〇〇〇圓

(3) 關東大震火災ニ付賑恤ノ爲政府ヘ(大正十二年) 一〇、〇〇〇、〇〇〇圓

(4) 施藥救療ノ爲政府ヘ(昭和七年) 三、三〇〇、〇〇〇圓

(5) 帝國水難救濟會 金壹封

(6) 養老、育兒事業振興、兒童保護奬勵ノ爲內務大臣ヘ(昭和三年 同 五年) 〃

(7) 大震火災ニ際シ社會事業團體復舊御補助(五十三團體) 〃

(8) 霖雨期失業者救助ノ資トシテ東京府ヘ 〃

(9) 歲末ニ付生活窮迫者救濟ノ資トシテ東京府ヘ 〃

(10) 北海道東北凶作ニ付其ノ道縣ヘ 〃

(11) 以上ノ地方社會事業團體維持資金御補助 〃

(12) 風水害、火災、震災、凶作ニ對シテハ殆ド恆例トシテ御救恤金壹封ノ下賜アリ

以上は極めて顯著にして金額も多きに上るべきものを揭げたるに止まるも、此の外同樣の御趣旨の下に、或は功臣の祭祀の爲に、或は戰病死者又は國防上の犧牲者の爲に、又或は古技保存、古蹟保存等の爲に下賜金を拜することは頗る多い。又神宮、宮中、官國幣社に關する神事費は固よりのこと、國儀としての饗宴、功勞者・孝子・節婦・忠

僕等の表彰、外國交際等の御費用も亦巨額を要せられ、御親用の御内帑に至つては誠に些少なる趣、承るだに恐懼に堪へない次第である。

皇室の豫算決算は、事宮中に係り、國庫支出の皇室費も之を議會の議に附せざるは憲法の明定する所であるから、宮内省も亦之を公表して居ない。然しながら財本の國債、地方債其の他の有價證券又は預金にせよ、その性質は前に述べた所の如きものであるから、主管者たる内藏頭も之を民間の富豪、營利會社の如く運用することを得ず、森林事業は國土保安を主眼とし、施業案に基いて伐出に頗る限度あるものであるから、之また主管者たる帝室林野局長官も其の益金を索に生ぜしむることを得ない。故に上述の御費目を考ふれば之全く御用度を節し給ひて國家國民の爲に資を供せらるゝのであつて、殊に一時に多額の金圓を賜はる如きは、固より皇室經常費の良く辨ずる所に非ず、畏れ多くも御資をさかれて赤子を愛撫し給ふものであること、拜察するだに感涙なき能はぬ所である。

第四　御料財團の組織と皇室會計の系統

一　御料財團と皇室會計の關係　天皇の御財産に關しては法人たる御料財團が存し、天皇の御料に關する法律上の御行爲は天皇の旨を承けて御料財團の機關としての宮内大臣之を執行し、宮内大臣が法律上の當事者となる(財産令第二條)。而して御料財團の如き大財團には其の財團の行爲に關する組織と共に、財産の運用保管及出納に關し夫々規律ある手續を執らしむべき組織あるは當然である。此の後の組織が卽ち皇室會計の組織であつて、此の組織は云ふ迄もなく御料財團組織の重要なる一部門を成すものである。

二　御料財團の組織　御料財團は皇位に繋屬する財産より成る法人であるがゆゑに、天皇の統治し給ふ所であつて、之を法律的に云へば皇室大權に依り統べ給ふのである。從て此の財團に關する事柄は宮務に屬し、宮内大臣を首班とする宮内省の重要なる事務であるのみならず、財團の意思は宮内大臣の輔弼の下に天皇の決し給ふ所である。其の御意思は或は抽象的なる法規として示され、或は事件毎に聖旨として宮内大臣に御下命がある。此の御意思に依て宮内大臣は御料財團の機關として行動するのである。法規として示さるゝものとは例へば皇室財産令、皇室會計令の如きがそれであり、御下賜の御沙汰の如きが事件に臨みての聖旨の例である。

宮内大臣は御料財團の執行機關であるが、其の補助機關としては內藏頭、帝室林野局長官、大臣官房總務課長等があり、又執行機關としての權限も所部の宮內官に委託し之に代理せしむることが出來る（同令第二條但書）。

是等の外に御料財團に關し天皇直屬の諮詢機關として樞密顧問及帝室經濟會議がある。樞密院官制第一條は「樞密院は天皇親臨して重要の國務を諮詢する所とす」と規定して居る。是に國務と云ふのは廣い意味であつて宮中府中何れの事務をも指稱するものであることは、其の職務權限を規定する第六條に「皇室典範に於て其權限に屬せしめたる事項」と云ふ一號があることから見ても明かである。從て同條第六號に「前諸項に揭くるものの外臨時に諮詢せられたる事項」と云ふ中には宮務に關する事項も含まれるのであつて、現に重要なる皇室諸令にして典範が其の諮詢を命じて居ないものも多く樞密顧問の議を經て居るのは同項に據るのである。故に皇室經濟に關する重要な事項が臨時に諮詢せらるゝことあるべきは當然であり、御諮詢があれば會議を開いて之に關する意見を上奏せなければならぬのである。

帝室經濟會議は帝室の經濟に關する事項を諮詢せらるゝの府であつて、內大臣、宮內大臣及勅命せられたる帝室經濟顧問七人以內を以て組織せられ、(一)皇室經費の豫算(二)第二豫備金の支出其の他豫算外の支出(三)世傳御料の編入及解除(四)世傳御料に屬する土地の上に設定する物權等に關する事項の外總て(五)重要なる財產權の得喪に關する事項の諸詢を受け之に奉答するのである(同令第八十條乃至第八十五條)。

斯の如き組織を有する御料財團の機關に依りて御料財產に關する天皇の御意思が奉體されて、御財產が管理保存され、處分され、收益財產の果實が收納され、金錢の支出が行はれる。而して是等御財產の運用、保管及出納に就いては夫々一定の手續がある。此の手續を皇室會計と云ふ。

抑〻會計と云ふ語の意味には憲法第六章の標題に「會計」と云ひ、皇室典範第四十八條に「皇室會計法」と云ふ場合に、國家經濟卽ち財政、皇室經濟を云ひ表すが如く、廣く團體の經濟を指す場合もあるが、多くの場合に於ては、それよりも狹く用ゐられるのを常とする。卽ち實質的には財產の運用、保管及出納の手續を全體的に抽象して云ひ、又形式的には通常會計、何々特別會計と云ふが如く、財產の運用、保管、出納の計算を明確に整理する單位を稱する。

或る團體の會計には普通に物品會計と金錢會計とがある。物品會計とは物品の經理に關する會計を云ひ、金錢會計とは現金、地金銀、公債其の他の有價證券、登錄國債等流通性ある財産の會計を云ふ。

現代は如何なる團體、財團に於ても、其の經理は流通經濟を基礎として行はれるのであるから、皇室諸般の經理も固より此の基礎の上に立つ。從ひて皇室經濟に關する會計は金錢會計が主であり、物品の經理は經濟制度と云はんより寧ろ財産制度の一部門として重きをなして居るのである。現行會計制度に於て皇室會計令を初めとし、金錢會計に就いては系統的に精細なる法規があるに拘らず、物品會計に關しては皇室財産令、同令施行規則、御料地保管規程、御料地貸付規程、建物臺帳規程、御物管理規則、御物調査委員會規程等實體的規定を主たる內容とする規程に、手續規程たる會計法規が系統を整へず、而も餘り精密でない程度に挿入されて居るか、然らずんば極めて輕い法規成章を有するに過ぎない狀況に在るのも之が爲めである。

物品會計は斯の如く皇室制度としては主たるものでなく、寧ろ物品――土地物件――に關する制規は既に說明した皇室財産制度としての方面が重要になつて居る。仍て本講では、以下主として會計制度のことを記述しやうと思ふ。但し金錢會計法規は頗る精密廣汎であるから、茲には極めて其の大略を說明し、唯系統的に大筋を諒得するに便する程度に止めねばならない。尙以下單に皇室會計と云ふときは之を皇室金錢會計の意味に用ゐる。

三　皇室會計の種類と其の機關及系統　皇室會計法規の一般法としては皇室會計令があり、特別法としては舊堂上華族保護資金令（明治四十五年皇室令第三號）、內廷の會計に關する規程（明治四十五年宮內省達第七號）、豫備品出納規程（大正二年宮內省達第十二號）、學事基金管理規則（大正十一年宮內省達第一號）等がある。是等の法規に依る皇室費の計算整理の單位たる會計の種類には㈠御資會計㈡通常會計㈢

特別會計(四)豫備品資金會計(五)內廷會計(六)舊堂上華族保護資金會計(七)學事基金會計がある。此の外別段の法規は存しないが(八)各宮の會計も亦皇室會計の一種類と見なければならない。

(一)　御資會計　御資會計は財本に關する會計である。財本は前にも述べたやうに、收益財產たる世傳御料に對し、地金銀、登錄國債、有價證券、現金等金錢的收益財產の一團であつて、國庫支出金と相俟ちて皇室三大財源の一に居るものであるから、之を計算整理の單位とし、他の會計と別の取扱を爲して居る。御資會計は更に財本部、收支部、豫備品資金の會計に區分される。

(イ)　財本部　は財本、卽ち他の會計(御資會計收支部を含む)に屬せざる地金銀、登錄國債、有價證券、現金の一團に關して、別途に經理する會計であつて(會計令第一條第三項、第七條乃至第九條)、此の部の會計は各種の財本の運用――現金、地金銀、預金、登錄國債、有價證券への轉換、又は是等の物の賣拂――他會計よりの財產移入、他會計の收入不足其の他の爲め他會計へ財產を移す爲めにする收支部への財產移出が其の內容である(同令第十條、第十八條、第二十一條ノ二、第二十四條、第二十二條)。財本部の事務を主管する者は內藏頭である。收支部に就いても同樣であるから、此の地位に於ける內藏頭のことを皇室會計令は特に御資會計の主管部局長官と名付けて居る。然し主管部局長官が專斷で何事をも爲し得るのではなく、地金銀、登錄國債、有價證券の引受、購入、賣拂又は轉換、收支部より財本部への移入を廢止又は減少して收支部の翌年度收入への繰越、收支部より財本部への年度內移入等に就いては宮內大臣の認可を受くることを要し(同令施行規則第十四條乃至第十六條)、財本部より收支部への移入、重要なる財產處分に就いては宮內大臣に意見を述べ、宮內大臣は更に之に就き勅裁を經なければならない（同令第二十二條、第八十一條）。

（ロ）　收支部　は財本（即ち御資）本來の目的たる財源の增殖、他會計即ち皇室庶般の經費の不足補塡を經理する爲めの會計である。故に財本部の會計が物品會計に類するに反し、此の會計は純然たる金錢會計であつて、豫算決算に依りて收支を明かにする。此の點に就いては後に今少し詳しく述べる。

收支部の主管者は御資會計の主管部局長官たる內藏頭であるが、剩餘金の翌年度繰越、財本部への年度內移入には宮內大臣の認可を要し、借入金を爲す場合には宮內大臣より勅裁を仰ぐことを要する。御資會計收支部に於ては出納上の都合に依り借入金を爲すことが認められて居るのである。宮內大臣が之に就き上奏を爲すときは帝室經濟會議に御諮詢の後勅裁せらるべきものと規定されて居る。出納上の都合とは財本所屬の有價證券を現金に轉換するを不利益とし、或は株券名義書換等の爲め賣拂不能となる場合の如きを云ふ（同令第七十三條、同令施行規則第十五條、第十六條）。

（ハ）　豫備品資金　御資會計に於ては(一)建築、製作若は修繕の材料にして容易に購入すること能はざるもの又は急需に應じ難きもの(二)供御、賜與又は饗宴の用に供する物品にして急需に應じ難きものを豫備購入する費途に充つる爲め一定の原額を分置して、之を別に經理せしむる。此の資金を豫備品資金と云ひ、其の會計を豫備品資金會計と稱し、御資會計の一部分と爲す（同令第十一條）。此の會計は御資會計の一部門なるが故に主管部局長官は內藏頭である。

（ニ）　通常會計　通常會計は皇室一般の經費に關する會計であるから、凡そ他の會計に屬せざる經費は總て通常會計に於て整理する。此の會計では現金以外のものを保有せしめないが故に其の內容は純然たる金錢會計である。

通常會計の主管者は內藏頭であつて、會計令施行規則は之を主管部局長官と呼んで居る(第一條)。主管部局長官は其の權限頗る廣く(一)豫算の編成(二)分任豫算竝配付豫算の決定變更(三)收入支出の實行(四)決算の作成(五)契約の締結(六)他に分任したる會計の監督(七)下級會計機關の任命(八)他に分任せざる事項の處理(九)通常會計の統括(十)他の會計機關との連絡事務の處理等がその主なものである。

廣範圍に亙る通常會計の事務を主管部局長官のみにて獨立的(即ち決定執行的に)に處理することは到底不可能であるから會計法規は種々な機關を設けて居る。

(イ)　分任官　は會計事務の中一定の範圍――現在に在ては或る特定範圍の豫算の執行に付き契約締結及收入支出に屬する事務――を分擔する機關である(同令施行規則第二條、昭和三年宮內省告示第三十八號)。

(ロ)　主管部局長官の代理官及分任官の代理官　は分任官と同じく其の官及職務權限を宮內大臣の告示に依て與へられて居る。現在では收入事務のみに限らる(同上)。

(ハ)　配付官　主管部局長官が宮內大臣の認可を經て豫算の配付を爲したるとき、其の配付を受けたる官吏を配付官と云ふ。宮內省の豫算は公告されず又各部局に通達されないから、各部局に於ては其の長が分任官或は主管部局長官若は分任官の代理官ならざる限り正式には其の主宰する部局の爲めに消費し得べき費目金額を知らないから、必要の都度購入傭入等を主管部局長官、分任官等に請求しなければならないが、一面豫算經理上の責任はない。然るに配付官は自己の部局に關し配付されたる豫算を知つて居るから、假令分任官の如く收支に就いての權能はなくとも一定の範圍内に於て經理的な權能を得ると共に豫算を守る義務を負ふ。且又彼等は契約擔任官吏として配付金額内に於て契約を締結するの權限をも有する（同令施行規則第六條第二項、前掲宮內省告示）。

（ニ）契約擔任官吏　契約に關する事項を擔任する官吏を契約擔任官吏と云ひ、主管部局長官、分任官、配付官は何れもそれである。此の外豫備品に關する契約に就いては豫備品を管理する部局長官（豫備品管理部局長官と稱す）も亦契約擔任官吏である。何人が豫備品管理部局長官であるかは物品會計法規たる豫備品出納規程（大正二年宮內省達第十二號）が規定して居る。

（ホ）入札擔任官吏　契約を締結するには入札の方法に依るを原則とするが故に、入札の事務を擔任する官吏を定むることになつて居る。入札擔任官吏は契約擔任官吏が之を定むべきところである（同令第七十七條、同令施行規則第九十八條、第百二條）。

（ヘ）出納官吏　のことに就いては後に收入及支出の說明をするときに詳述する。

斯の如く主管部局長官の權限は廣いものであるが、而も配付官に對する豫算の配付は、契約擔任を代理せしむること、歳計剩餘金の繰越、年度開始前の契約又は支出其の他重要なる事項（後に會計に關する宮內大臣の地位を說明するとき詳述す）に就いては尙宮內大臣の認可を要するのである。

（三）特別會計　普通に特別會計と云へば一般的經費を支辨する通常會計と分離して經費を支辨する經濟の計算を整理する會計を稱するのであるが、皇室會計法規上特別會計と云へば同令を以て特別會計なりと指定されたもののみを指すのであつて、現在の制度に於ては帝室林野局會計即ち御料に屬する土地及林野の管理經營竝其の附帶事業に關する經濟の會計のみが特別會計となつて居る。

特別會計を主管するものは帝室林野局長官であり、會計法規上は特別會計又は帝室林野局會計の主管部局長官と名付けられて居る。其の下に分任官其の他の會計機關があることも通常會計に於けると同様であり、是等の組織の權限等も亦差異がない。兩會計の關係に就いては後に說く所で明かになるであらう。

(四)　內廷會計　　皇室會計令第二十七條に「內廷の會計に關する規程は宮內大臣勅裁を經て之を定む」と云ふ規定がある。此の條文は一見內廷に關する御費用に就いては特別な資金が分置され、其の會計規程が別に存する樣に見えるが、御料に屬する收益財產としては土地及林野殊に其の世傳御料とされたものと御資とが中心になるべきことは皇室財產令及皇室會計令に於て明確にされて居るのであるから、其の主旨は內廷卽ち側近の御費は通常會計より每年度支出するも、之を側近の事務を主管する部局長に拂出したる後は通常會計に於て之を整理せず、全く會計令以外の規定に依て整理するの意である。別の規定とは宮內省達を云ひ、內廷のことなれば之を公布せざることになつて居る。內廷會計は斯の如き性質のものであるから、其の費額も大なるものにあらざることは推測するに難くない。

(五)　學事基金會計　　皇室の一の御事業たる學習院の施設は始め明治天皇の勅諭に基いて明治十年華族が據金して起したるものであつて、其の後此の學校は資金と共に宮內省へ引繼がれたのである。其の爲め此の資金は爾後引續き特別なる管理の下に置かれた。大正十一年學習院會計が特別會計より通常會計に移されたけれども、此の資金は尙學事基金として特別な管理規則の下に取扱はれて居る。然し之は基金の會計であつて、之を運用して得たる收益は直に通常會計の收入に組入れられるのである（大正十一年宮內省達第一號學事基金管理規則）。

此の基金の管理及出納は內藏頭の主管する所であつて、其の有價證券の保管出納に付ては所部職員中より之が取扱主任を命ぜなくてはならない（同達及大正二年大臣訓令第四十號）。

（六）　舊堂上華族保護資金會計　舊堂上華族とは所謂公家の中より官務諸大夫を除いた公卿華族であつて、何れも明治十七年五爵制定の際子爵以上に敍せられた有爵者である。明治天皇深く是等の家が世々朝廷に奉仕したるを嘉し給ひ、且封建時代以來家產鮮く貴族の體面を保つに難きものあるを思召させられ、明治二十九年勅旨を以て御資より特定の額を分置せしめ、其の收入を年々彼等に分賜せられ、此の原額及每歲分賜の剩餘金の蓄積額を元資として特別に管理せしめられた。此の元資が卽ち舊堂上華族保護資金であつて、明治四十五年には皇室令を以て舊堂上華族保護資金令が公布された。是れ故に此の會計は皇室經濟には大體に於て直接の關係なく、一種の特別管理金の會計と云ふて差支ないものである。此の會計の主管者は內藏頭であるが、宮內大臣の諮問機關として宮內高等官二人舊堂上華族八人より成る舊堂上華族保護資金調査委員會が置かれて居る。

（七）　各宮の會計　德川末期に於ける四親王家の石高は閑院宮家千石、有栖川宮家千石、伏見宮家千十六石九斗、京極宮家三千六石となつて居た（昇平治要）。明治維新後封建制度の廢止せられた後は皇族家祿竝賜米扶助の制を採られたが、明治六年九月之を廢し、以來各宮に對する御賄料が制定され、別に特別な皇族には御賄料の外に金圓を御贈進のことになつた。當時の金額は正院達書に依れば淑子內親王、親子內親王へ年額六千八百圓、熾仁親王(有栖川宮)へ同六千六十圓、幟仁親王(同宮御繼嗣)へ同五百圓、貞愛親王(伏見宮)へ同六千六十圓、後室景子、明子へ同五百圓、朝彥宮(後の久邇宮)へ同千五百圓、閑院易宮(載仁親王)へ同六千六十圓、嘉彰親王(小松宮)、晃親王(山階宮)、能久宮(北白川宮)、守脩宮(賀陽宮)、博經親王(華頂宮)へ同四千六百五十二圓、宗諄宮(女王)、文秀宮(女王○兩宮とも伏見宮邦家親王の王女)へ同五百圓と云ふことになつて居る(明治文化全集第一卷參照)。

明治二十二年皇室典範制定せらるゝや、其の第六十一條に「皇族の財產歲費及諸規則は別に之を定むへし」と規定せられた。今迄公布された皇室制典中には別に皇族歲費令は存せないけれど、此の條文に依りて、皇族には歲費を御料より支出せらるゝことは明かにせられたのである。そして又財產令が遺留財產制を認めたこと等から推して皇族の御經濟は各宮の事務とされることも略推測し得るのである。卽ち各宮の會計は每年宮內省の通常會計より支出され、之が各宮に交付せられてからは、全く各宮の會計事務となるのである。そして各宮の經費に就いては公布せられた會計法規は制定されて居らない。故に宮內大臣の監督の下に各宮附の別當、事務官が其の職分に從ひて責任を負うて主管するものである。

以上は皇室會計の種別、系統及之が機關に關する概要の說明であるが、尙此の上に立ち、最高の統括者、最後の責任者として宮內大臣が在ることは勿論である。前に述べた各會計の主管者の監督は固よりのこと――宮內大臣の認可は多く監督權の發動である――後に述ぶる如く、豫算の令達、預金銀行の指定其の他會計令等が初めから主管部局長官等の權限とせず、宮內大臣自ら行ふべき會計上の職務があり、更に重大なることに就いては大臣が行ふに當りて勅裁を經ることを要するものあり、又直接聖旨を奉じて行ふこともある。聖旨を奉じて行ふ場合と雖も、その輔弼の責に任ずべきは勿論、天皇の勅旨に基く事柄と雖も苟も御料に關するものなる以上は、總て宮内大臣が法律上の當事者と看做さるゝのである（宮内省官制第一條、財產令第二條）。主管部局長官以下の會計機關が或は有價證券の名義人となり、或は小切手の拂出人となり、又或は契約の當事者となるのも、總て宮内大臣の監督下に於て會計令上認められたるものであり、其の他の行爲を宮内官が爲し得るのは皇室令に於て認めらるゝものの外は皇室財產令第二條但書「宮内大臣は所部の官吏をして代理せしむることを得」とあるに基くものである。

第五　金錢的財產の保管

一　財本の現金は宮内大臣の定むる特定の預金銀行（特別預金銀行と稱す）へ預入れ、地金銀は内藏寮金庫又は宮内大臣の指定したる銀行に内藏頭名義を以て保護預と爲す。登錄國債及有價證券は内藏頭名義と爲し、同じく銀行に保護預と爲すことを得る（會計令第二十四條、同令施行規則第十一條、第十二條）。又財本たる地金銀、登錄國債、有價證券に就いては皇室財產令第十八條に依る帳簿、目錄を作成することなく、別に内藏頭に於て財本臺帳を作り一切の出納を登錄する（同令第七條第三項、會計處務規程第百四十八條）。其の購入に係るものは其の價格に依り、引受に係るものは拂込金額に依り之を計算し、其の轉換其の他の異動に基く增減に依る差額は財本部の損益計算とする（同令第七條第二項、第十條、同令施行規則第十四條、第二十五條）。

現金の出納保管は内藏頭之を管理し、地金銀及有價證券に就いても同樣であるが、内藏頭は專任の出納官吏をして之が保管出納を掌らしめなければならない（同令第二十三條ノ二、同令施行規則第十二條）。

二　御資會計收支部　に屬する現金は内藏頭之が保管出納を管理し、特別預金銀行に預入す（同令第二十三條ノ二、第二十四條、同令施行規則第八條第二項）。

三　豫備品資金　は豫備品を購入する費途に充てられるものであるから現金の保管は割合に少いが、豫備品が他の會計の需要に應じて拂出された場合は、他の會計から之に相當する金額を受入れ、豫備品が不適品として處分されるときも場合により現金の受入がある。是等は總て資金補塡に當てられなければならない。是等の現金は特別預金銀行へ預入する（同令第十一條第二項、第十二條）。然し資金から生ずる收入及雜收入は御資會計收支部の歲入となる（同令第十三條）。

豫備品資金を以て購入した物件の價格は購入價格、運送賃、保險料、加工費、倉敷料等を合して之を計算し、是等の物件又は其の價格に異動ありたる場合に於ては其の差益は之を財本に組入れ差損は之を財本部より補塡する（同令施行規則第二十二條、第二十六條）。

四　通常會計に屬する現金　の保管出納は内藏頭之を管理し、收入金及仕拂金の受拂を整理すべき爲めには一般預金銀行（日本銀行）に預金勘定を設けて之に預入し、出納上一時餘裕金あるときは收入を圖る爲め特別預金銀行に預入する（同令第二十三條ノ二、同令施行規則第八條）。

五　特別會計に屬する現金　も同樣の取扱である（同上）。特別會計でも地金銀、登錄國債、有價證券を有ち得ることになつて居る（同令第七條）。其の取扱は大體財本と同樣になるの法意とは見えるが、登錄國債、有價證券の記名者に關する規定が無い所から見れば事實は之を保有せないのであらう（同令施行規則第十一條參照）。

六　內廷會計　に屬する證券、現金に就いては公布された規定を存せないが財本と同樣な取扱であらう。

七　學事基金の管理及出納　は內藏頭とし、之に屬する登錄國債、有價證券の記名者も亦內藏頭とす（學事基金管理規則第一條、第二條）。

現金の保管に就いては規定を存せないが、之は餘裕金を作ることなく、登錄國債又は有價證券に轉換して收入を圖らしむるの主旨であらう。

八　舊堂上華族保護資金　の元資に屬する現金は登錄國債、有價證券に換へるか銀行に預入して收入を圖るを原則とするが、場合に依り低利にて舊堂上華族に貸付することを得る。登錄國債、有價證券の記名者は內藏頭とし、主管者たる內藏頭は之を信託業者に信託することを得る（同資金令第二條乃至第五條）。

第六　收入及支出の原因

收入に就いて云へば、國庫より領收する皇室費は憲法の定むる所であつて、年々大藏省との間に於て官廳內の手續として受授が行はれる。皇室費の增加は國の豫算に於て議會の協贊を要する。皇室に對し奉り臣下より獻金する等のことは、今日に於ては存せないことであるが、若し斯の如き願出があつて、聽許せられゝば、之は契約に因る收入となるものではない。何となればそれは對等の意思の合致と觀念し能はざるものであるからである。

是等の場合の外は御料財團の機關たる宮內大臣と相手方との契約に因り收入原因が發生する。卽ち國債、公債、株式の利子、配當等は應募、引受等の契約により、土地、木材の賣拂代金等は賣買契約に依り、土地の貸付料等は賃貸契約に依り、預金利子は預入契約に依り御料財團の債權を生ずるものであり、是等の法律關係は前に述べたやうに民商法の支配を受くるのである。

支出に於ても、皇族に對する御贈進、臣下に對し御下賜、任用令、官等俸給令、雇員傭人規程等に依る職員の採用及俸給又は給料の支給、旅費令、恩給令等に依る賜與、支給等は契約を以て目すべきものではないが、其の他の金錢の支出は御料財團と相手方との契約に因るものが最も多い。

契約に就いては皇族との賣買の場合の外は原則として競爭に付して之を行ふを原則とし（競爭の方法には入札と糶賣とあり）例外として官署公署及公共團體との賣買契約、特種の契約、小額の契約に就いてのみ隨意契約を爲すことが許されて居る（同令第七十七條乃至第八十一條ノ二、同令施行規則第九十八條以下參照）。是等契約の方法其の他――例へば入札保證金、契約保證金、前納、分納、後納等に關すること――は概して一般官廳の場合と同樣であるから說明は省略することとする。

第七　豫算及決算

皇室會計に豫算決算あることは國の會計に豫算決算のあると同じであり、其の法律上の性質も亦同一なりとすべく、豫算は歲入及歲出の見積であり、之に依りて諸機關が皇室經濟を經理して行く訓令の性質を有するもの、決算は豫算執行の結末を整理して、會計の實績を明確ならしむるものである。唯皇室各會計全部に就き豫算決算を作成するのではなく、豫算は大きな會計である御資會計收支部、通常會計、特別會計のみに就き之を作り(會計令第六條)、其の他の會計では其の性質上支出の範圍が極めて限定されて居るから(財本部に就いては收支部に移入の外支出なく豫備品資金は豫備品の購入に當て現金より生ずる收入等は收支部の收入となる。學事資金は通常會計の學習院費、女子學習院費、舊堂上華族保護資金は分賜金及舊堂上華族への貸付金に充當せらるゝに過ぎず)、豫算を作成する實際上の利益も少いが故に敢て豫算を作らず唯後に述ぶるが如く決算と略同性質を有する計算書をのみ作ることになつて居る。內廷會計に就いては固より支出の範圍は別に限定されるものではないが、此の會計は前に述べた様に特別なものであるから別段の規定なきも、事實は豫算あるものと推測せらるゝ。

豫算に經常部、臨時部を分ち、又通常豫算と追加豫算の別あることも政府の豫算と同樣であり、一般行政法學や財政學で說く所を以て足りるから玆には說明を省く。又歲入歲出に就いては旣に大體の說明は了して居るし、其の科目及金額等は公表しないことになつて居るから記述を見合せる。

以下政府の豫算決算と多少相異ある點に就いてのみ簡單な說明を試みやう。

一　年度區分　皇室經濟に於ても會計の年度を立て、其の年度の收入を以て其の年度の支出に充當するのであるが、政府の會計年度が每年四月一日に始まりて翌年三月末日に了るに反し、皇室經濟に於ては各會計とも曆年と一致せしめ每年一月一日を以て始まり同年の十二月末日を以て終ることになつて居る(同令第二條)。是れ蓋し皇室制度には帝國議會と關係がないから、一般取引の便宜に從つたものである。唯國庫より領收する皇室費常額は政府の當該年度支出額十二分九及其の前年度支出額十二分三を通常會計本年度所屬の歲入と定め以て政府の會計年度との調和の道を講じて居る（同令第三條）。

年度內收入の現計が現實の年度內支出に對して不足の場合には御資會計收支部、通常會計、特別會計相互間に於て一時繰替貸借を爲すこと、御資會計收支部に於ては此の外に出納の都合に依り借入金を爲すことを得る（同令第七十五條、第七十三條）。

歲入歲出の年度所屬の區分に就いては略政府の會計法と同じ（同令第三條乃至第六條）。

一會計年度所屬の出納は記帳現計等は兎に角、納入告知書を發して實際之を收入し、或は拂出通知を爲して實際之を支出する等の事務は其の一切を完了するのには翌年度に跨ることあるを免れないから、是等の整理を了し全く出納を閉鎖するのは翌年三月三十一日とする（同令第二條）。而して當該會計年度及出納整理期間（翌年一月一日より三月三十一日迄）の出納の計算は五月三十一日に完了し（同令同條）、諸帳簿を締切る。此の期間も政府の期間と異なる。

二　豫算の作成　各主管部局長官は分任官より提出する豫定計算書其の他の參考書類等を調査攷究して豫定計算書を調製して九月十五日迄に內藏頭に提出し、內藏頭は之に基いて各會計の豫算を調製し十月末日迄に宮內大臣に提出すると、宮內大臣は之を豫算委員會の審議に附す（同令第三十八條、同令施行規則第二十七條、第二十九條、第三十條）。

豫算委員會は委員長一人委員六人より成る合議機關である、何れも宮內高等官中より宮內大臣が勅裁を經て任命する所である。通常豫算に於ては十五日以內に議決すべきを原則とす。審議は自由であるが原案より金額を增加して議決することを得ない。

豫算委員會の議決を經たる豫算案は宮內大臣更に之を考定し、內藏頭の調製、委員會の議決したるもの又は之を修正したるものを宮內大臣の意思として上奏する。此の上奏は十一月三十日迄に爲されなければならない(同令第三十九條、同令施行規則第四十條)。上奏されたる豫算案は更に天皇より帝室經濟會議に御諮詢になりたる後御裁可あらせられて玆に初めて豫算は確定するのである。憲法に於けるが如く豫算不成立の場合の規定のないのは、斯の如き事態は現るべからざるものなりとせるが故であらう。

追加豫算も亦略同樣な手續を經る。唯豫算委員會は原則として五日以內に議決あることを要し、又天皇の特旨に由る特別の支出に係るものは之を付議するの必要がない(同令第三十八條、同令施行規則第三十九條)。

皇室豫算は國の豫算と異なり之を公布せず、宮內大臣が之を內藏頭及帝室會計審査局長官に令達する(同令施行規則第四十四條)。內藏頭は特別會計の豫算を更に其の主管部局長官に通牒し、各主管部局長官は分任豫算を定めて分任官に其の擔任の豫算を、又配付官には配付豫算を通牒し、各會計の分任官は更に其の代理官に分擔部分を通牒す。尙分任豫算、配付豫算は主管部局長官に於て決定變更し得る所である(同令第四十五條、第四十六條)。

三　決算の作成　御資會計收支部、通常會計及特別會計に於ては決算を作成す。卽ち各年度の出納は翌年三月三十一日に了り、數字上の整理等の事務は五月三十一日を以て作られ、分任官、配付官に屬する分に此の日主管部局長官に提出され、主管部局長官は其の會計の全部に亙り決算報告書を調製して六月三十一日迄に內藏頭に提出し、內藏頭は皇室會計全部の決算を八月十五日迄に宮內大臣に提出し宮內大臣は之を其の月の中に帝室會計審査局に同付、其の審査に付し、審査を經たる後上奏す。上奏を了したるときは其の旨帝室會計審査局長官に令達するのである（同令第四十五條乃至第四十七條、同令施行規則第五十三條乃至第五十八條）。

御資會計財本部、豫備品資金、內廷會計、學事基金、舊堂上華族保護資金に就いては決算と稱するものは作成しないが、實質上は之を作成すると同樣、內藏頭は御資會計財本部計算書、豫備品資金計算書、學事基金計算書、舊堂上華族保護資金の收支計算書、管理出納精算書を調製し、內廷會計の主管部局長官は其の收支計算書を調製し、何れも宮內大臣に提出するを要する（同令第四十八條、學事基金管理規則第四條、明治四十五年宮內省達第七號第十四條、舊堂上華族保護資金令施行規則第三十二條、第三十三條）。

御資會計財本部及豫備品資金の計算書は其の後決算し同樣の取扱を受け、學事基金計算書、舊堂上華族保護資金計算書、管理出納精算書も同樣每年八月三十一日迄に帝室會計審査局に回付し、同局の審査檢定を經たる上宮內大臣之を上奏する。舊堂上華族保護資金に就いては此の外、宮內大臣は每年末に於て保護資金に關する會計の狀況を上奏しなければならない（會計令第四十八條、同令施行規則第五十三條乃至第五十六條、學事基金管理規則第四條、舊堂上華族保護資金令第二十四條、第二十五條、同令施行規則第三十二條、第三十三條）。

第八　收入及支出の手續

一　收入手續　收入金は原則として主管の部局長官、分任官又は是等の者の代理官が納入告知書を債務者に發して之を爲す。納入告知書には其の期限及拂込先を指定する。拂込先は宮內省の預金銀行又は出納官吏である。此の預金銀行は宮內大臣の定むる所であつて、現在では日本銀行本店、同銀行小樽、函館、名古屋、京都、大阪、松本の各支店となつて居る。此の外宮內大臣の定むる範圍の收入（即ち債務者の拂込）は郵便振替貯金の方法に依ることが出來るし、又收入金の性質（例之博物館の觀覽料）、地方の狀況（例へば未納金の取立）に依り、納入告知書に依らず出納官吏として直に之を領收せしむることを得る（會計令第四十九條乃至第五十一條）。

御料に屬する債權の時效は民法商法に依る所なるも納入告知書を再發するときは當然に時效を中斷するの效力を有せしむるなり（同令第六十五條）。

各會計間の移入、或は賣買（例へば通常會計へ帝室林野局より木材を賣拂ふ場合の如し）等の場合には振替（又收支手續とも云ふ）に依り實際の現金の受授或は納入の手續を爲さず、單に帳簿上の振替を以て會計を整理する。振替方法に就いては細微な手續に關する規定があるが、說明は省略する（會計處務規程）。

二　支出手續　仕拂を爲さむとするときは原則として、現金の交付に代へ小切手を振出し仕拂を受くべきものに交付する。小切手の振出人は、內藏頭、主管部局長官又は分任官となつて居り、仕拂人は宮內大臣が豫め指定する御料に屬する現金の預金銀行（現在にては日本銀行なること前述の如し）である（同令第五十三條、同令施行規則第六十三條）。小切手の交付は會計上は金錢の支出の效力を有し、又債權者等は之が受領を拒むことを得ない。小切手は所持人に於て其の日附より十日內に呈示して支拂を求むべきであるが、此の期間經過後と雖も支拂人に於て支拂と爲すことは出來るから（商法第五百三十三條、同條ノ二）、皇室會計法規（會計令施行規則第六十四條ノ三）は債權者の便利を圖り且所持人の利得償還請求の頻數を防ぐ爲め、二年間は之を支拂ふべきものとした。二年の期限が來れば未拂による利益を其の年の歲入に受入れて之を整理し、其の後は利得償還の請求を待つて、主管部局長官が改めて小切手を振出す(商法第四百四十四條、皇室の會計處務規程第九十九條、第百條)。仕拂の多いに拘らず日本銀行より現金を受取るに不便なる地方には特定の小切手買入銀行を指定し、券面金額にて小切手を買入れしめ、宮内省が其の手數料を仕拂ふことになつて居る。

小切手に依る仕拂の外に、銀行に依る送金、郵便振替貯金に依る送金及現金前渡官吏に依る現金の仕拂が認められて居る。卽ち隔地者に對する仕拂に就いては、送金せむとする金額を仕拂人日本銀行、受取人送金取扱銀行(宮內大臣豫め之を指定す。現在は第一銀行及十五銀行)の小切手と送金指定書とを送金取扱銀行に交付して送金の手續を爲さしめ、債權者には送金通知書を直接に送り、債權者は銀行より銀行任意の方法に依る支拂を受くるのが第一の場合である。第二の郵便振替貯金の送金範圍は宮內大臣が特に定むるものであつて、現在は恩給仕拂に限られて居る。第三の現金前渡官吏に依る方法とは、或る法定の費目に限り指定したる官吏に所用概算の金額の小切手を振出し、此の官吏をして現金を所持せしめ、必要に應じ債權者に現金の仕拂を爲さしむるのである(同令第五十六條乃至第五十八條、第六十條)。

仕拂は仕拂原因たる仕拂を受くべき者の義務の完了後に爲すを本則とするも、特定の場合には前拂、分割拂、概算拂等を許す。是等は略國の會計と同一であるから解說を省くこととする(同令第五十九條、第六十一條乃至第六十四條)。

第九　皇室經濟の監督

金錢に依らざる收入支出——例へば物と物との交換——は固より經濟上の重要性を有つて居らぬ。故に皇室經濟の監督も主として金錢會計に就いて行はれるものである。金錢會計は前に述べたやうに主として各會計の主管の部局長官に依て行はれるものであるから、之が上級官廳又は特設の機關に依て行はれ、重要な事柄に關しては宮內大臣補弼の下に勅裁を仰ぐことになつて居る。此の場合の勅裁は卽ち事前監督の作用を爲す。

一 勅裁事項

(1) 豫算の裁可　豫算は勅裁に依て決定する。豫算は訓令的性質を有するが故に、此の勅裁は監督的な作用を爲すものである（會計令第二十八條、第四十條）。

(2) 第一豫備金の補充費途の決定及第二豫備金の支出　通常會計及特別會計の豫算には第一豫備金及第二豫備金の項（款は豫備金）を置き、前者は避くべからざる豫算の不足を補ふもの、後者は豫算外に生じたる必要の費用に充つるものであり、第一豫備金を以て補充し得べき費途は各年度の初に於て宮內大臣勅裁を經て之を定め、第二豫備金は支出の項目を定めて勅裁を經て決定するものである。何れの勅裁も帝室經濟會議に御諮詢を經る。一度定まりたる豫備金の費途及第二豫備金支出の金額は之を他の費途に流用することを得ない（同令第三十一條乃至第三十六條、第四十條）。

(3) 豫算決定前の契約又は經費支出　一年度の收支及收支原因たる契約は當該年度に入りて後爲し得るのを原則とするが、豫算決定の後は正當の事由ある場合に限り年度開始前に契約及支出を爲すことを認められて居るが、當然來るべき年度の豫算に計上せらるべき費目に就き、尙豫算決定せず而も緊急契約又は支出を爲すことを要するときは勅裁を經て之を爲すことを得る（同令第三十七條）。

(4) 通常會計に於ける追加豫算、第二豫備金支出の決定前に於ける繰替拂　は緊急の場合に限り特旨に依り之を爲し得る(同令第四十一條)。

(5) 數年に涉りて御料の負擔と爲るべき契約の締結　は勅裁を經ることを要し且負擔に屬する每年の經費は之を各年度の豫算に示さなければならない(同令第四十二條)。

(6) 重要なる財産の處分　の場合は帝室經濟會議に諮詢されることになつて居る(財產令第八十一條)。之は其の反面に於て宮內大臣等の專決事項に屬せしめず、勅裁事項と爲すの主旨なること明かである。

(7) 御資會計中財本部より收支部への移入

(8) 御資會計收支部に於ける借入金　是等の事柄に就いて(7)は前に述べた通りであつて、何れも勅裁事項に屬する。

(9) 貸付金を爲す場合　通常會計及特別會計に於ては特別の事由ある場合に限り貸付金を爲すことを得。此の場合に於ては別段の規定あるものを除くの外勅裁を經ることを要する(會計令第七十四條)。別段の規定とは例へば舊堂上華族保護資金令(第四條)の如し。將來斯の如き規定を制定する場合も亦勅裁を經べきは勿論である。

二　宮內大臣の監督　宮內大臣は所部職員を統督する權利義務を有する者なるが故に、其の會計監督の權限も包括的である。故に何時にても會計に關し、或は報告を求め、或は實地に檢査することを得る(宮內省官制第二條)。是を法規の上に表はした具體的のものとしては(一)豫算の令達(二)決算、諸計算書を提出せしめ之を上奏すること(三)諸銀行の指定(四)郵便振替貯金利用範圍の決定(五)定時又は臨時に檢查員を命じて出納官吏の保管する帳簿、現金、地金銀、有價證券を檢查せしむること(會計令第九十二條)(六)出納官吏の所爲に因る損失に對し帝室會計審查局の判決前と雖も辨償を命ずること(同令第九十條)等があり、是等は宮内大臣の權利にしてまた義務である。

此の外に事前監督の方法として會計の主管者をして必ず宮内大臣の認可を受けしむることがある。其の事項は澤山あるが前に述べた(一)財本部に於ける地金銀、登錄國債及有價證券の引受、購入、轉換(二)收支部に於ける剩餘金の繰越(三)收支部より財本部への年度内移入(四)第一豫備金の支出(同令施行規則第七十五條)(五)定額の繰越(同規則第八十五條、第八十六條)(六)通常會計に於ける歲計剩餘金の繰越(同規則第八十九條)(七)豫算決定後年度開始前の契約又は支出(同規則第九十條)(八)各會計間の一時繰替拂(同規則第九十一條)(九)競爭に付するを不利なりと認め隨意契約を締結する場合(同規則第百二十條)(十)土地建物の購入又は賣拂(同規則第百二十四條)等は其の重なるものである。

三　帝室會計審查局の審查

帝室會計審查局は會計審查の爲めに特設せられたる機關であつて宮内省の一部局であるが、會計の審查に付ては決して宮内大臣も之に干渉することを得ない(帝室會計審查局官制第一條、第二條、第十三條)。内廷會計以外の會計は總て同局の審查を受くるものであつて、同局は法規上當然豫算の令達を受け、決算調製せられたるときは決算書の回付を受くるのみならず(會計令第四十六條等)、規定上或は時に臨み計算書、證憑書等を提出せしめて書類上の審查を爲すと共に、主管の部局に就き書類、帳簿、現金、地金銀、有價證券、物件、工事其の他の實況を檢查し(會計審查規程に詳し)、不明瞭又は不合規の件に關しては主管の部局長官に對し推問書を發し辨明を求むることが出來る(帝室會計審查局官制第十條)。

會計審査局の審査範圍は金錢會計に止まらず、皇室財產令の規定又は物品會計に關する規程に依り作成したる土地物件の臺帳、帳簿及目錄に就き關係書類及現在額を比照して物品會計の審査をも行ふものであつて、審査方法は金錢會計の審査と略同樣である（會計審査規程第三十六條以下）。

審査局長官は每年審査の成績を上奏し、會計に關し改正を必要とする事項あることを認めたるときは併せて意見を上奏することを得る（同官制第十二條）。又審査局の書類、辯明書提出の要求に對し故なく之に應ずることを怠りたるとき、會計上不合規の事項又は重大なる過失ありたるとき、會計上適法ならずと認め注意を與へたるに拘らず仍之を改めざるときは、帝室會計審査局長官は宮內大臣に具申して、主管部局長官又は當該官吏の懲戒處分を要求することを得べく、又出納官吏の計算を正當ならずと判決したるときは其の旨を宮內大臣に具申して處分を要求しなければならない。此の審査判決は再審制度を認められて居る（同規程第二十七條乃至第三十二條）。是等の事項は總て帝室會計審査官より成る審査會議に於て議決すべき所である（同規程第三條乃至第十條）。各年度の決算は宮內大臣之を帝室會計審査局に回付すべく、審査局は之を審査して報告書を提出す。宮內大臣は之を待ちて決算を上奏する（會計令第四十六條、第四十七條）。之亦會計監督の一方法である（以上會計の事に關しては宮內職員講習用敎本として高木參事官著「皇室會計法規大意」池田參事官著「皇室會計法規要義」がある。本書是等の好著に負ふ所多し、記して謝意を表する。）。

第十一講　皇室の裁判制度

第一　總説

天皇は民事上及刑事上の責任を負はせられざるべきは我が國體當然のことであつて、憲法は之を「天皇は神聖にして侵すへからす」(第三條)と明文に著して居る。唯財産權に關する法律上の事柄は臣民と相渉りて、其の利害に係はること多きが故に、御料財團たる法人を認め、其の機關たる宮內大臣を以て御料に關する法律上の行爲に付ての當事者と看做して居るのである(財産令第二條)。

皇族の中三后、皇太子、同妃、皇太孫、同妃、未だ婚嫁せざる未成年の皇子及皇太子、皇太孫の子にして未だ婚嫁せざる未成年者の財産法上の地位は略天皇のそれと同じであり(同令第二十一條)、親族法の地位は皇室親族令の定むる所に依る(第七講參照)。此の以外の皇族は第九講に於て說明した特殊な場合の外は民商法及其の附屬の法令に基く民事上の責任を負はる(同令第二十二條)。

御料財團及皇族が可成廣い範圍に於て民商法系統の國の私法の適用を受くることは前に述べた如くである。刑事上の責任に關し國の刑事法の適用ありや否やに就いては、之を直接明確に規定した法文はない。然し皇室典範(第五十一條)に「皇族は勅許を得るに非されは勾引し又は裁判所に召喚することを得す」と云ふ規定を存し、又之と略同時に而も憲法と不可分の關係に於て制定せられたる裁判所構成法(第五十條)に大審院が第一審にして而も終審として「皇族の犯したる罪にして禁錮以上の刑に處すへきものの豫審及裁判」に付き裁判權を有する旨を規定して居る點から見れば、皇室令を以て特別の刑事法を制定せざる限り、國の刑事法が皇族にも適用ありと見たことは明かである。皇室令を以て皇族に適用すべき特別の皇室令を制定し得べきや否やに就いては多少の議論はあらうけれど、憲法の「臣民の權利義務」と云ふ場合の臣民中には皇族を含まずと解すべきが現在の法制系統上正しいこと、私法、公益法、行政法の各部門に亙り特別の皇室令の存することから考へ、又現に皇室令たる皇室裁判令が裁判所構成法と異なつた規定を作つて居る點から見て、皇室令が特別刑事法を立法し得るものと解すべきである。但し現在に於て此の如き法規を實際上存せないのみである。

御料財團及皇族の民事上及刑事上の責任關係が以上述べた如くであるから、其の裁判制度も

(一)御料、皇族相互間の民事訴訟
(二)御料、皇族と人民間の民事訴訟
(三)司法裁判所の裁判權に屬する刑事訴訟
(四)軍法會議の裁判權に屬する刑事訴訟

に區分されなければならない。

第二　御料と皇族間の民事訴訟

是に就いては皇室典範にも、皇室裁判令にも何等の條文がない。蓋し斯の如き事態の發生を豫想し得ないからである。假に發生したりと想像すれば、その時に臨んで宮中に特別の裁判機關を設けらるべきの主旨なることは皇室裁判令の精神から考へて當に然るべき所であらう。尤も御料と人民間に訴訟を認め、皇族相互間にも之を認むるが故に法制上當然御料皇族間の訴訟が認められて居る——訴權が與へられて居る——と解釋することは無理である。唯事態の起るべき場合なしと制度上考へられて居るのであつて、假に法律關係の紛糾を生ずとしたら、それは臨機の措置を待つものである。卽ち上に述べた所は謂はゞ一の事務的の意見に過ぎない。

第三　皇族相互間の民事訴訟

皇族相互間に民事の訴訟が生ずると云ふことも殆んど有り得ないことではあるが、皇族の御人數も多いことであるから絕無を期し難いことであり、從ひて法制を整備する上から云へば、之に關する法規を置かざるを得ない。故に皇室典範も「皇族相互の民事の訴訟は勅旨に依り宮内省に於て裁判員を命し裁判せしめ勅裁を經て之を執行す」（第四十九條）と規定し、之を承けて皇室裁判令は更に細い規定を設けて居る。

一　皇室裁判所　　皇族相互の民事訴訟及皇族の子の嫡出・庶出の身分に對する訴の裁判機關として皇室裁判所

が置かれる(裁判令第一條)。此の裁判所は臨時必要に應じて置かれるものであつて常設の機關ではない(同令同條第二項)。

其の組織は樞密院議長、同副議長、樞密顧問官、大審院長及勅任判事の中より宮內大臣の奏請に依り勅命せらるる七人の皇室裁判員より成り、此の中より宮內大臣の奏請に依り裁判長一人が勅命せらるゝ。皇室裁判所には宮內大臣が、宮內奏任官中より任命する書記官、宮內判任官中より命ずる書記を置く。書記官は訴訟書類の調製、送達及裁判の執行竝庶務を掌理し、書記は上官の指揮を承け庶務に從事する。卽ち事件の審理及裁判は法律の專門家又は時務に練達の者の中より選ばれたる皇室裁判員の職掌と爲し、その他の事務は宮務に通ずる宮內官中より選ばれたる皇室裁判所書記官、皇室裁判所書記の職務と爲すのである(同令第二條乃至第四條)。此の外「皇室裁判所は司法裁判所に法律上の輔助を求むることを得」(同令第九條)。法律上の輔助とは證據調、訊問等法律の適用を明確にする爲め必要なる審理手續の輔助の意味なりと解すべきであらう。審理手續に就き司法裁判所の輔助を求め得るの途を開いたのは專ら之が經驗ある者をして限られたる專門裁判員の人手の足らざるを補はむが爲めである。

二　訴訟手續　に就いては皇室裁判令は重要なる事項二三に關し規定を設くるの外皇室裁判所が勅裁を經て之を定むべきものとして居る(同令第十三條)。是れ行政裁判法(第四十三條)、捕獲審檢令(第二十條、第二十七條)の如く、細目の規定は之を裁判所自身の立案に委ぬるを便利なりとしたものであつて、唯愼重を期する爲め勅裁を經ることを要するものとしたものであらう。皇室裁判令中特に明文を置いたものは次の如くである。

(イ)　訴の提起　は訴狀を宮內大臣に提出して之を爲す。宮內大臣之を受理したるときは皇室裁判所の開設を具案して奏請しなければならない。又宮內大臣が特別皇族の財産に關する法律上の當事者として訴を提起する場合（財産令第二十一條）、皇族の遺産清算人たる場合に遺産に關する法律上の當事者として訴を提起する場合（同令第七十五條）、皇族の子の身分に對し異議ある旨の訴を提起する場合（親族令第四十七條）等、宮內大臣自身が訴を提起する場合には先づ皇室裁判所の組織を奏請し、其の組織成りたる後之に訴狀を提出する（裁判令第六條）。

凡て「訴狀には當事者、法定代理人請求の趣旨及原因竝年月日を記載し原告又は其の法定代理人之に署名捺印すへし」（同令第七條）。代理人に關し此の條文のみを存する所から見れば皇族相互間の民事訴訟に就いては訴訟代理人を認めないが如くであるが、此の點に就いては皇室裁判所の定むる所に依るの法意であらう（民事訴訟法第七十九條、第二百二十四條參照）。

（ロ）口頭辯論　の行はるべきことは規定があるが、その方法等の細則は規定されて居らない（裁判令第八條）。而して、民間の訴訟の對審判決は憲法上原則として公開されるのであるが（憲法第五十九條）、皇族間の訴訟は內廷の裁判に依るを以て（典範第四十九條）その辯論はまた公行せられないものと定められて居る（裁判令第八條）。宮內大臣は辯論に立會ひ意見を述ぶることを得（同令第十條）。宮內大臣は此の外訴訟に關し報告を求め意見書を提出することを得る（同令同條）。何れも裁判所の參考に資し判決の適切を期せむが爲めである。

（ハ）送達　に就いても皇室裁判所書記官が之を行ふべき旨の規定あるのみである（同令第四條）。

（ニ）證據　に關する法規は存せないが、皇族人民間の民事訴訟に於て當事者たる皇族の訊問は其の所在に就き之を爲すべき旨特に明文を設けたる所から考へると、皇族相互間の場合には之を法廷に於て爲し得とするの法意であ

ら う(同令第十六條)。

(ホ)　裁判の判決　は書面を以てし、判決書には(一)當事者及法定代理人(二)主文(三)事實(四)理由(五)年月日を記載し皇室裁判員之に署名捺印するを要する(同令第十一條)。裁判も亦之を公行せざるが故に(同令第八條)一般訴訟に於けるが如く主文を朗讀して言渡すことを要せず、唯判決の實體を明確にするのである。

(ヘ)　裁判の執行　は皇室裁判所の管轄に屬し(同令第五條)、同裁判所書記官の掌理する所に屬す(同令第四條)。裁判の執行に關する規定は是等皇室裁判令に別段の定あるものを除くの外は皇室裁判所が勅裁を經て定むべきものであるとされる(同令第十三條)。

(ト)　上訴　皇族相互間の民事訴訟は一審にして終審なること皇室裁判所の構成より見ても明かである。

(チ)　皇室裁判所の廢止　皇室裁判所は臨時の機關であるから、事件の裁判が濟み、職務が終つたときは廢止され、裁判長は記録を宮内大臣に引繼ぐ(同令第十二條)。

第四　皇族人民間の民事訴訟

民事の訴訟は一般臣民の私權の保護の爲めに設けられたる制度なるを以て、特別なる事項を除くの外皇族に關係する事件と雖も一般民事法に據るを適當とするを以て皇室裁判令は「皇族人民間の民事訴訟に付ては本令に別段の定ある場合を除くの外一般の法令に依る」(同令第十四條)と規定された。別段の定ある場合とは次の如きものである。

（一）　假執行、督促手續、假差押及假處分に關する一般法令の規定は之を適用せず。是等の處分又は手續は皇族の品位に適するものでないこと勿論である（同令第十四條但書）。

（二）　「人民の皇族に對する民事訴訟の第一審及第二審は東京控訴院の管轄に屬す。但し第一審の訴訟手續は地方裁判所の第一審手續に關する規定に依る」（同令第十五條）。此の條文は皇室典範第五十條に「人民より皇族に對する民事の訴訟は東京控訴院に於て之を裁判す」とあるに照應したものであつて、皇室裁判令制定前も裁判所構成法（第三十八條）に同樣の條文があつた。又同法には第一審及第二審の裁判官の部の組織を區別し、「第一審は三人の判事を以て組立てたる部に於て審問裁判し、第二審は特に五人の判事を以て組立てたる部に於て審問裁判す。其の三人又は五人の判事中一人を裁判長とす」（同法第四十一條）と云ふ規定がある。是等二つの規定は皇室裁判令の施行に依り、皇室典範第一增補第八條の「法律命令中皇族に適用すへきものとしたる規定は此の典範又は之に基つき發する規則に別段の條規なきときに限り之を適用す」と規定せるに依り、當然皇族に適用なきことになり、人民の皇族に對する民事訴訟は同令により東京控訴院の管轄に屬し、其の部の組織は一般の控訴院の部の組織と同樣なるものとせらるゝことになつた（同令第十四條、民事訴訟法第四十條）。

（三）　皇族は代人を以て訴訟に當らしめ自ら訟廷に出づるを要せず（典範第五十條但書）。之は皇室令たる皇室裁判令以上の根本法令たる皇室典範に依りて認められたる皇族の特權である。

（四）　當事者たる皇族の訊問は其の所在に就き之を爲すべし（裁判令第十六條）。之は前號に擧げた皇族の特權を敷衍した規定とも認め得るものである。

（五）皇族に對する書類の送達は裁判長が宮内大臣に囑託して之を爲す（同令第二十八條）。

（六）皇室裁判令の適用に關し親族關係は皇室親族令の定むる所に依るが、血族に付ては六親等內に限り之を親族とす（同令第三十條）。親族關係は訴訟上に於ては裁判所職員の除斥及證言鑑定の拒絕等の原因となるのであるが、斯の如き場合に於て皇族間の親族關係を皇室親族令の定むる如く總ての血族を以て親族とすることは、其の範圍廣きに失し、訴訟上の原則適用に不適當であるから、之を民法同樣六親等內に限つたのである。

以上は一般の皇族に對する人民よりの民事訴訟に關する事柄であるが、三后、皇太子、同妃、皇太孫、同妃、未婚の未成年皇子、皇太子・皇太孫の子にして未だ婚嫁せざる未成年者、卽ち宮內大臣が其の財產に關する法律上の行爲の當事者と看做さるゝ皇族に就いては、人民より御料に對して提起せらるゝ民事訴訟と同樣の取扱を受くる（同令第十七條）。

第五　御料と人民間の民事訴訟

是に就いては、

（一）假執行、督促手續、假差押及假處分に關する規定を適用せず。

（二）第一審及第二審は東京控訴院の管轄に屬し、但第一審の訴訟手續は地方裁判所の第一審手續に關する規定に依らしむ。

其の外は總て一般の民事訴訟に關する法令に依るのである(同令第十七條)。

以上述ぶる所は、御料と人民との民事訴訟の外、宮內大臣が民事訴訟の當事者たる場合卽ち三后、皇太子、同妃、皇太孫、同妃、未だ婚嫁せざる未成年の皇子及皇太子・皇太孫の子にして未だ婚嫁せざる未成年者の財產に關する當該皇族人民間の民事訴訟及皇族の遺產相續人なき場合の遺產の淸算に關する民事訴訟の場合にも之と同樣に取扱はるゝのである(同令第十七條)。

第六　司法裁判所の裁判權に屬する皇族の刑事訴訟

皇族に對する刑事訴訟にして、後に說く軍法會議の裁判權に屬するものの外は、皇室典範又は皇室裁判令に特別な規定のあるものを除き一般の刑事訴訟の法令に依る(同令第二十四條)。特別なる規定は次の如くである。

一　勾引及召喚　皇族は勅許を得るに非ざれば勾引し又は裁判所に召喚することを得ず(典範第五十一條)。

二　裁判所の管轄　總て大審院の管轄に屬し、大審院に於ては大審院長及勅任判事を以て組織したる部に於て審判を爲す(裁判令第十八條、第十九條)。此の規定は卽ち裁判所構成法(第五十條、第五十三條)が皇族の犯したる禁錮以上の刑に處すべき罪に付てのみ大審院の特別權限と爲したるを變更し、罰金以下の刑に係るものと雖も之を大審院の管轄と爲し、而も大審院の部は五人の判事を以て組織すべく、其の構成者の資格を限定せざるの例に倣はず、地位高きものをして審理裁判に當らしむることとし以て裁判の愼重を期したのである。

皇族に對する刑事裁判が第一審にして終審なることは此の規定から明かである。

三　捜査　は檢事總長の指揮に依り、押收・捜索其の他の强制處分は皇族に就いては勅許を得且宮内高等官の立會あるに非ざれば之を爲すことを得ない（同令第二十條、第三十一條）。卽ち急速を要する場合又は罰金以下の刑に該るべき犯罪捜査の場合と雖も檢事、司法警察官其の他の者の專斷に依りて捜査を開始することを得ず。又檢事總長指揮の下に捜査を開始するも皇族の物を押收し、皇族の所在に就き、或は皇族邸に就き捜査を爲す等皇族に對し强制處分するには必ず上述の手續を要するのである。

四　豫審　檢事總長捜査を終り起訴すべきものと思料したるときは檢事總長は大審院長に豫審を請求すべく、此の請求ありたるときは大審院長は其の院の判事に豫審を命ず。但し事宜に依り他の裁判所の判事をして豫審を爲さしむることを得る（同令第二十一條、第二十三條、刑事訴訟法第四百七十九條等參照）。

五　訴訟手續　は總て刑事訴訟法第四編の規定卽ち大審院の特別權限に屬する訴訟手續の規定に依る（同令第二十三條）。前述皇室裁判令第十八條に依り、皇族に對する刑事訴訟法は一般訴訟法上の大審院の特別權限に屬するものとは云ひ得なくなつたが、其の訴訟手續は之と同樣に愼重ならしむるを要するが故に此の法文が置かれたのである。

六　公判　には必ず檢事總長が立會はなければならない（同令第二十二條）。

七　親族關係　訴訟手續等皇室裁判令の適用に關し、親族關係は皇室親族令の定むる所に依るが、血族は六親等内に限り之を親族とす(同令第三十條)。

八　書類の送達　は裁判長、宮内大臣に囑託して之を爲す(同令第二十八條)。

九　刑の執行手續　は一般法に依らず、之を皇族の身位に鑑み、充分愼重ならしむる爲め、司法大臣が勅裁を經て定むることになつて居る(同令第二十四條第二項)。

第七　軍法會議の裁判權に屬する皇族の刑事訴訟

陸軍軍法會議法、海軍軍法會議法及附屬法令の規定は皇室典範及皇室裁判令に別段の定ある場合を除くの外皇族にも之を適用せらるゝ(同令第二十五條第一項)。特別の規定次の如し。

(一)　皇族は勅許を得るに非ざれば勾引し又は裁判所に召喚することを得ず(典範第五十一條)。此に所謂裁判所とは軍法會議をも包含すと解すべきである。

(二)　皇族の犯罪は高等軍法會議に於て之を審判す(裁判令第二十六條第一項)。即ち第一審にして終審である。

(三)　高等軍法會議の裁判官は大將たる判士三人及法務官二人を以て之に充つ(同條第二項)。

(四)　捜査は陸軍大臣又は海軍大臣の指揮に依る(同令第二十七條)。

(五)　押收捜査其の他の强制處分は皇族に付ては勅許を得且宮内高等官の立會あるに非ざれば之を爲すことを得ず(同令第三十一條)。

（六）皇族に對する書類の送達は裁判長宮內大臣に囑託して之を爲すべし（同令第二十八條）。

（七）皇族に對する刑の執行手續は陸軍大臣又は海軍大臣勅裁を經て之を定む（同令第二十五條第二項）。

第八　人民相互の民事訴訟及人民に對する刑事訴訟に於ける皇族の地位

是等の訴訟に就いても當事者としてに非ずして皇族に關係ある場合を豫想し得るが、此の場合に於ては左の諸點を除くの外は一般の法令が皇族にも適用せらるゝのである（同令第十二條第三）。

（一）皇族は勅許を得るに非ざれば裁判所に召喚することを得ず（典範第五十一條）。

（二）皇族に對する書類の送達は裁判長宮內大臣に囑託して之を爲す（裁判令第二十八條）。

（三）皇族證人なるときは其の所在に就き訊問を爲すべし（同令第二十九條）。

（四）親族關係は皇室親族令の定むる所に依る。但し血族は六親等內に限り之を親族とす（同令第三十條）。

（五）押收搜查其の他の强制處分は皇族に付ては勅許を得且宮內高等官の立會あるに非ざれば之を爲すことを得ず（同令第三十一條）。

附言

以上により皇室制度の大要は之を了解せられたことと思ふ。固より此の外に皇族會議のこと、宮內省の組織のこと、或は宮務と政府との事務の交錯すること等に就き、說くべき事柄はあるのであるが、是等は講話の題目としては稍專門に亙るから、皇室制度に關し、他日今少し詳細にして整備した著作を公にする際まで之を省き、玆に此の講話を閉づることとする。

附録

文明通觀

凡百の事實（Data）を蒐集し、分析し、綜合して自然界の現象を解明する原則を抽出することが、自然科學であるならば、社會科學も亦當然同樣の方法に據るべきである。此の意味に於て古文書、古記錄のみに賴る歷史學は事實の羅列を爲し得ても、科學的に探究された人間の歷史を編むことは出來ない。また同樣に現存野蠻人の生活狀態を描く人種誌學（Ethnography）と主として中世以後の經濟史と而して又一元論とを結び附けてイデオロギーに迄飛揚せるマルクス一派の社會主義學說も、決して彼等の誇稱するが如く科學的なものではない。

それと共に我々の心に留めなければならないことは、自然科學と雖も無限に理論に徹底して居るものではない。究極する所は或る種のア・プリオリーに立つて居ると云ふことである。例へば石原純博士（物理學概論）も述べて居る樣に『私は假說をつくらない』と云ふことを一の標語としたニュートンでさへも、光の微粒子假說を稱へてその諸現象を說明しやうとしたのは有名な事柄である。」況やその後の原子、電子、量子に關する假說の如き總て一定の假定に立脚して居るのである。唯自然科學の假定は事實の蒐集、卽ち經驗に基く諸現象を歸納し、更に理論を演繹發展せしめんが爲めの基本として結集せしむるものであるから、現狀に於ける社會科學が事實の蒐集を粗末にしながらイデオロギーを樹つるのとは雲泥の差がある。一面から云へば、それだけ社會科學の分野に於ては更に開拓すべき新境地があらねばならぬ筈である。

扨て前置が大變長くなつたが、斯の如き觀點に立つて人類の眞乎の歷史を極めて概括的に通觀して見やう。

人間は猿から進化したであらうと云ふ進化論が唱へ出されてから、人類學者は頻に猿類と人類との中間動物を探し求め、また現に英國のキース博士の如きも、老軀を提げて今尙孜々として之に從事して居るが、いまだにそんなものは發見されない。

今日迄發見された最も古い人骨は一八九一年から翌一八九二年に亙つてジヤワで發見された、ピテカントロープス・エレクツスと稱せられるものであつて、之が人類であるかどうかと云ふことに就いては盛な論爭があつたが、今日では略之は第三紀に住んで居た人類であると云ふことになつて居る。此の點から云へば、人類は今から凡そ四十五萬年前には存在したと云ふことになる。アフリカ南端で一九二四年に發見した所謂タングス頭蓋に就いて、南亞の學者ダート博士は之をジヤワ發見のものより古い人骨であると主張するが一般には類人猿の骨だとされて居る。其の次に古いものは一九二九年北平に近き周口店《チユウクウチエン》にて發見されたシナアントロープス・ペキンネンシスである。其の生存した時代は今から約二十五萬年前とせらるゝ。是等の者を最古人として、その後に於てはハイデルベルグ人、ピルトダウン人、ネアンデルタール人、ローデシア人等があるが、是等は何れも第四紀卽ち地質年代から云へば現在より一時代前の人類である。

現人――現に地球上に生存しつゝある人類――の先祖は氷河期の終つた頃に初めて發現したクロマニヨン人類であると云はれる。そして此の人類は前時代の人類とは動物學乃至人類學的に云つて全く種類の異なるものとせらる。ジヤワ・マンやペキン・マンの文明程度は何にもその遺物が發見されないから皆目分らない。然し、ヨーロツパに於て屢〻鮮新世末期頃の地層から出る所の天然石に近い石器は恐らく第三紀人類の使用したものであらうと云はれて居る。洪積世の人類になると、硝石とか、燧石とか割り易い石を態〻割り、其の割目に細いギザギザが出來るのを利用して、物を擊ち、切り、擦る等極めて簡朴な動作の助けと爲した。矢の根だとか彫刀とか云ふものは彼等は發明して居なかつた。此の時代を前期舊石期時代と云ふ。

前にも述べたやうに現人の最も早く現はれたのはクロマニヨン人である。此の原人が初めて近代人の手に依つて發掘されたのは今より丁度一一〇年前、西暦一八二三年サウス・ウエールスのパヴイランドの洞窟である。一體の男子の骨であつたが、當時の學界は之を女子と誤認し、且つそれが赤鑛を周圍に詰めて葬つてあつたところから、今だに「パヴイランドの赤色夫人」(Red Lady of Paviland) と呼ばれて居る。その後一八五二年にオリニヤツク洞窟――それは多分一つの墓地だつたらうと云はれる――から同樣な人骨二十體が發見されたのを初めとして西南ヨーロツパから多數出土した古人類がある。其の相貌から云へば上顎が前方に出で、顏面上部が垂直的である點から云つて、全く現人(ホモ・サピエンス)であると思はれる。所謂ソルユトレ文明(ソルユトレ人と云はれる中にブルユン、ブルユツクス出土の廣頭もあるが、それは長頭屬のクロマニヨン人の早期時代に偶々ヨーロツパに現はれた極めて數の少い人種であると說かれる)マグダレニアン文明を生んだ人種も、此の原始クロマニヨン人の發達したものであると稱せらるゝ。

クロマニヨン人の文明は、考古學者は之を後期舊石器時代の文明と名附けるけれども、前期舊石器人と後期舊石器人とは人類學的に頗る差異があるのみならず、その文明の體容に於ても大變な相異がある。石器の形式に依つて人類の種類或は文化程度を誤認してはならない。例へば石器が磨いてあるかどうかと云ふことに依る區分——所謂舊石器と新石器の區分——の如きは道具の形式の區分であつて、文明程度の區分、人類分目の區分とは一致しないことを辨へなければならない。

クロマニヨン時代、換言すれば現人時代に入りてより人生の文化は俄然として上昇した。前期舊石器時代及後期舊石器時代の間に溝渠（Hiatus）のある事は、石器の樣式を偏重する石器學者自身の認むる所である。

此の時代の人間——卽ち現人最初の人類——は宗教心を持つて居たことは其の葬法を有することから疑がない。彼等が共同生活を營んだことも、彼等が洞窟に殘した繪畫——隊を爲して野獸を狩り、隊を爲して敵に當る圖等——に依つて肯かれる。子を愛し、老を敬ひ（老を敬ふことは親を尊ぶことに發するは勿論である）、夫妻相戀したことは、墓地の發掘に依つて明かにされた。美を愛する心は、その彫刻繪畫に依つて窺はれる。彼等が生活資料を豐富ならしめんと努めた證據には、前代に於ては曾て存在しなかつた弓矢の如き遠戰器が發明され、巧妙な銛も利用され、角や蔓を應用した容器、また恐らくは或種の土器も用ゐられた。人間の經濟性能は此の時代から大にはたらいたのである。

之を要するに現人は其の發現當初に於て、——ダータの蒐集から歸納して——宗教性、共同性、道德性及經濟性を有して居つたのである。

クロマニヨン人がヨーロツパ現人の始祖である如く、南亞に於てはフイツシユ・ホエツク人が發見され、東部アフリカから、西はスペイン、東はパレスタインに亙り一文明形體を作るカプシアン人の居たことが明かにされた。何れも前期舊石器人卽ち前代の人類よりも斷然進んだ文明を有して居つた。

人類は所謂新石器時代に入て更に革命的な躍進を遂げたのであるが、近來の學者は後期舊石器時代と新石器時代との間に中間石器時代と云ふものを認めて、その文明を細分してアジール文明、タルデノイス文明、アスツリア文明、マグレモーゼ文明、北歐貝塚文明、カンピーニー文明等と爲す。

中間石器時代の文明はその藝術に於て後期舊石器の最盛期に劣るものあるを思はしめるが、一方彩礫（小石に酸化鐵等の赤色染料で文字の如きものを描いたもの）を作り、爐を使用し、小さくて綺麗な石器を作り、土器を製した等の點は來るべき新石器時代の先驅と見るべきであらう。

中間石器時代の存在が學界に認めらるゝ以前は、第四紀の終末期に於てヨーロツパは荒廢して人跡を絕ち、その後非常な年數を經て再び人類の住むに適する樣になつて後初めて東方人が新に侵入して來て、新石器文明を出現したのであらうと云はれた。中間石器の研究は未だ搖籃時代に在るのであるから、此の溝渠を滿すには足りないけれど、次第に勢力を得つゝあることは事實である。此の文明を如何なる人種が營んだかもまだ判然とはしない。南ドイツオフネツトのアジール文明遺跡に於て、二十七體及六體を葬つた場所を發掘した。死體は總て西向に埋葬され、婦人は猪牙や、蝸牛の殼で作つた裝飾品を身に着けて居る。此の人骨を研究すると、それはクロマニヨン人と同じく、長頭ではあるが、その面貌の長い點から云つて新石器時代に現はるゝ廣頭屬との混血を想像させるものがある。また純然たるアルパイン人の先驅と認めらるゝ廣頭の者もあつた。ヨーロッパの學者は多く新石器時代人は東方から西漸し來る前既に地中海人種、アルパイン人種、北方人種（ノルヂツクス）の三種に分れて居たと說く。

新石器時代の文明の特徵としては、磨製石器の外に農業及家畜の創始、精巧なる土器の使用等が擧げられる。事實文化體容全體としても前代の文明とは霄壤の差がある。

此の時代の文明の分布に就いては特に著しく眼に着く現象がある。それは南部文明が北部文明に比して遙に長足の進步を遂げたと云ふことである。

之を實例に徵すればインドのハラツパやモヘンジヨダルーの發掘に依つて明かにされたドラヴイダ文明、中部トルキスタン、西部ペルシアの發掘に依つて我等の眼前に再現したナウ文明、スーサ文明、バビロン學の興隆に依つて益〻深みを加へつゝある、メソポタミア文明（シユメール文明、バビロニア文明、アツシリア文明に分つべし）、小アジア研究に基いて刻々闡明せらるゝヒツチツト文明、クリートに源を發するミノア文明、エジプト學に依つて益〻光輝を加へつゝあるエジプト文明がそれである。

是等の地方に於ては早く既に紀元前八九千年頃から金屬をも使用し、煉瓦の家を營み、麥を作り、油を醸し、やがて天文を案じて海陸縱橫に交通を開いて燦然たる文化の殿堂を築いた。然るにヨーロッパ人が、眞乎の新石器人であつて現代文明の創始者なりと誇負する、彼等の祖先アルパイン人やノルヂツクスは天山よりアルプス、ピレニーに亙る山脈の北部に在つて、纔に淺耕農業を爲すのみで、生業は殆ど狩獵と牧畜に依つて得て居つた。住居の如きも湖上に小屋を建てゝ野獸の襲擊に備へて居つた有樣である。

南方人――その人種はドラヴイダ、シユメール、セミツト、地中海、ヒツチツト各民族を主とする――はその宗敎性を隆翔しては神制政治を完成し、共同性を徹底しては或はメソポタミア、バルカンの都市國單位の聯邦を成し、或はエジプト、ヒツチツトの中央集權君主國の勢を高め、道德性を進めては家族主義、血統主義婚姻制度を確立し、法制の進步より國際法の完備にまでも至らしめ、經濟性の活躍は農工商凡ゆる產業を極度に進展せしめた。

漢人種、蒙古人種、日本人種等中亞より極東及米大陸懸けての東部南方人の文明に就いては探查の進まない今日、殆ど未知の狀態にあるが、而もシユメール文字と殷虛文字(龜甲獸骨文字とも云ふ)との類似、ドラヴイダ文化とシユメール文化の類似、更にまた蒙古人の一分派たるマヤ文明(アメリカインヂアンの退化せざる時代の文明)にエジプト風のピラミツドを仰ぎ、ミノア風の渦卷文樣を見出し、更にまた日本の上古に西部南方人の文化體容の一部を窺ひ、神話傳說にメソポタミア、エジプト、ギリシアの神話傳說と近似するものを感得するとき、我々は興味の津々たるものあるを覺ゆる。

紀元前千二百年頃になつてから、アルパイン人が南下し來り、南方人たる地中海人種や、セミツト人種に接して初めて文明人となることを得た。それまでは、彼等は殆ど農業を知らず、廣般なる金屬の利用を辨へず、百以上の數を數へることを得ず、美しき神話を持たず、小さな小屋に住み、手づくりの器を用ゐ、石製の道具を使ひ、主として馬肉や、牛乳や、木の實で生きて居る人間であつた。唯彼等の先驅が南方人と接觸して鍛冶を知り、家畜を馴らす事を覺えたが爲め、その居住地方の鑛石を利用して鐵器を作り、馬を馴して之を御することを覺えたことは、やがて彼等が南方人を壓して世界の王者となる原因となつたのである。

例へばギリシア半島に早くから定住して高度の文明を營んだ地中海人種の一部は夙にアルプスを越えてその北方にも蕃殖し、その地方のアルパイン人と融合してアケアン人種と成り、アケアン人は復びアルプスを越えて南下し、ミノア文明を滅し、爾後アルパイン人は更に屢〻侵入し來つた。所謂ドアリア侵入、イリリア侵入等の名稱を以て歴史家に依つて記述せらるゝものがそれである。是等の侵入者はやがて南部地方のミノア人の文明を攝取してギリシア文明を形作り、此の侵入に壓迫されてイタリア半島に逃れた南方人は此の地でも亦北方人の襲來を受けたが、その文明はやがてローマ文明となつた。唯その建設者として先住民の名は隱れラテン人の榮譽のみを擅にせしめた。

現代の文明の主流がギリシア・ローマの文明の延長であることは否み難い事實である。果して然らば北方人が南方人を征服し、而も南方人の文明を攝取して初めてその文明を築いたと云ふ事は今後の世界文明の動向に對して多くの示唆を與へるものと云はなければならぬ。從來の一般教材を記述する歴史書も――特に北方人編述の歴史書は――改めらるべき數々の事柄を含んで居ると考ふべきである。これは一槪に自己偏重的な議論であるとは云へないと思ふ。但し北方人と南方人の區別は何時生じたか。アナウ、スーサの文明を生んだ南方人も、結局氣候、地質變動その他の原因の爲めに四方に離散し、その北方に走つた者が北方人となつたと考へることも不可能ではない。之は要するに今後の研究の爲めに殘された興趣深き問題である。

南方人を征服し、その文明を攝取した北方人は亦人類本然の面目として、その宗教性、共同性、道德性、經濟性を益々進展せしめた。それはクリスト教の勃興、ローマの帝國主義の發揚、ローマ法、ゲルマン法の進步、ローマ、カルタゴの通商貿易の振起等を考へれば直ぐに肯かれることである。

此の人類の四性能の均衡の取れない時――それが人類自然の進展に基かず、人工的に墮する時――其處に人世の混亂を見る。キリスト教主義とローマ帝國主義の脫線的躍進は神聖ローマ帝國と云ふ畸形兒を生んだ。そしてそれは世界人類の進步を阻止した。是に氣附いて起つたのが卽ち文藝復興運動（ルネースサンス。譯語は甚だ妥當ならず。人生更生と解すべし）である。此の運動の結果は知識の自由探究と爲り、自然科學の隆昌を招來し、現代は尙その時代に屬する。然し此の運動が人生の根本の基調を破らんとするとき、人類の歷史の危機は胚胎される。所謂產業革命以來の歷史は吾人に啓示する樣々のものを有つやうである。

現人類の歷史あつて以來約一萬年、その間人生の根本性を諧調せしめたものは民族精神と人類愛とであつた。之を此の小論で論證することは餘りに無謀と云はなければなるまい。私は唯謙虛な心持で問題を提出するに止めて置かう。

それは兎に角として、現代の社會上の問題は正しく人生を觀じ、人生を認識する事に依つてこそ、解決せらるべきである。そしてその通觀と認識は先づ以て科學的に爲さるべく、科學的立場に立脚して哲學的思索を飛揚してのみ、我等が祖先の辛苦積立て來つた文明を一層高度に持ち來すであらう。此の意味に於て、「原始時代の文明」を觀、「搖籃時代の文明」を尋ね、「太古文明の隆昌」を究め、「現代文明の先驅」を闡明し、ギリシア以來の文明と現文明との牽連を明かにし「社會制度通觀」を爲してこそ、初めてそこに科學的な「純粹國家理論」を樹立することを得る筈である。

文極めて拙にして意に從はず、言頗る空疎にして而も不遜の謗あらうことを虞れるが、人類文明の徑路を探りつゝ所感を託した次第である。

我が國體

人が天性として宗教的、共同的、道德的、經濟的な性能を具へるものであることは人類初發以來の歷史を探究すれば直ぐに肯かれることである。宗敎性とは、人を超越し、而も人に最も近い存在を想ひ定め、自己及同類の現在及未來の慶福を念ずる心。共同性とは同類と一致共同して活きんとする心。道德性とは眞善美を愛する心。經濟性とは自己及同類の生存を維持改善せんとする心である。

人類は、太初以來民族生活を營み、民族の團結に依つて、此の四大根本性を圓滿具足せんとした。故に太初の各國及現在の自生的國家は、卽ち民族國家である。此の場合に於て民族と云ふ團體と國家とは同一體である。民族と云ふのは、客觀的に共通なる特殊文化を有し、主觀的に他と異別し得る心持の一致する人類の一團である。必ずしも體質的單位を爲す人種と一致せず、擴大もされ、分裂することもあり得る。國家とは人類が民族精神を中心として團結し、一團としての生存を自主的統制力を以て維持しつゝある人の、公的生活の單位たる社會である。法學者は國家と民族との無關係を說くが、現實の國家を觀れば、古往今來民族精神を中心としない國家は存せない。神聖ローマ帝國は唯一の畸形的異例である。

此の民族精神の普遍性は國家の普遍性に現はれ、その特異性はその國の風格を形造る。此の風格は卽ちその國の國體である。其處で少しく我が國體に就いて考察して見やう。

○

我が民族は、古來神ながらの道を信じ、我が神國たるを誇り、民族祖神を祭ることを重じ、神社を崇敬する。我が憲法第二十八條は信敎の自由を保障して居るが、それは決して無條件に保障するものではなく、安寧秩序を妨げず、且臣民たるの義務に背かざる限りに於てせらるゝものであつて民族、從て皇室の祖神を崇敬するは、正に日本國民たるの義務である。我が國に於ては、民族崇敬の的として神明を奉齋する神宮及神社は國の公のものであり、之に奉仕するものは國家の吏員であり、祭祀を統括せらるゝは天皇である。

國家皇室に關する大事に當つては、必ず神社及宮中三殿に御祭典が擧げらるゝ。例へば憲法及皇室典範の勅定に際しても先づ御祭典行はれ、

「皇朕レ仰テ皇祖皇宗及皇考ノ神祐ヲ禱リ、併セテ朕カ現在及將來ニ臣民ニ率先シ、此ノ憲章ヲ履行シテ愆ラサラムコトヲ誓フ、庶幾クハ神靈此レヲ鑑ミタマヘ」

と天皇御親ら神に誓はれたのである。

我が國は民族の祖神に依りて肇められ、之を統治せるは、最古より我が民族を統べたまへる祖神の正系であらせられ、國を成す民族は多く神代の神々又は皇胤の末である。是が我が國を古來神國と稱する所以である。

惟神道は、神靈を祀りて民族の慶福を禱るを本義とする。宮中の祭祀、神宮及各神社の祭祀皆然らざるはない。而して、此の祭祀が、現實にも、觀念上にも天皇御親らの御天職たる點に深き特質を藏する。民族の慶福を第一義とすることに於て、全人類の濟度を第一義とする他の宗教と異なり、又之と併行し得る基因を含む。他宗を信仰するを禁ずる事が、屢〻或る宗教の教義となつて居るが、此の如きは人類と民族と宗教との關係に就き必然的な事とは考へられない。少くも我が民族に就いては神祇の崇敬を捨てゝ他宗を奉ずることは許されないのである。

○

我が民族の共同性は皇位の無窮、君臣の分の確立、君民の一致に於て活現せらるゝ。

凡そ人類が團體を成して生存する以上、その中心を求め、中心を圍繞して和平を期し、向上發展を圖るは必然である。故に太古の文明諸國は、何れもその中心を民族神に求め、その君主をその權現と崇めたのであるが、近代の諸國も亦同樣であつて各國ともその王室の永續性を冀ひ、永續するを矜と爲した。現に英國民の如き今日のウインゾル家の家祖の、遠くエグベルト王に發するを誇示して居る。

我が國に於ては久遠の昔から君臣の分定まり、少しの曇なく平和に今日に亙つて居る。皇位の無窮と、之に因る日本の永遠の生命は、我等の祖先と、我等と、我等の子孫の絕對的な信念であらねばならない。そして此の信念を我等の祖先は、完全に實現し來つた。上皇室に於かせらるゝ、「皇位は公器にして、私のものに非ず」との御信念は、歷世深く根ざしたる所であり、下國民は皇位の神聖を仰いで皇統の連綿たらんことを禱つた。從て、皇位を繼ぐは相續なりと云ふが如き思想を生むの餘地なく、皇位繼承の爭なく、權勢に阿諛して位を臣下に託するが如き事態を釀さなかつた。

南北朝對立の如き、その正閏、史論自ら定まつて居るが、これも事の起は足利尊氏が後醍醐天皇に倖りて降を請ひ、更に天皇を幽閉し奉り、神器を光嚴天皇に傳へ給はんことを迫つたが爲め、天皇已むことを得ず、僞器を授けて、ひそかに吉野落されたのにその源を發するものであり、從て北朝側は正式に登位せられたりと思召されたるなるべく、兩朝の對立を以て相續の爭なりと觀ることを得ない。

是等の事は、支那に古くから革命是認の思想あり、西洋に君位の繼承は相續なりとする觀念あり、或は骨肉相食み、或は國を擧げて戰亂の巷と化せしめ、甚しきに至つては、一國の王が他國の王位に對して相續權を主張し、爲めに兩國民を永く戰禍に苦しましめしが如きに比ぶれば、我等は生を此の國に享けたることを心から感謝せずには居られないのである。

○

皇位は公器である。皇室は國家には必然存すべき統治權の總攬者を無窮に連らねて民族をして益〻光輝あらしむる所以の體制であつて國家と皇室とは一體不離の關係に立つ。故に我が國に於ては古來忠君と愛國とが一致し、國民は君を敬ひ、國を愛するの熱情が特に深い。之は我が民族精神の道德性に於ける一大特徴である。

又皇室に於かせられて國民を慈しませらるゝことは今更申す迄もなく、誠に國民の感銘することであつて、「義は君臣にして情は父子の猶し」とは實に歷聖の大御心、我等赤子の蒙る鴻恩は到底筆紙に盡し難いのである。而して天子の此の御情愛と共祖の信仰とは又惹いて崇祖と忠君愛國の一致を來さしむる。此の善美なる偕調は亦我が國體の精華と云はねばならぬ。

此の道德心はまた我が民族をして、常に益〻理想に向つて進むことを怠らしめず、一度國步艱難な場合に遭遇してもよく之を好轉せしむる勇邁な心を保持せしめ來つた。而も此の邁進に當つても、常に皇位を中心に、祖神を仰いで事が遂行されたことは、明治以來の重大な出來事だけを顧みても直に諒解し得るのである。

日本人の經濟性に就いて考ふるにその民族を本とする點に於て頗る特徵が存する。上は「民の富めるは朕の富めるなり」と仰せられたる大御心は御歷代の大御心である。「普天の下王土に非るは莫く、率土の濱王臣に非るは莫し」との語はもと詩經から藉り來つたものであるが、我が國に於ては古來臣子より君王に捧ぐる語となつた。

此の上下の精神は財物の公性を深く信ぜしむるに至り、如何に私財なりと雖も結局之を公共の爲め民族の爲めに費すにあらざればそれは一の惡であり罪であると云ふ觀念を養成した。我が國に於て家族制度が行はれ、今日でも民法の命ずるより遙に廣い範圍に於て親族知己の間に相互扶助、相互扶養の行はれるのも此の思想の一顯現に外ならない。

故に家業を勵みて家を富ますも結局、國を富ます爲めであるとの考が強い。斯の如き民族は他にさう多くはない。文を講じて產業を興し、他國の制度文物を輸入精練するも民族の爲め國家の爲めと心得る。武を鍊へて兵を強くするは元より祖國を護る爲めではあるが、之と共に民族の權益を擁護せんとするのである。唯我が民族は元來精神的にして物質的ならざるが故に、その經濟性に依る特徴が他の特徴ほど目立たないことは已むを得ない所である。

○

以上は我が國、我が民族の風格である。換言すれば我が國體である。人に人格個性あると同様に、國にも各國に普遍なる性質あると共に各國特異の風格がある。我が國のみが獨り國家ではない。我が國にも各國と共通の性質を存するが、又一面我が國の特長を有するのである。而も此の特長を點検する時、我が民族が人類自然の根本性に立脚し、悠久の昔に出でゝ永恆に榮えんことを努め來つたことを思ふとき我等は古に謝し、未來を望んで奮ひ立つ氣持で一杯にならざるを得ないのである。

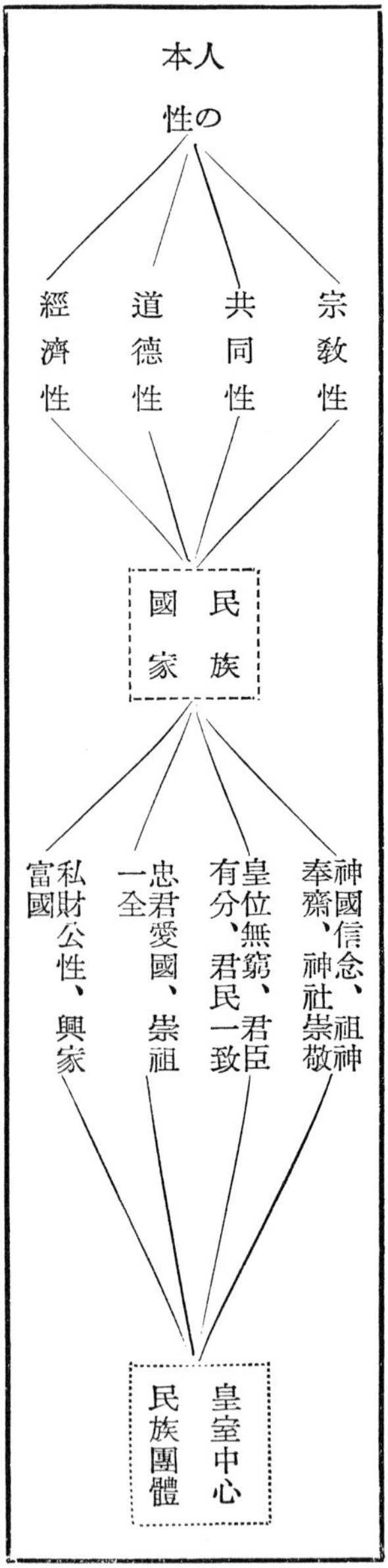

我が皇室と我が日本

○

皇室とは何ぞやと云ふ問題に就いては我が國の學者は、他の憲法上の論題に關しては極端な反對に立つ人々も略ど總て異口同音に皇室は一つの家であると說明する。然し自分は此の通說は必ずしも正確なものとは云ひ難い樣に思ふのである。蓋し皇室と云ふものは決して一個の「家」と同一視すべきものではないのである。家と云ふものは社會生活上に於ける私的生活の單位である。從て戶主及其の極めて近親に依て成立つ團體である。民法が家族を戶主の親族及其の配偶者に限り、親族を六親等內の血族、配偶者及三親等內の姻族に限定して居るのもその爲めである。然るに皇室の存在する所以は決して天皇及皇族の私的な御生活の爲めのみではない。國家になくてはならぬ所の統治權の總攬者を永續して以て國家皇室をして益〻光輝あらしむる所以の體制である。國家が皇室より上のものでもなければ、下のものでもない。國家と皇室とは一體不離の關係に立つ。之が忠君と愛國との一致する根本義である。自分は「皇室とは統治權の總攬者を中心とし、統治權の總攬者を一定不動の地位に置き且つ統治權の總攬者たることあるべき身位の方及其の御近親をして益〻光輝あらしむべき國家の組織を云ふ」と定義し度いと思ふ。

○

自生的國家に就いて云へば國家あれば必ず皇室が存在する。自生國と云ふのは或る民族が歴史上での事實に依ては證明出來ぬ程古くから國家を營んで居る場合の國家である。今日斯の如き國家は先づ我が日本より外にないと云へるのであるが、古代に於ては珍らしくない。例へばバビロニア、エジプト、ミノア、ヒツチツト等がそれである。バビロニア（今日では紀元前八〇〇〇年頃迄のことが發掘物に依て判明した）に於ては太初に於て各都市國をパテシと呼ぶ君主が代々統治して居つた。エジプトの民族（紀元前八〇〇〇年頃迄判る）は大體南北に分れ、所謂種族共同の生活（此の種族團體をギリシア人はノーモイと呼んだ、英語の nome である）を爲し各種族には長があり代々その種族を統治した。ミノア（紀元前一〇〇〇〇年頃の遺物が出た）でも國家主義に基き君主が祭政一致の政を布き、君主の下に百般の官僚が居つて諸政を司り、人は家よりも國を重んじ、國の宗教あれど家の祭祀なく、良く歴代の君主に奉仕した。ヒツチツト（紀元前三〇〇〇年頃からのことが判る）も亦歴世君主の治むる所であつて極端なる女系主義を採つて居つた。

民族國家（卽ち自生的國家）と皇室と離るべからざることは、史的事實に依り實證し得るのみならず、人類の本能からも之を演繹することが出來る。人類がその初發以來宗敎性を有するものなることは舊石器時代の人類すら宗敎畫を描いたことを以ても知らるゝ。宗敎性と云ふのは人類の上に神の存在するを認め、世間の事象が神の力に依るべきことを觀念する性情である。此の性情は卽ち民族の共同生活の上にも働き、民を治むるものは神でありその權現するものが卽ち君主であり、而して神の永久性は君主の永久性でなければならないこと卽ち君主はその一代だけのものでなくその系列が代々君主たるべきであることを認むる。從て國家と皇室とは離るべからざるものなりと考ふることは極めて當然であり、極めて自然である。道德性も亦人の根本的性能である。そして道德性の基礎的のものとしては「正しきこと」「善きこと」を求むる心と、人を愛する心とを指さねばならぬ。正善を欲することは團體各員間に爭の起つたときに殊更强い。彼等は神の裁きを求むる。卽ち君主の裁きは神の裁きとして承服することになる。又愛の感情は祖先崇拜を伴ふことが自然であり、祖先崇拜の念が益〻民族信念を强め、彌〻皇室と國家とを一體不離のものたらしむることはこれまた當然である。又人類が共同生存の本能を有することは云ふ迄もないが、共同生存は各人を貫いた一つの對象ある時に最も强い。故に此の本能は必然的に此の對象を求める。一民族が他民族に脅かさるゝときその結束は益〻固くなると共に、君主の地位が今更の樣に仰ぎ見られるのもその爲めである。人間の今一つの本能は經濟性卽ち個人の生存の保證と經濟生活の安定を求める心である。經濟生活の安定は人心の安定を要求するが故に統治者の心にむらのないことを望む。之はやがて皇室の不動安固なることを期する心となるのである。

以上は國家と皇室の一體不離なる所以を論述し、何れも國家を成す人類の根本的性能に深く根差して居ることを說明したのであるが、自分は此の觀點からして、尙今少し、我が皇室と我が日本との關係を眺め度いと思ふ。

○

我が日本は大和民族たるの信念に依て團結し、一團として生存し、その生存は自主的な統制力に依て保たれて居る。此の點に於て、詳言すれば(イ)人の團體であつて、(ロ)一民族一團としての生存を營み、(ハ)自主的統制力に依て活動しつゝあると云ふことに於て他の國家と異なる所なき普遍性を有して居る。

或る學者は、「民族は國家の普遍的要素ではない。何となれば民族の觀念は主として心理的關係に依て定まるものであり實際の現象としても民族は國家の要素を成して居らないからである」と說く。然し今日に於ては學問上民族と云ふものは決して單純なる主觀的の存在ではなく、客觀的に現存するものである。我が大和民族が共通な特色ある文化の要素を有し、共同な歷史を有し、民族として一體なりと信じ、その祖先を共同なりと信じ、少くも信ぜんことを欲して居る事實は苟も日本の存在を知る者にして之を否む者はあるまい。その點は他の民族に就いても同樣である。また論者が民族なる觀念は心理的なものだから科學的な概念構成の要素に加ふべきでないと云ふなら、國家が抑〻心理的關係に立つものであると云ふことを忘れたものである。更にまた論者は「一民族一國家と云ふことは實際の現象に合はない、事實は此の理想から距ること甚だ遠い有樣である」と稱して居るが世界の歷史から見れば決して左樣なことはなく、又現在の事實から云つても——世界大戰後は猶更——民族が國家の要素となつて居ることは疑ふべからざる事實である。

然しながら自分はまた、他の一派の學者が、「國家は民族の團體なり、民族とは祖先を同じうする人民の義なり、國家は共同祖先を有する家族の擴張なり、故に國家の統治權は國家の家長たる天皇の皇位に在り、統治の權力の體と用とは天皇の身位に在り、略して之を云へば天皇卽國家なり」と云ふが如き議論にも反對せざるを得ない。第一に民族は國民の祖先を同じうするものだと云ふことは立言の正確を缺いて居るのみならず、國民の一々に就き之を證明するのは困難なことは明かであり、第二に天皇卽國家なりと云ふことは、論者の愛國感情の奔るにまかせた言辭であつて恐らくは比喩的にのみ用ゐ得べきである。天皇のみにて國家が成立つべきでないことは明かな所である。

我が皇室は統治權の總攬者卽ち天皇を中心とし、皇位を一定不動の地位に置き且天皇及天皇たることあるべき身位の方々、その御配偶及子孫卽ち皇族をして益々光輝あらしむべき日本帝國の一組織である。(イ)君主を中心とすること、(ロ)君位の一定不動にして世襲なること、(ハ)天皇及皇族より成る所の(ニ)國家の組織である諸點に於て歷史上及現存の各國皇室又は王室と異なる所はない。此の點は卽ち我が皇室の普遍性である。

人に各個性があるが如く國家や皇室にも各個性がある。他の國、他の皇室とは異なつた特性がある。我が國の特性、我が皇室の特性は共に等しく、國家及皇室が人類の本性に基き一體不離であると云ふ本質を體現して居る點に存する。古往今來我が國及我が皇室程之を如實に示して居るところはない。此の事實は諸々《イロイロ》な相形《カタチ》を以て現はれつゝある。その主なるものに就き考察を拂ひながら我が國家と我が皇室との關係を闡明し度いと思ふ。

第一に、我が國は昔から神國と云はれる。之を現代の學問的言葉に書き現はすならば「我が國は民族の祖神に依て肇められ、之を統治する者はその祖神の正統なる末裔であり、國を成す臣民は多く祖神より出でたる子孫である」と云ふことになる。此の神國と云ふ語に就て我が國民の一部には何だか强ひて愛國心を唆る意味で何人かが造つたものの樣に考へる人もあるやうだが決してそんなことはない。現に日本最古の書である日本書紀神功皇后三韓征伐の條に「(新羅王)乃ち今醒めて(失神狀態より)曰く、吾れ聞く、東に神國あり日本と謂ひ、亦聖王ありて天皇と謂ふと。(眼前に日本の船師を望みて）必ず其國の神兵也、豈に兵を擧げて以て拒む可けんや、卽ち素旆《シラハタ》して自服し、素組《シロツナ》してみづから搏《トラ》はる云々」とある程である。

また國民の極めて一部には文明の進んだ今日神國であると云ふやうなことは學問上口にしない方が良しいと云つた様な議論がないでもない。然しこれも亦謂はれなきことである。

暫く古事記の中核を迹ねて我が肇國の由來を省みやう（「」の中は古事記原文）。

「天地初發《アメツチノハジメ》の時、高天原に成り（現はれ）ませる神の御名は天之御中主神《アメノミナカヌシノカミ》（一）。次に高御產巢日神《タカミムスビノカミ》（二）。次に神產巢日神《カミムスビノカミ》（三）。此の三柱の神は、竝獨神《ミナヒトリガミ》成り坐《マ》して身《ミ》を隱し給ふ。次に國稚《クニワカ》く浮脂《ウキアブラ》のごとくして、海月《クラゲ》如《ナ》す漂へる時に、葦牙《アシカビ》のごと（葦の芽の様にすくくと）、萌騰《モエアガ》る物に因りて、成りませる神の御名は、宇麻志阿斯訶備比古遲神《ウマシアシカビヒコヂノカミ》（四）。次に天之常立神《アメノトコタチノカミ》（五）。此の二柱の神も、獨神成りまして身を隱し給ふ。上件《カミノクダリ》（以上）五柱の神は、別天神《コトアマツカミ》（と申す）。次に成りませる神の御名は、國之常立神《クニノトコタチノカミ》（一）。次に豐雲野神《トヨクモヌノカミ》（二）。此の二柱の神も獨神成りまして身を隱し給ふ。次に成りませる神の御名は、宇比地邇神《ウヒヂニノカミ》。次に妹（御配偶）、須比智邇神《スヒヂニノカミ》（御一對を以て一代に算す。以下同じ）（三）。次に角杙神《ツヌグヒノカミ》、次に妹、活杙神《イクグヒノカミ》（四）。次に意富斗能地《オホトノヂノ》神《カミ》、次に妹、大斗乃辨神《オホトノベノカミ》（五）。次に淤母陀琉神《ヲモダルノカミ》、次に妹、阿夜訶志古泥神《アヤカシコネノカミ》（六）。次に伊邪那岐神《イザナギノカミ》、次に妹、伊邪那《イザナ》美神《ミノカミ》（七）。上件《カミノクダリ》、併せて神世七代《カミヨナナヨ》と稱《マヲ》す。」茲に於て天つ神は伊邪那岐命及伊邪那美命に、「此の漂へる國を、修理固《ツクリカタ》めなせ」と御命令になつたので命等《ミコトタチ》は天の浮橋に立ち、天つ神より賜はりたる天の沼矛《ヌボコ》を「指下《サシクダ》して畫《カ》き給へば、潮こをろこをろに、畫鳴《カキナラ》して、引上げ給ふ時に、其の矛《ホコ》の末《サキ》より重落《シタタ》る鹽、累積《ツモ》りて島と成りぬ。是れ淤能《オノ》碁呂嶋《コロシマ》なり。」此の島に二神天降りまし、玆に穗之狹別島《ホノサワケノシマ》（淡路）、二名島《フタナノシマ》（四國）、三子島《ミツコノシマ》（隱岐）、筑紫島《ツクシノシマ》（九州）、伊伎島《イキノシマ》（壹岐）、津島《ツシマ》（對島）、佐度島《サドノシマ》（佐渡）、大倭豐秋津島《オホヤマトトヨアキツシマ》を生み給ふ。「故《カレ》、此の八島ぞ、先づ生みませる國なるに因りて、大八島國といふ。」

國土の創成に成功せられた二柱の神は、更に物素の神々を生ませ給ひ、伊邪那美命は遂に火の神を生むに及び「遂に神避《カミサ》」りました。伊邪那岐命は神避りまし、御配偶伊邪那美命にお會ひになり度いと思召し黃泉國《ヨモツクニ》に追ひ行き給ひしが、伊邪那美命の異樣の形相を見られたので、再び國に歸られた。そこで「吾《ア》は穢き國に到りて在りけり。故吾《カレア》は大御身《オホミマ》の禊《ハラヒ》せな」と詔《ノ》り給ひて、竺紫《ツクシ》の日向の橘の小門《ヲド》の阿波岐原《アハギハラ》に出でまして、禊祓《ミソギハラヒ》を遊ばされ、清淨の身となられて、天照大御神、月讀命《ツクヨミノミコト》、建速須佐之男命《タケハヤスサノヲノミコト》の「三柱の貴子《ウヅノミコ》」得給ひ、天照大御神に向ひては「汝《ナガ》命《ミコト》は高天原を知らせ（統治せよ）」、月讀命には「汝命は夜の食國《オスクニ》を知らせ」、建速須佐之男命には「汝命は海原《ウナバラ》を知らせ」と御命じになつた。各ゝ御命令の儘に知ろしめす中に建速須佐之男命のみは「僕《ア》は妣《ハハ》の國、根之堅洲國《ネノカタスクニ》に罷《マカ》らむ」とて泣き叫び給ふ故に父命《チチミコト》大に怒りて神逐《カムヤラ》ひに逐《ヤラ》ひ給うたので「然らば天照大御神に請《マヲ》して罷《マカ》りなむ」とて高天原に舞《マ》ひ上《ノボ》られた。その物音に天照大御神は、「我《ア》が國を奪はむと欲《オモハ》すにこそ」と詔り給ひて武裝して之を迎へ、「何《ナ》故《ド》上り來ませる」と問ひ給へるに、建速須佐之男命はその邪心なきことを辨じ、その證《シルシ》として誓《ウケヒ》て「御子《ミコ》生《ウ》まむ」と申され、天照大御神の左の御美豆良《ミミヅラ》（御角髪）に纏はれた八尺勾瓊《ヤサカノマガタマ》を嚙みに嚙みて吹き出でられた霧の中より正勝吾勝《マサカアカツ》勝速日《カチハヤビ》天之忍穗耳命《アメノヲシホミミノミコト》を生み給ひ、その他大御神の御裝身具を同樣に嚙み伊吹きて併せて五柱の男子《ヒコミコ》を生げられた。

大御神は是等の男神は御自分の物に因りて成りませるが故に大御神の御子なり、と宣言された。爾後須佐之男命は身の御明《アカシ》の立ちたるに慢心遊ばされ、粗暴の行動もあつたが、大御神よく忍び許し給ふたが、神に捧ぐる御衣を織らしめ給へる忌服屋《イミハタヤ》に天の斑馬《ブチコマ》を逆剝《サカハギ》に剝ぎて墮入《オトシイ》るゝに及んで遂に天の岩屋戸《イハヤド》を閉《タ》てゝ隱れ坐《マ》した。然し八百萬《ヤホヨロヅノ》神々《カミガミ》の奇計に依り漸く大御神を再び引出し參らせ、爲に再び「高天原も葦原の中つ國も自《オノヅカ》ら照《テ》り明」るくなつた。

その後天照大御神は「豐葦原之《トヨアシハラノ》千秋長五《チアキノナガイ》百《ホ》秋之《アキノ》水穗國《ミヅホノクニ》は我《ア》が御子正勝《マサカ》吾《ア》勝勝速日天忍穗耳命《カツカチハヤビアメノヲシホミミノミコト》の知らさむ國」と言ひ給ひて命《ミコト》を天降《アモ》らせ給うた。然るに天が下は「甚《イタ》く喧騷《サヤ》ぎてあり」しかば再び高天原に還り、大御神に此の旨申し上げてその指圖を待たれた。大御神は天鳥船神《アメノトリフネノカミ》に建御雷神《タケミカヅチノカミ》を副へて遣はされ、此の二柱の神が種々の奇蹟を示すに及んで遂に大國主命一族の歸順を見た。玆に大御神は勝速日天忍穗耳命に再び天降らんことを命じ給うたが、命が「吾れ天降らむと裝束《ヨソホヒ》しつる間に御子生れましたるが故にその御子卽ち日子《ヒコ》番能《ホノ》邇邇藝命《ニニギノミコト》を降すべし」と白《マヲ》され、大御神亦之を容れ、八尺《ヤサカ》の勾瓊《マガタマ》、鏡及草薙劍を授け、「此《コレ》の鏡は專《モハ》ら我《ア》が御魂《ミタマ》として、吾《ア》が御前《ミマヘ》を拜《イツ》くが如《ゴト》、齋《イツ》き奉《マツ》り給へ」と詔《ミコトノリ》して天降《アモ》らせ給うた。

邇邇藝命は筑紫《ツクシ》の日向《ヒムカ》の高千穗の久士布流嶽《クシフルタケ》に天降り、笠沙《カササ》の御崎を通り給ひ「此地《ココ》は朝日の直刺《タダサ》す國、夕日の日《ヒ》照《デル》國なり。故《カレ》、此地ぞ甚吉地《イトヨキトコロ》」と宣《ノタマ》ひ宮殿を營まれ、此の地にて木花之《コノハナノ》佐久《サク》夜《ヤ》毘《ヒ》賣《メ》を娶《メト》り三柱の命を生げられた。その中の一柱なる天津《アマツ》日《ヒ》高日《ダカヒ》子《コ》穗穗出《ホホデ》見命《ミノミコト》は海神《ワタツカミ》の御女《ミムスメ》、豐玉毘《トヨタマヒ》賣命《メノミコト》を娶り天津《アマツ》日《ヒ》高日《ダカヒ》子《コ》波限建鵜《ナギサタケルウ》葺草《ガヤ》葺不合命《フキアエズノミコト》を擧げ給ふ。此の命玉依毘《タマヨリヒ》賣命《メノミコト》を娶り、五瀨命《イツセノミコト》以下の四柱の命《ミコト》を生《ア》げさせられた。

神倭伊波禮毘古命《カムヤマトイハレビコノミコト》、其の同母兄《イロセ》五瀬命と二柱、高千穂宮にて「何れの地に坐《マ》さばか、天の下の政をば平らけく、聞看《キコシメ》さむ、猶東の方にこそ行でませめ」とて日向を發して筑紫に出で、更に東征し五瀬命は遂に「荒《アラブ》る神等を言向《コトムケ》平和《ヤハ》し、伏《マツロ》はぬ人等《ヒトドモ》を退《ハラ》ひ撥《タヒラ》げ」給ひて、畝火《ウネビ》の白檮原《カシハラ》の宮に坐しまして天の下治《シロ》しめすこととなつた。是卽ち神武の建國である。

○

以上は古事記に現はれたる我が天地開闢より肇國建國に至る歴史である。そして之は決して一片の神話傳說に過ぎずと斷じ去ることを得ぬものである。その故を說くことも非常に大切であり、興味も深いことであるが、茲には簡單に一言するに止めて置かう。此の歴史の記述には勿論神話傳說の分子も多い。然しながら(一)古事記は語部《カタリベ》に依て語り傳へられた所を太安萬侶《オホノヤスマロ》の編輯したものであるが、此の制度は古代文明國にも頗る行はれたものである。(二)しかのみならず、前に引用した所でも明かなるが如く、その文體は恰もギリシアの古典や、舊約聖書の如く一種の詩的型體を爲し、極めて歴世口傳に便した形迹がある。(三)此の如き場合の古傳の神話傳說には史實を傳ふるもの頗る多きことは近來發達した泰西古代學の證明する所である。(四)純然たる神話傳說と認むべき部分に就いてもその構成が世界的神話の體を備へて居ることは比較神話學上確實であり、(五)且その思想が頗る高尙なる哲理を含む等の諸點より考へて、我等の祖先は普通に日本人が信ずるより遙に文明な民であつて、從て語り傳ふべき史實の數々を有したるべきことは疑ない。是等の理由から、我が國が前に述べたるが如き意味に於て神國なることは單に民族信念上よりのみならず、史上の事實であると云はねばならない。

此の議論を以て我々が西洋に行はるゝ主權神授說を奉ずるものと誤解してはならぬ。主權神授說に就いてはキリスト敎と其の弘通史、敎權と君權との發達關係を究めれば、それが決して我が日本は神國なり、我が天皇は現神《アキツカミ》なりと云ふ思想と關係なきことが判るであらう。ローマ文明が盛になりつゝあつた頃、セミツト宗敎の一派からキリスト敎が起つた。キリスト敎は絕對的な一神敎で、この一神の下に於て萬物の平等にして、萬人は相互に博く愛し合はねばならぬことを說いた。此の一神敎の絕對性はローマ人の大統一主義の情《ココロ》に叶ふと共に、貴族門閥から壓迫されつゝあつた平民はその自由平等及博愛の敎義を喜んで信奉した。コンスタンチヌス大帝の時（西曆三二五年）に至り、此の敎はローマの國敎となり、ローマの大僧正には英傑相次ぎ遂に法王として各方面各地方より仰がるゝに至つた。然るにカール大帝の卽位し西ローマ皇帝と稱するや、互に政敎兩權を統一せんとして鎬を削り、結局文藝復興、科學の發達に因る宗敎心の衰退等の結果君權の勝利に歸したが、而も此の長期間の競爭は敎會に拔くべからざる勢力を齎した。政敎爭鬪時代に於て敎權派は法王（又は敎會）は唯一の神の代表者なるが故に、神の御子たる人民を統治すべきはその當然の權利なりとせるに對し、君主側は君主の實力は神の攝理に依るものにして君主の主權は神の權力の權化なり、卽ち君主は神より主權を授けられたものであると主張した。

是が歐洲の主權神授說の起原及由來である。此の簡單な記述を以ても明かな如く、此の說は初めから便宜から出でたものであつて、事實と理論に卽して居ないものである。(一)彼等の所謂神は唯一絕對神で、人間を全く超越して居るのであるから人間の國土經營とは直接には關係がない。(二)彼等の神は民族の神でないから國家と直接密着の關連がない。(三)神が君主に主權を授與したと云ふ思想又は史實を容るゝ餘地がないのである。

○

第二に、我が國民は我が國が上に萬世一系の皇室を戴く事を誇とする。勿論或る國に王室がある以上、その王室は觀念上は永續性を有すべきものたるべきのみならず、事實上も各國共それを努めたのである。例へばイギリスの現王室の如き我が國に於ては普通ハンノヴアー家のジオージ一世から始まるが如く考へられて居るのであるが實は西暦八二七年初めてサクソン人及デーン人を統一したる始祖エグベルト王(Egbert)より血統を引き今日に及んで居るもので、イギリス人も亦王統の連綿たるを誇として居る。ハンノヴアー王朝以前のイギリス王朝には「サクソン及デーン」王朝、ノルマンヂー王朝、プランタジネツト王朝、ランカスター王朝、ヨーク王朝、チユードル王朝、スチユアルト王朝があつた。ノルマンヂー王朝の始祖ウイリアム一世が王位を嗣ぎたるは先王朝のエドワード(Edward the Confessor)の崩御後その后の兄ハロルド二世の後嗣たらんとするに對し、ノルマンヂーのウイリアムが王位繼承權を主張し暴力を以て之を倒し自ら王位に卽ける結果である。プランタジネツト王朝の初代ヘンリー二世の母は前王朝ヘンリー一世の女にして亦その祖母はエグベルトの系統である。ランカスター王朝の初代ヘンリー四世は先王朝エドワード三世の孫であり、ヨーク王朝の初代エドワード四世はプランタジネツト王朝エドワード三世四代の孫である。チユードル王朝の初代ヘンリー七世はランカスター王朝ヘンリー五世の妃が再婚後の孫にして同時にその母の祖はプランタジネット王朝のエドワード三世である。スチュアルト王朝の初代ジェームス一世はその母ヘンリー七世の女であり、ハンノヴアー王朝の始祖ジオージ一世はジエームス一世の孫エリザベスとハンノヴアー選擧侯の間に生れた者である。ハンノヴアー王朝の各王は此の故を以て歷代ハンノヴアー地方を領有して居たが、ウイリアム四世崩ずるに及びてその子なく、父ジオージ三世の女ヴイクトリアが王位に卽いたが、ハンノヴアーの國法は女子相續を認めないから、此の地方の王位はジオージ三世の第八子アーネスト・オーガストが之を嗣ぎ、イギリスとハンノヴアーとの關係は絕たれた。そこでヴイクトリア女王崩御後その子エドワード王位に登りてよりは、ハンノヴアーの稱を廢してサクス・コブルグ家と云うた。之蓋しヴイクトリア女王の夫がコブルグ・ゴータの皇子なりしに因んだものである。そしてエドワード七世の崩御し現王ジオージ五世が卽位せられたが、後歐洲大戰に際し此の家名をも廢してウインゾル家と稱して居る。之は家名に敵國の國名を冠するを厭うたに因るものである。

然らば何を以て我々は我が皇室の御系統の永きを萬邦無比なりと矜るのであるか。それには理由がある。まづ第一に有史以前より同一皇室を仰いで居る國は決して他に現存しないと云ふことである。現存しないが故に將來假令我が國と似た國家が生るゝとも、此の點に於て決して我が國に比肩し得べき筈がない。是等の點は今更らしく說明する迄もなからう。次に又我が皇統は神代の昔より少しの曇なく平和に今日に亙つて居ると云ふことも我等が我が皇室の萬世一系に强き誇を感ずる所以である。皇位は卽ち公器にして私のものに非ずとするの御信念は歷世深く根ざした御精神であり、君臣の分遠く天祖の神勅に依て定まり、我が國は之に依て永久の生命ありとは我等が祖先の從て又我々の絕對的信仰であり信念である。皇位は公器なりとの御信念は卽ち皇位を承くは相續なりとの思想を生むの餘地なからしめ、從て歷代殆ど繼承の爭などはなかつた。上代時として之に類するが如き事例がないではないが、之何れも權臣の作れる黨派の渦中に捲かれたる爲めか、或は皇位繼承の法未だ明著ならざりしに因つたもので、歐洲各國の君主が王位を嗣ぐを以て私の權利となし、或は骨肉相食み(例之英國の女王エリザベスが異母姉マリアを死刑せるが如し)、或は國を擧げて戰亂の巷と化せしめ(例之ヨーク對ランカスターの爭である薔薇戰爭は實に三十年の長きに亙つた)、甚しきに至ては、一國の王が他國の王位に對して相續權を主張し爲めに兩國民をして永く戰禍に苦しましめし(例之百年戰爭は英國王エドワード三世がフランス王フイリツプ六世に對し己が同四世直系なるが故に相續權ありと主張したのにその端を發した)が如きに比ぶれば、殆ど同日の談ではないのである。南北朝對立の如きもその正閏に就いては史論自ら定まつて居るが、之とても事の起は足利尊氏が自己に都合好き天皇を擁立せんとして後醍醐天皇に佯りて降を請ひ更に天皇を幽閉し奉り、神器を光嚴天皇へ傳へ給はんことを迫つたが爲め、天皇は僞器を授けてひそかに吉野落されたのにその源を發する。故に北朝側は正式に登位せられたりと思召されたるなるべく、兩朝對立を以て相續の爭なり、骨肉の鬪なりと見るのは當らないのである。

また外國に於ては臣民が王位を簒奪し或は之を轉覆するが如き例は屢〻であるが、我が國に於ては未だ嘗てその樣な事例はない。稱德天皇の時、僧道鏡がその寵を賴んで非望を懷いたが、而も天皇の公正なる更に和氣淸麿を宇佐に遣はして神敎を乞はしめられ、その結果は彼の有名なる「天つ日嗣には必ず皇儲を立てよ、無道の人は宜しく早《スミヤ》かに掃除すべし」との神託の奏上となり、茲に大統はその基礎益〻固きを加へたのであつた。彼の所謂幸德事件の如きは病者の兒戯に類するもの、虎門事件の如き亦深き根底なきものであり、勿論我々日本人の面上に汚泥を塗するの輩憎みても猶餘りありとは云へ未だ以て吾人が金甌無缺の國體の矜恃を奪ふに足らないのである。

○

第三に、我々は我が皇室が國民の道德の淵源であることを以て他國に勝ることを信ずる。之古より日の本は道の國なりと稱せらるゝ點である。此の考へも決して近頃になつて云ひ出されたものではない。德川初期に於て藤原惺窩が「千もと草」の中に「天照大神は（中略）天下の萬民をあはれみ給ふなり、神武天皇其のおきてを守りて道をおこなひ給ふによりて後白河法王まで幾千年といふ數をしらず、代々子孫に天下ゆづりてさかえ給ふなり」と云へるが如きはその一例である。然し一方には之と正反對の考へを持つ者もないではなかつた。太宰春台が「日本にては元來道といふ事無之候、近き頃神道を說く者いかめしく我國の道とて高妙なる樣に申候へ共皆後世に云ひ出したる虛談妄說にて候、日本に道といふことなき證據は仁義禮樂孝悌の字に和訓なく候」（辨道書）など云へるに對し、加茂眞淵は「或人此國の古に仁義禮智信てふことなければさる和語もなしとて最も賤しきことゝせるは未だし。天下に此五敎あること四時をなすが如し、春夏秋冬の名なきときは四時の氣候の變も無くなると考ふべきや」（國意考）と反駁して居る。

春台眞淵の論爭の是否は自《オノヅカ》ら明かであるが、自分は上代の思想を必ずしも一定の道德軌範の型に牽き附けないでも、神話傳說の中に流るゝ淡々たる思想に我々の道德性の基本に觸るゝものあるを覺ゆる。例へば伊邪那岐、伊邪那美の兩神の靈產の神話に夫婦の序を述べ、而も男女相愛の性を表はして居ることや、伊邪那岐命が黃泉國に伊邪那美命を訪はれ、後逃れ去らんとするを女神の逐はれると云ふ時でも、相互に「愛《ウツク》しき我が那勢（汝夫）」「愛しき我が那邇妹（汝妻）」と呼び交はされて居られる。また、天照大御神がその御子天忍穗耳命《アメノヲシホミミノミコト》を天降らしめんと爲給うた時、命がその御任務の遂行に就いては一々大神の御指圖を乞はれ、而も最後の天降に當て命が大神に「僕《ア》が子《ミコ》邇邇藝命《ニニギノミコト》を降すべし」と願はれゝば大神も直に之を御採用になつた。大國主命が歸順の時歸順勸誘の使臣天鳥船神及建御雷神《タケミカヅチノカミ》に對し「僕《ア》は、得白《エマヲ》さじ、我《ア》が子《ミコ》、八重《ヤエ》言代主神《コトシロヌシノカミ》、是れを申すべきを云々」と云はれた。斯の如きは實に人類道德性の一番深い男女の愛敬、血族の愛着の本性の最も高い表現である。我等の祖先が道德性の他の根本義である正善を尊んだことは我が神話傳說が如何に「清明《アカ》き心」を重んじたかを知れば直ぐ合點の行くことである。有史以後の事例に至つては殆ど枚擧に遑なき有樣である。

○

第四に、我々が我が皇室に國土國民私有の思想が曾て存せなかつたことを誇とする。また國民の經濟生活が斯の如くにして保障せらるゝと共に、我々の祖先たる國民が皇室の御安泰を念願として居つたことを、有難いことに思ふ。

現在の歐洲各國は所謂民族大異動の結果ゲルマン族の四方へ傳播するに依て生じた國家である。征服の一原因は經濟條件の改善にあることは勿論であるが故に征服國家の君主及その大將株の者達が被征服地及被征服民を自然私有物視するに至つたのも或る意味から云へば自然の數であつた。殊に機械文明の發達しない當時に於ける經濟上の重要條件は生産力の基礎たる土地と人とであつたのだから、領土及臣民が君主の私有に屬するものと看做され、君位の繼承は卽ち家主たる地位及その財産の相續であると考へられた。君位の繼承に就いて各國が當初殆ど憲法に根據を置かず、一に家法に則つて居ることもその現はれの一つである。

然るに我が國に於ては昔から統治と私有又は私的領有とは區別されて居つた。天照大御神は「豐葦原の中つ國は我が御子の知らさむ國」と言はれ、之に基いて大國主神に歸順を勸められた際に、その派遣使は「汝が宇志波祁流《ウシハケル》(領有の意)、葦原の中つ國は、(大御神が)、我が御子の知らさむ國、と言依《コトヨ》さし給へり、故《カレ》、汝《ナ》が心、奈何《イカ》にぞ」と申された。此の主義は神武建國の後と雖も承繼せられ、大化の改新に際しては、それまで皇族の私有地皇族の隷民とせられた所までをも一律に國の公土公民とするに至つたのである。

また歐洲各國では王室と國民との財産上の爭が絶えなかつた。例へば英國では王室所用金の決定は貴族の同族裁判權に依るものだと觀念せられ、從て王室が過當な王室御用金を徵するが如き場合に、貴族が之を廢して他の王を擁立するのは法律上から云うても正當なりとせらるゝ樣な狀況であつた。上下兩院制度の立つたのも同樣な事情からである。また現在に於ても王室費は歷代の王の卽位當時に議院が議決して定めるのであつて、例へば今のジョージ陛下の歲費は先王エドワード陛下のものより少額である。斯の如きことは古來我が國には無かつたばかりでなく、天皇の御仁慈に依り租税を中止せられた様な事が却て多いのである。また國民から皇室に對し奉る態度も同様であつた。如何なる權門でも皇室を尊崇し、その御財政をも豊にして差上げる様な態度でなければ決して覇を天下に唱へる様にはなり得なかつたことは、歴史上昭々乎たる事實である。

○

第五に、我が國は他國に比し、國家の現狀を必ずしも最善のものとせず、益〻理想に向つて追進すると共に、一度國步艱難な場合に遭遇してもよく是を好轉せしむる程勇邁な心を保持し來つた。

國家は民族を主とする一つの社會であるが故に、民族を中心としないでも、或る程度迄實現し得る事項を目的とする他の社會の發達は、亦同時に國家の結合を緩くし、時としてその解體にすら導かんとすることもあるのは當然である。例へば科學の研究の如きすら、「學問に國境なし」と云はれる如く、國家だけのこととして考へれば、國民の結合性を弱くせしむる様に見える場合もある。況や人間の根本性能たる宗敎性、共同性、道德性、經濟性の何れか一方面のみに着眼し、之を極度に發展せしめんとすることを目的とする社會の努力は、國家に對する一の反引力的作用を成すのである。ローマがキリスト敎を國敎とする迄に如何に艱難辛苦を甜めたか。現歐洲各國の君權と敎權の鬪爭が如何に甚しく、そして夫々の宗敎改革の辛慘の程度は如何。各國が如何に立憲運動の犧牲を拂つたか。露獨の社會主義革命の慘禍は如何。然るに之を我が國の歴史に對比せよ。欽明天皇の代佛敎渡來の時は蘇我物部の爭とはなつたが、聖德太子の憲法十八條は既に完全な日本主義佛敎となつて居るではないか。唐土との交通は儒敎の濫入とはなつたが、律令の制度は宜く之を消化し、足らざる所は慣行に依て適當な順應を完うしたではないか。キリスト教の輸入當時の困惑は今日既に過去の史話に過ぎないではないか。歐洲民權論の傳播は約三十年にして欽定憲法として現はれたではないか。我々はその間に處せる、我等の祖先の努力に對しては至大な感謝を捧げねばならない。

○

以上縷述したところは卽ち我が國の風格である。換言すれば我が國體である。或る法律學者が「國體とは統治權が何人に歸屬するやの體樣を云ふ」と爲すは、法律に捕はれた議論であると共に他の法律學者が「統治權の主體は如何なる國家に於ても團體卽ち國家に屬し、君主國たると、共和國たるとに依て異る所なし、兩者の區別は此の統治權を行ふ機關の相異に依るものなり、卽ち法學上國體と政體との區別は之を認むることを得ず、國體とは畢竟するに倫理的概念に外ならない」と說くのも誤つて居ると信ずる。何となれば國家が一團として生存して行く統制力は、國家が當初から自主的に有するところのものであるが、此の力が國家の意思として現はるゝのは統治者を通じて現はるゝのである。法はその現はれ方を規制して居る。此の意味に於て國體の概念は單に倫理的のみのものではない。また、統治權の主體と云ふことも國體概念の要素ではあるが、此の外に統治權を認識する國民の心理が此の概念に深い關聯を持つ。用語は穩當でないかも知れないが、統治權が國民の崇敬に依て行はれるか、信用に基く委任に依て行はれるかと云ふことも國體を區分する標準である。例へば英國でも、白耳義でも立派な君主國であるが、唯同じ君主國に於ても統治權に對する心持は微妙な點に於て、重大な特性を持つ。是が各君主國に特殊な國體ありと云はれる所以であつて、我が國の國體は君主國體にして、而も前に述べた諸點に於て、特殊性を帶びて居るのである。そしてそれは決して單なる道德的なものではなく、明かに法律的なものである。そのことは憲法、皇室典範及その告文上諭に炳乎として著明にされて居る。

御大禮の意義と皇國精神の發揚

はしがき

私は去る昭和三年に行はせられた御大禮に職務上參與するの光榮に浴した一人であるが、その際大禮の樣々な御儀に我が大日本皇國の大精神が意義深く横溢することを如實に體驗して、生を此の國土に享けたことを今更乍ら有難く感じたのであつた。次に簡單に御大禮の如何なるものであるかを述べ兼ねて之を通して我が國風を反省して見たいと思ふ。

御大禮の諸儀

第一　即位の禮

御大禮とは通例即位の禮と大嘗祭とを合せて呼ぶ名稱である。御大禮は、　天皇一世一度の大典であるから、特に宮中に大禮使を置かれ登極令といふ法規に從ひて最も崇嚴嚴肅に行はれる。

即位の禮は諒闇明け後、秋冬の間京都に於て行はせらる丶(登極令第十八條典範第十一條)。その期日は勅定の後宮内大臣及各國務大臣の連署を以て告示せられる(登極令第六條)。期日勅定のことは明文に表はれては居ないけれど、此の期日は神宮や宮中三殿、神武天皇山陵、前帝四代の山陵等にも奉告奉幣せらる丶程の重要事であるばかりでなく(同令第七條)、昔は陰陽寮《オンヤウリヤウ》の勘文に基き辨官、諸卿の議定の後勅裁せられた沿革から云うても大禮使の職員限りで定めらるべきものではない。上古に於ては、踐祚の式と即位の禮とは、わかれて居らなかつたのであるが、後外國との交通も盛になつた爲め踐祚とは別に威儀を張りて即位の禮を擧ぐる慣例が起つた。故に即位の禮は新帝その承けさせられたる神器を祀ると共に國民に其の登位を宣明されるのを本義とするのである。

即位の禮は京都に於て行はせらる丶が故に、その期日に先んじて　聖上は、神器を奉じて京都へ行幸あそばされる。之を京都行幸の儀と云ふ(同令第十一條)。京都に著御になると、賢所は京都皇宮内の春興殿に奉安せられ、祭典が行はれる(賢所春興殿に渡御の儀)。次に紫宸殿に即位を宣布せらる丶前に、先づ神器を奉祀あらせらる。之を即位禮當日賢所大前の儀と云ひ、春興殿に於て行はせらる丶のである。當日は束帶の典儀官は正門(南門)及掖門の、束帶の樂官は神樂舍の、大禮服正裝の文武高官、有爵者、外國交際官等は幄舍の本位に就く。此の時神樂歌奏樂裡に嚴に御開扉。掌典次長以下に依り種々の神饌が供へられ、訖《ヲハ》りて掌典長祝詞を奏上して本位に復す。天皇陛下には御束帶白帛の御袍の御姿にて式部長官、宮内大臣前行、側近奉仕者、皇族男子、内閣總理大臣、内大臣、大禮使長官等扈從、劍璽(侍從捧持)と共に出御、皇后宮には式部次長、皇后宮大夫前行、側近者、皇族女子、大禮使次官の扈從にて出御。内陣に著御の後、　天皇陛下神前に進ませられ御告文を奏せらるれば、內掌典御紐を取て御鈴を振り參らす。訖て　皇后宮御拜禮。尋いで皇族御拜禮　兩陛下入御遊ばさる。次に諸員拜禮、神樂歌奉奏裡に撤饌、閉扉の後諸員退下して儀を訖るのである。

卽位禮當日紫宸殿の儀は紫宸殿及その南庭で行はれる。庭上には東西相對し南北に列ねて日像纛旛、月像纛旛、頭八咫烏形大錦旛、靈鵄形大錦旛、之に續いて五彩の菊花章錦旛が左右各十旒、金銹黑竿に赤地錦の小旛を附けたる桙左右各十竿が立てられ、大錦旛の前面に赤地錦に嚴瓮《イツベ》及魚を繡り金泥にて萬歲と大書した萬歲旛が左右各一旒が樹てらるゝ。

時刻來れば各參列員は殿上及軒廊《コンラウ》の本位に就き、尋いで式部次長、式部長官、大禮使次官、大禮使長官、宮內大臣、內閣總理大臣、皇族男子等は高御座の前方西側の本位に就き、皇族女子は御帳臺の前方東側の本位に就く。此の時式部官警蹕を稱ふれば、諸員敬禮中に　聖上劍璽と共に出御、高御座の北階より之に登御、扈從の側近者壇下に侍立し、內大臣は壇上の帳外に候す。次で　皇后宮出御、同じく北階より御帳臺へ昇御、側近者壇下後面に侍す。明治以前の御儀には　皇后出御のことなし。

次に高御座の東西兩階より侍從が、御帳臺の東西兩階より女官が之に登り、左右より御帳を搴《カカ》ぐれば　天皇陛下には御笏を端《タダ》し給ひ、　皇后陛下には御檜扇を執らせ給ひて立御。諸員は鉦鼓の合圖に依りて最敬禮する。

現制に於ては神器奉上、神器奉齋は踐祚の式及卽位禮當日賢所大前の儀に編入せられ、炷香告天、再拜舞踏は唐風のものなるが故に排せられ、高御座登御の後の儀としては、勅語下賜(昔の宣命)、壽詞《ヨゴト》、萬歲奉唱が重儀とせられる。仍ち高御座、御帳臺の開かるゝや、殿上の內閣總理大臣は西階を降りて紫宸殿正面南階の下に立つと 天皇陛下には玉音朗らかに勅語を下し賜はる。昔は宣命使の奉讀した所である。宣命とは和文の勅語の意である。

勅語が終ると內閣總理大臣は靜々と南階を昇り南榮《ミナミノキ》の下に至り國民を代表して聖代を賀し奉る壽詞を奏上し、再び階を下り、萬歲旛の前に立ち北面して萬歲を三唱す。此時殿上、階下の參列員は勿論全國民一齊に萬歲を稱へて之に和する。尋いで 聖上入御。 皇后宮之に踵ぎ給ふ。次に一同退下して儀を訖る。

その翌日は賢所に祭典を行はせられ、終て曉へかけて南庭に燎を焚き祕曲を奏して神靈を慰め奉る。之を賢所御神樂の儀と云ふ。

第二 大嘗祭

天孫降臨に際し、天照大神は天兒屋命《アメノコヤネノミコト》、太玉命《フトタマノミコト》を供奉せしめられ、此の二柱の神に「吾が高天原に御す《メ》所の齋庭《ユニハ》の穗を以て、又吾が子に御させ奉るべし」と稻穗を授けられ、是に依て我が瑞穗國に五穀の豐穰を來せるに依り、歷代每秋の新穀を獻じ、天照大神を初め奉り、天神地祇八百萬の神々を御祭になる。その中新帝卽位當初の御祭を大嘗祭と云ひ、每年のものを新嘗祭と云ふ。中臣壽詞《ナカトミノヨゴト》に依ると、皇孫瓊々杵尊日向に都を奠めたまひたるとき、悠紀《ユキ》、主基《スキ》の國を卜定し、初めて物部人等、酒造兒《サカツコ》、酒波《サカナミ》、粉走《コハシリ》、灰燒《ハイヤキ》、薪採《キコリ》、相作《アヒツクリ》、稻實公《イナミノキミ》等の職を定め、齋庭の稻を採りて大嘗を行ひたまふたとあるから、その起源の古いことと思ふべきである。

即位禮が一度も缺かされなかつたのに、大嘗祭が中絶したことのあることから、是は彼より輕い儀式であると考へてはならない。その行はれなかつた事例のあるのは一は毎年の新嘗祭がある爲め、一は戰亂竝皇室式微等の事情から已むなく起つたもので、即位の禮と輕重の差のないことはその起源から考へても明かな所である。さればこそ明治天皇は兩儀を皇室典範に嚴然規定せられた。又昔は大嘗祭は必ずしも即位と引續いた譯ではなく彼是年所を隔てたこともあつたが、爾後は兩者同時期に行はせらるゝこととなつた。之は國帑の費を省かんとの聖旨に出でたものと拜察する。期日決定の告示等は即位の禮と同樣である。

大嘗祭は前述の如き起源と意義とを有し、また解し樣に依ては新帝が神より新穀を受けさせられ、神としての生命を御繼ぎになる樣な大切な祭祀であるから之が執行には徹頭徹尾神聖が保たれなければならない。

そこで祭祀の際供へらるゝ御飯、神酒の材料たる米の栽培地も入念に決定されなければならない。之を決定するには龜卜の法を用ゐ、儀式を以て之を卜ひ《ウラナ》、勅裁を經て決められるのである。卜ひは上古から太占《フトマニ》と稱して行はれること西洋諸國に肝卜の風あると同樣である。その儀式を齋田點定の儀と云ひ、登極令の附式に定められて居る。龜卜の方法は神祕に屬し我々の窺知し得ざるところ、又登極令の附式「齋田點定の儀」も神殿の裝飾、參列員の著床、開扉、供饌、祝詞奏上等のことを記し「次に齋田點定の儀あり」とのみ記して居る。然し書物等に依て傳へらるゝところに依ると海龜の甲の表を鏡の如く磨き、裏を削つて二分程の厚さのものとし、所々に筋で劃した町方《マチカタ》を描き之を波々迦の火で焙ぶると卜形《ウラカタ》即ち割目が表面に通るから之に依て事を卜定するのだと云ふことである。

齋田は悠紀地方、主基地方の二箇所に定むるのを古來の法とし、延喜以降悠紀が近江、主基が丹波備中交互と決まつた後と云へども齋田の地方は國郡卜定と云つて此の儀式を行ひ來つたのである。登極令は古意を酌んで悠紀地方は京都以東以南、主基地方は京都の以西以北とすることに定められて居る（第八條）。

悠紀、主基の地方が定まると宮內大臣はその縣の知事をして縣內に於て齋田を定めしめ、その所有者に新穀を栽培せしめる。稻が實つた時、勅使（拔穗使）を遣はされて齋田拔穗の儀を行ひ、收穫の後大禮使に供納する。供納米《クナフマイ》の一部は更に白酒黑酒に釀造される。

大嘗祭の前日には大嘗祭前一日鎭魂の儀を行はる。之は　神武天皇の元年に宇摩志眞治命が宮中で十種の瑞寶《ミヅタカラ》を祭りて　天皇　皇后の御魂を鎭め寶祚の長久を祈つたことに起源する行事であつて、種々の靈魂を體內に鎭め和平を保ち玉體の安泰を祈るのである。附式によれば「其の儀御衣振動及絲結の式を行ふ」とあり。神事の御模樣は白衣の內掌典鈴を附け日蔭蔓を纒きたる桙を執りて宇氣槽《ウケフネ》に昇り、掌典絲結の座に著く。鎭魂の神樂歌奏せらるゝ間に、掌典が玉緒を結び參らすこと十度、その一度每に宇氣槽の上なる內掌典は彼の桙もて槽を衝く事十衝き、訖りて掌典神前に進みて御衣筥を捧げて十度振動し奉る趣である（昭和大禮要錄參照）。

扨て當日の儀は申す迄もなく大嘗宮に於て行はれる。大嘗宮は上古は大極殿龍尾壇下に設けられたのであるが大極殿燒失後は紫宸殿南庭に作られた。登極令制定後は舊仙洞御所趾の林間に造營せられる例である。作りは全く太古を偲ぶ簡朴なもので、金物の如きは殆ど用ゐられず、皮付の木材黑木にて木組し家根は萱葺にして千木、堅魚木を立て、壁なくして疊を押縁《オシブチ》して蔀となし、緣は竹簀子である。

當日は悠紀殿主基殿に葦簾《ヰノミス》及布幌《ホロ》を懸け、南面神門及北面神門の外に神楯左右各一枚、神戟《カムボコ》左右各二竿を樹てる。時刻が來ると衞門は各神門の外側に、威儀の本位に就く者は南面神門內所定の地位に就く。此參役者の服裝は略卽位禮の時と同じく衣冠束帶であるが、只その上に小忌衣《ヲミノコロモ》と云うて、清淨を象徵するところの白衣を纒ひ冠に日蔭蔓《ヒカゲノカヅラ》と云ふ草をつける。何れも貴き神に奉仕するが故である。

掌典長は部下を率ゐて兩殿に神座を奉安し、繒服《ニギタヘ》（絹衣）麁服《アラタヘ》（麻衣）を八足案に載せて神座に置く。日暮れになると各殿には齋火《イミビ》（檜にて切りたる火）で燈籠を灯し神苑には此處彼處に庭燎《ニハカガリ》がたかれる。

定めの時刻になると　天皇陛下には廻立殿に渡御、此處にて小忌御湯を浴させられ祭服にお召替になる。卽ち白色無紋の生絹で仕立てた御齋衣を召させられ、御冠は纓を前面に曲げ、折疊んで無紋の白絹で結ばれ（御幘と申す）帶劍は遊ばされない。次で　皇后宮にも此の殿にて白色の御五衣に御着換遊ばさる。

一方參列諸員が悠紀殿南面神門外の幄舍の本位に就くと、膳屋《カシハノヤ》にて樂官が稻舂歌《イナツキウタ》を奏し出し女官が稻舂を行ひ、掌典指揮の下に掌典補が神饌を調理し、又悠紀殿南庭の帳殿には庭積《ニハツミ》の机代物《ツクエノシロモノ》が置かるゝ、庭積の机代物とは日本各地方より獻進せる神饌であつて　明治天皇の時より始まつた制である。古の獻芹の遺意に依つたものと察せらるゝ。尋いで掌典長悠紀本殿に參進祝詞を奏す。之より神饌御親供ある由を告げらるゝのであらう。

是より　聖上廻立殿より本殿に出御あらせらる。その御有様を拜するに、先頭には左右一人の侍從が脂燭《タイマツ》（しそくと讀む）を持ちて御道を照らし、式部長官、宮内大臣前行し、侍從二人が劍璽を捧持する後より　聖上、侍從の御翳《オンサシカケ》掛申し上ぐる御菅蓋――白木の長柄の上に靈鳥を附し、その靈鳥が御笠を嘴《クハ》ふ――を頂かれて進御遊ばさる。御通路には、布單《ヌノヒトヘ》と云ふ白布が布きつめてあるが、その上に進御に從ひて御前侍從が葉薦《ハゴモ》を敷き、候後の侍從が之を捲く。恰も雲上を現神《アキツカミ》の進まるゝにも譬へ奉るべきである、その御後には侍從長以下側近奉仕者に續いて、皇族男子を初め奉り大臣其の他最高の臣僚が供奉する。　皇后宮の御列之に續く。式部官二人が脂燭を執つて先頭に立ち、式部次長、皇后宮大夫前行し、女官御後に候し、皇族女子、大禮使次官が供奉する。　聖上の御列は本殿南階に御待受けする掌典長に迎へられ　陛下は其まゝ本殿に入御遊ばされ、扈從供奉の諸員は本殿の南庭に設へたる小忌幄舍《ヲミノアクシャ》に著床する。劍璽は本殿内の案上に奉安せらる。　皇后宮は之を御見送りの上、南殿の帳殿内に入らせられ扈從供奉員は殿外小忌幄舍に著床する。此の時大禮使高等官の率ゐる樂官と、悠紀地方の地方長官の率ゐる樂官とが南庭に參入し、前者先づ國栖《クズ》の古風《コフウ》を奏し、次で後者は悠紀地方の風俗歌を奏する。

國栖の古風と云ふのは　應神天皇が吉野宮に幸された時、國栖村の民が酒を奉り且謠を歌つたと云ふ故事に倣ひ、古くより、宮内の官人の率ゐる吉野國栖十二人と奈良の笛工《フエフキ》十二人とで樂を奏したことに則り、　後小松天皇の大嘗祭以來打ち絕えたるを復興されたものである。風俗歌の起源は明かでないが、齋田の地方（悠紀殿の儀なれば悠紀地方）の名所を詠み込んだ新作の歌を奏するのが古例となつて居る。

奏樂が畢ると　皇后宮、諸員、各其座に於て拜禮し、　皇后宮は出御の時と同樣な御列で廻立殿に還御遊ばされ、玆に　天皇陛下唯御一方に依り諸神請餐の儀が行はれるのである。先づ神に獻げらるべき神饌が御列を爲して進めらるゝ。卽ち膳屋にて調理された數々の神饌は所部の人々に捧げられて廻廊に立付けられる。之を神饌行立《シンセンギヤウリツ》と云ふ。行立が整ふと削木《ケヅリギ》を執れる掌典が神饌出御の警蹕をかけて掌典補の執る脂燭に照らさるゝ御道筋を御行列が進む。聖上には之を內陣の御座に迎へさせられ、先づ御手水の後陪膳女官の御介錯で神饌を親供遊ばさるゝ（其の樣式は神秘に屬し知るに難いが江家次第大嘗會假名記に依りて略その樣を窺ふことを得、關根正直博士「大禮講話」は之を譯して抄出す、就て見るべし）。次に　聖上御拜禮の上御告文を奏せらる。訖りて御直會とて　天皇陛下が御相伴遊ばされて神饌を食召《キコシメ》されて後、陪膳女官は神饌を撤し　聖上に御手水を供し奉ると、神饌は再び前同樣の行立を以て膳舍に退下し、續いて　天皇陛下も供奉員を從へさせられて廻立殿に還御遊ばさるゝ。次で參列員も退いて參集所に下る。之を以て悠紀殿供饌の儀訖り、暫くして翌日午前早々に主基殿供饌の儀が行はれる。その次第は悠紀殿に於けると同樣である。

大嘗祭當日は別に伊勢神宮、皇靈殿、神殿、官國幣社に勅使をして奉幣せしめられる（登極令第十二條）。

第三　大禮後の大饗

卽位の禮及大嘗祭訖りたるときは大饗を賜ふ（同令第十五條）。大饗は卽位禮及大嘗祭後大饗第一日の儀、同第二日の儀、同夜宴の儀及地方饗饌に分れる。

往昔は十一月の中の卯の日に大嘗祭を行ひ、翌辰の日に齋を解き、辰巳午の三日間に亙りて饗宴を催された。その第一日は悠紀節會《ユキノセチエ》と云て豐樂殿《ブラクデン》に悠紀帳、主基帳を設け、各帳に壇を設け、悠紀方屛風、主基方屛風を立て　天皇先づ悠紀帳に出御、中臣氏《ナカトミ》天神壽詞《アマツカミノヨゴト》を奏し忌部氏神璽の鏡劍を奉り（此の儀は淳和天皇以後絕えたり）、悠紀地方の獻物あり、畢りて臣下に酒饌を賜はり、悠紀の國司の率ゐる歌人が風俗舞を舞ひ、　陛下は國司の獻ずる挿花《カザシ》を御冠に挿し、臣下にも之を賜はつた。後更に主基帳にて稍略儀に同樣の儀が行はれた。第二日は主基節會でその儀は略第一日と同樣である。舞には悠紀の人の倭舞《ヤマトマヒ》、主基の者の田舞がある。此の第二日の儀は大嘗祭の一部となつてゐたが、第三日の豐明節會《トヨノアカリノセチエ》は　天皇が臣下と共に卽位禮大嘗祭の訖つたのを慶福せらるゝ御宴會である。此の日は悠紀帳主基帳は取り除かれ、南庭に舞臺を設らへ、吉野國栖《ヨシノクズ》が樂を奏し久米舞《クメマヒ》、吉志舞《キシマヒ》、悠紀主基兩地方の風俗舞、五節舞《ゴセチノマヒ》も奏せられる。

現今の制度は是等の由來を酌み、諸儀を折衷し且西洋の風をも加味して定められたものである。今その大要を述べて見やう。

大饗第一日の儀は豐樂殿に於て行はるゝことになつてゐるが、今日まだ豐樂殿の御造營がないから實際は大正度、昭和度共に京都に饗宴場を假設し之を豐樂殿代とされた。饗宴場の正中に御毯代《オタンダイ》を設け之を玉座とし、その東に同じく御毯代を作り皇后御座とし、各御座の前に御臺盤（卓子形御膳）を立つ。玉座の北面には千年松山水之圖を描いた軟障《ゼジヤウ》を張り、南面は悠紀主基獻物の展陳の場所に充て、南廂に續いて中坪に舞臺が設けられる。又場の東北隅に悠紀地方風俗の屛風、西北隅に主基地方風俗の屛風を置かる。

當日召されたる者が席に就くと式部官の警蹕と共に　天皇陛下には劍璽と共に側近奉仕者、皇族男子　皇后陛下には女官、皇族女子を從へさせられて出御遊ばされる。一同本位に就くや　天皇陛下には登極の典儀を訖り玆に宴を開くの欣情を陳べ、益〻外交を篤うせむことを希む旨の勅語を下し賜ふ。尋いで內閣總理大臣寶祚の無窮を祈りて之に奉對し、外國の首席使節は大典を祝福し國交の敦厚を願ひて之に奉答する。訖りて　兩陛下を初め奉り各員に白酒黑酒が酌がれる。此の時悠紀主基兩地方の獻物が式部長官に依りて御披露申上げられる。次に御膳及淸酒が出で、舞臺では久米舞が始められる。此の舞は神武東征の時、兄猾と云ふ賊の巨魁を討たせられたとき、天皇歌を詠み給ひ、道臣命《ミチノオミノミコト》に命じて大久米部をして之を歌はしめたまふと云ふ故事に基くものである。次に悠紀主基兩地方の風俗舞、大歌に合せて五節舞等が奏せらる。風俗舞は兩地方の風景に寄せて祝意を表はした歌に雅樂の舞及曲が附せられ、樂人に依りて奏せられるもの、大歌とは五節等に朝廷にて歌はるゝ歌の義である。五節舞とは古來大嘗祭新嘗祭に際し、解齋の後宴を設くるに當り公卿、國司等の童女をして舞はしむる目出度い舞であつて、天武天皇吉野宮に琴を彈じ給ふとき忽然として天女舞ひ降り、樂に合せて舞うたと云ふことに起源する。是を五節と云ふのは樂の調子に就き左傳に「遲速本末中の中節なるを五節と云ふ」とあるのを執つて名附けたものと謂はれる。次で侍從、女官より　兩陛下に挿花を供し奉り、諸員にも挿花を賜はる。斯くて再び式部官の稱ふる警蹕と共に兩陛下入御、續いて諸員も退下して儀を閉ぢる。

第二日の儀は西洋の晩餐に當るもので、召される範圍も狹いのを常とする。西洋風の裝飾を施したる宴席に、諸員著席の後　兩陛下出御、內外の諸臣と洋食を共にせらるゝのである。宴會中は絕えず洋樂が奏せらるゝ。

大饗夜宴の儀は大饗第二日の儀に引續き行はれる慣例である。召されたる者(第一日の儀より範圍廣し)著席するや　兩陛下の出御あり、續いて　兩陛下には衆司と共に萬歲樂、太平樂の舞樂を御覽ぜらる。萬歲樂は隋の煬帝が大樂令明達をして作らしむる所と傳ふる古樂曲であつて、聖壽萬歲を壽ぐ意味の雅樂であり、太平樂は鴻門の會飮の時、楚の項莊、漢の高祖の御前に劍舞し、之に事寄せて高祖を弑せんとしたが、項白危しと見て、自らも亦立ちて舞ひ、袖を飜して莊の劍を遮りて天子を救ふの狀を模したる舞なりと傳へらるゝ。之が我が國にも傳はつて聖壽の萬歲を賀するの意を以て　文德天皇以來舞はるゝところなりと云はれて居る。

舞樂が濟むと一同は宴席に就いて洋風の立食を拜戴す。此の間洋樂が奏せらるゝ。宴終れば　兩陛下入御遊ばされ、次で諸員退下して玆に大饗の儀を終るのである。

地方饗饌は大饗第一日の儀の一部とも見るべきものであつて、登極令の附式、卽位令及大嘗祭後大饗第一日の儀の末項に「當日文武官有爵者並夫人にして召されたる者には各其の所在地に於て饗饌を賜ふ」と規定せられて居る。是は　明治天皇御制定の登極令に於て創めて制せられたる式であつて大饗と云ふものは獨り宮廷の饗宴に止まらず擧國の官廳公衙等皆宜しく之に霑ふべきであると云ふ御趣旨に出でたものである。從て單に官吏のみならず町村長等も皆召され、之を通じて國民全部と共に　天皇が慶福を頒たれると云ふ重大な意味を含むものである。

斯くして御大禮の重な典儀を濟まされると　天皇陛下には御勞れを休めさせらるゝ御暇もなく、神宮、神武天皇山陵、前帝四代の山陵に行幸遊ばされ、親しく御祭典を行はされる。之を卽位禮及大嘗祭後神宮に親謁の儀、同神武天皇山陵竝前帝四代山陵に親謁の儀と云ふ。關西に於けるこれ等の儀が終ると、賢所と共に東京へ還幸あらせられ（東京に還幸の儀）賢所は溫明殿に還御遊ばされ、卽夜掌典長の司祭にて祭祀あり、引續き賢所御神樂の儀を擧げさせられて、神靈を御慰め申し上げ、また皇靈殿、神殿にも御親謁あらせられるのである。

皇國精神の發揚

以上は御大禮の大要であるが、吾人はその各儀の中に滲み出て居る皇國精神を摑むことを忘れてはならない。その中の重なるものだけを擧げても、祭政一如神人一全の理想、皇國の悠久性、君民和親、報本反始及追進化育の大精神がある。

第四　祭政一如神人一全の理想

我が國に於ては古來神を「マツル」ことは卽ち民を治むるの道である。故に政治を「マツリゴト」と云ふ。神人一全の境地は現代の哲學や宗敎から云つても人生の理想である。その理想をとかくの議論もせず、數千年に亙つて不言實行、一も渝ることなく續け來つたのは眞に奇蹟とも云ふべき事柄である。此の點から考へてさへ、我等は我等の　皇祖　皇宗に對し奉りては勿論のこと、我等の祖先にも感謝せねばならない。

西洋の學者や、その糟粕を甜ぶる我が國一部の學者の間には、動物進化論をば精神生活を爲す人間社會にも引寫し的に當て嵌めて、野蠻時代には祭祀宗教と政治とが一緒であつたが、世の中が進歩すると共に之が岐れて二つの別個な作用になる。卽ち兩者相分離することが文化發展の一特徴であると說く者がある。果して然りや、自分は未だその完全なる證明を聞いたことがない。

何處の野蠻人に祭政一致を實行して居る者があるか。成程現在の野蠻人の間には、日常の生活を宗教的迷信に依て行つて居る者はある。例へば「カンガルー」の子孫だと信じて居る一族は、「ペリカン」の子孫である所の種族とは結婚せぬとか、月蝕の夜には戰爭を始めぬとか云ふ類である。是等は所謂動物崇拜、或は天體恐怖の一體容であつて我々の――そして文明人たりし我々の祖先の――宗教的信念と關連あるものではない。故に假に野蠻人の政治の一部に類似の現象があつた所で、それは我々の考へて居る祭政一致と云ふものではないのである。

之に反して、古代の文明國の制度は殆ど皆祭政一致であつた。古代に於て燦然たる文明を有して居つたエジプト、バビロン、エーゲ海諸國等皆然りである。例をバビロンに取つて云へば、その國民は紀元前千五百年頃に於て旣に現代の國際法と略同樣の法規を守つて居た程進んで居たが、而もその國際平和條約の如きは神の名に於て行はれたのである。

泰西の學者が祭政分離を以て進歩なりと稱することは、彼等に取つては理由があることである。それは彼等の祖先の建國の歴史的事情である。現在の西洋諸國は人も知る如く、アリアン民族の勃興に依て出來たものであつて、此の民族は高々紀元前千年前後から段々四方へ擴がり出したものである。ところが當時彼等が中央アジアから西方へ移動して來た頃には、今のペルシア、小アジア、メソポタミア、エジプト、バルカン等には早く既に堂々たる文明國が儼存して居つた。唯是等の文明國は夙に文化の爛熟期を過ぎて文弱に流れて居つたが爲め、忽ち被征服者の地位に顚落し、慓悍なるアリアン民族に屈從するの已むを得ざるに立ち至つた。征服者たるアリアン民族は被征服者たる文明諸民族の人心を收める爲めに教權と政權とを分ち、教權を土著の文明人に委し、自らは實質的な政權を以て是等の民に臨んだのである。此の事實は何も私が偏狹な心持から云ふのではない、西洋の學者間に於ても、近時盛になりつゝある古代研究に指を染むる程の人は殆どすべて之を覺認するのである。有名なドイツの法律學者イエーリングの如きはその一例に過ぎない。

此の事情の外に彼の民族大移動の後――其の落著いた所が現在の歐洲各國である――卽ち中世以後の歐洲の政治史はキリスト教會の權力と諸國君主の權力の爭ひであると云ふことをも、西洋學者の祭政分離論を考察する上に於て、度外視することは出來ない。當時現實に儼存した教權と勃興し來りたる王權とを理論上調和し、正當化せんとする人心が、如何に彼等の學說に影響したかは、今更說く迄もないことであらう。

要するに自分は神人合一の理想、天國を地上に招來するの理想は、文明人共通のものであつて、此の理想が祭政一致の思想となり、制度となつて現はれると云ふことは、人間自然の事柄であると考へるのである。故に悠久の國、他から侵略されない國――私の所謂自生國――には必ず此の思想、此の制度が存在すべきである。そして我が日本こそ現在に於ける殆ど唯一の自生國なるが故に、現在に於ては我が國にのみ此の制度が最も顯著に行はれて居るのである。徒に政教分離を論じ、之に依て文明國民なりや否やを決する一標準となさんとするが如きは迂愚の沙汰であると云はねばならぬ。

是を皇國御卽位の大禮に見よ。大禮は新帝の登極を四民及海外に向ひて宣明せらるゝ所の國政上の一大儀式であると同時に祖神を祀らせらるゝ祭政上の一大聖儀である。

御大禮の中心は賢所大前の儀、紫宸殿の儀、大嘗祭及大禮後饗宴の儀である。賢所大前の儀は紫宸殿にて高御座に陞御あらせらるゝに先ち　天祖を奉齋あらせらるゝの儀、　聖上御親ら「高天原に事始めて遠天皇《トホスメロギ》の御世御世彌高に彌廣に傳へ給へる天津高御座の業」を承繼ぎて卽位禮（あまつ日嗣しろしめすゐやわざ）を行ふとして「大前を齋きまつる事を平けく安らけく聞召して、天津日嗣を萬千秋の長秋に大八洲豐葦原の瑞穗國を安國《ヤスクニ》と平けく知食《キコシメ》さしめ給へ」と禱祝《ノリホ》ぎ給ふのである（昭和大禮要錄參照）。次で行はせ給ふ紫宸殿の儀は、　新帝卽ち高御座に昇らせらるゝの御儀、古來「天津高御座の業」と稱へらるゝ如く、單に玉座に著かせられ、皇位を踐ませらるゝを具象せらるゝに止まらず、實に神人合一して現津御神の御位に昇らせらるゝのである。現津御神とならせ給へば玆に神人全く一如卽ち大嘗宮に現神御一方にて諸神を招請し參らせ相共に聖酒、聖飯を食召され、相共に寢御ましまし、神皇合一の義全く體現せらる。訖りて大饗あり、聖酒、聖飯を國民に頒ち給ひては民族の神性をすゝめ給ひ、饗宴を下して慶福を共にせさせ給ふ。卽ち知る、是等の御儀は神人同境の理想を體現せらるゝもの、言ひ換へれば地上に天國を作るの抱負を現はされるものであつて、之に依て我等は我が民族太古以來の思想が如何に雄大高遠であるかを眼前如實に仰ぎ見るのみならず、また身親ら我が國體、我が國民自身の神性を感得して心氣自ら正しうせしめらるゝのである。

第五　皇國の悠久性

私が自生國と呼びなす國家は、民族がおのづから生《な》した國のことである。換言すれば、史實に依ては、他民族を征服して人工的に一の國家を結成し來つたこと、また他から侵略されたことの證明されない所の悠久性のある國を謂ふのである。前にも述べた樣に、近時發達した古代硏究に依て見ると、古代には自生國が澤山あつたのであるが、現代文明國中に於ては我が日本に於てのみ之を見る。そこで私は少しく日本の悠久性と云ふことを考へて見たいと思ふ。

凡そ或る民族の古くより自ら一國を成して居たかどうかを鑑別するに、最も便利且有力な方法はその民族の使用する言語を驗することである。現在諸方に國を樹てゝ居る國民の言語は、歐洲各國のアリアン語を初めとし、ツングース人・滿洲人・蒙古人・朝鮮人等の用ゐるウラルアルタイ語、支那本土・チベット・アンナン・シャム・ビルマ等にて使はるゝ漢語、ウラル西部より西南アジアに亙つて用ゐらるゝウラルオーヂンアン語、アラビア人・ユダヤ人等のセミツト語等澤山の語系があるが、日本語のみはその系統が何であるか、現代各語系にその類例が先づないと云つてよい程孤存的のものである。假に我が國語のウラルアルタイ語なることが確實であるとしても、それは他の同一群の語系とは頗る異なつたものであつて、日本民族は尙一個獨立の語民族と見るべきものであると云ふことには、何人も異存はないであらう。此の事實は如何に我が民族の古いかを示すものである。

言語と同じく宗敎は人類の最も初めから有して居つたものであるから、宗敎心の發露である所の祭儀の如何と云ふことも亦民族の悠久性を驗する一の標準である。殊に祭儀の精神に普遍的なものの現はれが濃いかどうか、また祭儀の形式に固有な所があるかどうかと云ふことは、其の民族が悠久の昔に發し更にその存在を永久に世界に顯現するの本質を備ふるものなりや否やを判別せしむる象徵となる。宗敎の普遍的精神とは主として神、靈、天など目に見えざる存在に、謝し、禱り、祝ぐこと、祭儀の精神は之に精神の籠つた形を與へ、從て祭る者の身心を、正しく、善く、淸く保つことに存する。佛敎、キリスト敎、モハメツド敎の如く世界生衆を第一の對象とする大宗敎、イスラエル敎、ユダヤ敎、我が古神道の如く己の民族を第一の對象とする大宗敎の如き、總て此の精神を以て其の本體として居る。而も祭祀の形式に於て、佛敎の燈明、供物、讀經、燒香、灌奠、キリスト敎の蠟燭、聖書朗讀、讃美歌、燒香、塗油、モハメツド敎の犧牲、朗誦、潔身等に對し、我が古神道に、獻燈、神饌、幣帛、玉串の奉奠、禊等固有の形體がある。

是に關連して或る民族の神話傳說に普遍的なものが固有な高雅な形で表はれて居るかどうかと云ふこともまた、

その民族の悠久性を判斷する材料となる。我が國の神話傳說には創世神話、洪水神話、日神々話、靈鳥神話等世界文明國民及文明的な宗教を奉ずる民族のみが有する根本的な神話傳說が最も高雅に整つた固有的な形を以て今日迄傳はつて居る。それは一々例を引く迄もなく、古事記、日本書紀等に傳はる神話傳說と、舊約聖書、コーラン、佛教諸經典、ホーマー、バビロン諸記錄に依て傳へらるゝ神話傳說とを比較すれば直ぐ判ることである。

又悠久性ある民族の宗教上の儀式には必ず悠久の昔を回顧反省し、或は夫を現在に再現せんとする象徵が織込まるゝことが普通である。佛教の灌頂式、散華、キリスト教の洗禮、降誕祭、復活祭、我が國の神嘗祭、新嘗祭等を想起せば之また直に首肯かるゝ所である。

以上を御大禮の諸儀に照らして少しく述ぶれば、其の神事に於ける御告文、祝詞、神樂歌等は最も古き形の日本特有の言葉である。之に就いては今更說明する迄もあるまい（御告文、祝詞、神樂歌の內容に就いては「昭和大禮要錄」參照。本要錄は是等の事實を傳ふる點に於て從來になき特徵を有する貴重なる文獻である）。

今一例を最も古き起源を有し、最も古き形を保有する大嘗祭の御告文に求めると、御告文は古來勅作と云ふことになつて居るので正確なことは云へないが、伯家部類に「元文三作進ノ留　主上大嘗會降神御祝文」、卽ち御告文勅作の資料として神祇伯家より上りたるものが今日傳はつて居る。それは左の如きものである。

掛毛畏幾天神地祇八百萬神乃廣前爾神物乎備陪貯氏保企氏白佐久、是禮朕我奉留神衣乎羽槌雄乃織留文布、栩機姬乃所織留和衣能神衣登諸神達乃御心平介久聞食氏御魂縣能神物登受介幸比賜陪止言祝志氏奉留止申壽、八度拜志氏謹美愼美氏奉獻留靑筋乃文布乃荒妙乃神服白綸䌘帛乃和妙乃神衣乎諸神達憐須御心乎起志受介幸比氏、此乃文布繒帛乃淸淨久明潔爾因利御魂依託利賜比氏幽乎出氏顯明禮、朕我

敬祭於受介朝威隆盛仁志氐朝廷興起利、寶位爲レ動久皇胤連綿幾皇道榮陪、食國乃天下毛泰平爾守護幸比賜陪止恐美恐美毛申壽

次御拍手

右伯家御大祭御祈法ヨリ考出獻上

之を見ても略その言語の形體とその内容を拜察出來るのである。

次に祭儀の固有の形式に就いても大嘗祭に一例をとれば足りる。

先づ大嘗祭の行はるゝ前に御禊《ゴケイ》の儀、大祓の儀、鎭魂の儀、殿祭《オホトノホガヒ》、門祭《ミカドホガヒ》等が修せらるゝ。御禊は　天皇の御潔齋、大祓は皇族以下各參列員の潔齋、鎭魂の儀は　天皇、皇后、皇太后の御魂を振り鎭め奉る神事、殿祭は大嘗宮を鎭め奉る神事、門祭は大嘗宮神門を祭りて參入の咎過を淸め、安穩を祈る神事であり、何れも大嘗祭の淸く正しく明く行はれんことの準備行爲であり、何れも我が國古來よりの特別な祭儀である。

御禊、大祓の後は君臣更に愼しみに愼しみて大嘗祭を迎ふ。古より大忌《オホイミ》（粗齋アライ（ミとも云ふ））、小忌《ヲミ》（眞齋マイミ（とも云ふ））の別あり、此等の神事の後は小忌に屬するのである。

大嘗祭は夕の儀は悠紀殿、曉の儀は主基殿にて行はれるが、此の殿の名稱も雪（ユキ）、淸濯（スヽキ）と同一語源から出たもので共に淸淨の意である。　天皇は頓宮にて大忌御《オホミノオ》湯《ユ》、廻立殿にて小忌御湯を召させられ、御服裝は白の御齋衣である。奉仕者も總て潔齋し小忌衣《ヲミノコロモ》を著くる。是等も何れも如何に我が祭儀が、正、淸、明を尊ぶかと云ふことを表はすものであつて、整ひたる國の個性を深く藏するものである。

御齋服の　天皇は侍從が御菅蓋を御翳《サシ》掛け申上げ、御葉薦の上を進ませらる。葉薦は侍從に依りて進御に隨ひて、舒ぶれば隨ひて卷き、卷けば隨ひて舒べらる。雲に御して天つ國の齋の御庭の神の宮居に入らせ給ふもさながらなり。先づ外陣の御座に著御。次で神代ながらの神饌の御行列は「オーシー」の警蹕（之神に關する警蹕、人に關するは「ケーヒー」と發音さる）と共に進む。此の時　天皇唯御一方內陣に入御あらせらる。內陣には神の御座と　聖上の御座とあり、神座に繒服麁服が奉安せられてある。卽ち御座に著御、神に相對させられ、之より御親供、御告文、御直會を御親らし給ふのであり、森嚴の裡神皇全く合一、大御心、御大現身ともに神と合しさせ給ふのである。

我が國の世界的な、そして特徵ある神話傳說も、御大禮諸儀の隨所に之を見出し得る。

紫宸殿の儀に於て、その前庭に樹てられる日像纛旛、月像纛旛は日神、月神を象徵されたものであつて、民族神をそのまゝ表現したるものであるが、八咫烏錦旛その他には神話傳說を表はす文樣が据ゑられて居る。卽ち八咫烏錦旛は紅地五綵瑞雲文の錦の兩面上部に黑絹絲を以て八咫烏を刺繡してあるが、此の八咫烏は建津之身命が　天照大神の威靈に依りて鳥に化したるもの、　神武東征の時、皇軍を嚮導せりと傳へらる。白地五綵瑞雲文の錦の上部に靈鵄を繡せる靈鵄形錦旛の靈鵄は同じく　神武天皇東征の際、御弓弭に飛び來つて四方を照らしたりと稱せらる。萬歲旛の上には香魚五尾と浪と、嚴瓮《イツベ》とを繡つてあるが、之また　神武天皇東征の節、戰勝を神祇に祈り給ひて嚴瓮を丹生川に沈められしに、大小の魚醉ひて浮び出でしと云ふ故事に則られしものである。古へ大嘗、新嘗の節會に舞はれ、今大饗第一日の儀に舞はるゝ五節の舞は　天武天皇芳野の宮に琴を彈じ給ひたるとき、天女舞下りて樂に合せて舞へるに象れりと云はる。其の他大小の例を擧ぐれば澤山にある。

御大禮の諸儀が我が國悠久の古を偲び、之に省みて更に將來の隆運を望むの精神に就いては後段項を更めて說かうと思ふ。

第六　君民の和親

苟くも君主國體を有する國家に於ては、君民の和親合一がその理想の一であることは、云ふ迄もない事柄であつて、西洋各國でも昔から此に大に努むるのであつた。然し之をその戴冠式の模樣などに見ると、其處に我が即位の禮と頗る異なつた色彩を存し、我が即位の禮の中に色濃く含まるゝ君民和親の精神などとは較ぶべくもない。

抑も西洋の戴冠式はキリスト教傳播前のアリアン民族の風習とキリスト教の儀式との混合したものである。キリスト教時代以前に於ては、主權者が選擧に依て定まると、之を楯に載せて國民の中の重立つた者が、會衆の繞りを三遍舁ぎ步いた後、槍を捧げ、銀や布で作つた鉢卷を獻じて之を頭に着けたものである。キリスト教が傳來して以來の沿革は暫く措き、近代の戴冠式の概要を述ぶれば、王は宮殿よりその宮廷が所屬する寺院(例へばイギリスのウエストミンスター、フランスのノートルダム、スペインのテレド又はセントジエローム等）へ行き、大僧正の前に神を承認する旨を述べ、祭壇を自ら布を以て被ひて從順の意を示す。玆に僧正の說教あり、次で大僧正司祭の下に王が教會及國民に對して誓を立てる。之が終ると王の頭、手、胸、頸、肩等に油を塗り、王位に相當する服飾を著せる儀式がある。此の時王は夫々由緒ある冠を加へられるのである。著裝が濟むと王は僧正等に接吻して後、是等の僧正や貴族に扶けられて玉座に登つて儀式を訖へる。

之に依て明かなる如く、戴冠式の精神は、何處迄も王自身以外に存在する神と國民とに依て權力を與へられ、又之に對して誓を立てるのが本義である。現に歐洲歷代王の宣誓の言葉が記錄されて居るが、その多くは、「神祐、相續權、教會及び國民の同意と厚意とに依て立てる何々王は何々を誓ふ」と云ふ樣な意味のものが多いし、また法律的にも、此の式に依て初めて王權が授けられるものであると解釋されたものである。それからまた、儀式の間に、王の護衞兵に象どつた騎馬の武者が式場で「王に敵對する者は我に向へ」と呼びまはる挑戰的な式が挿まれたことなども一つの面白い意味を我等に示す。

我が國の卽位の禮が、悠久の昔に出でゝ永久に傳へらるべき神人合一、神人共祖、君臣和親の理想を宣揚する精神と是等戴冠式の精神とは實に雲泥の差があるものと云はねばならない。

是を我が國卽位の禮、紫宸殿の御儀に見よ。天皇は天津高御座の御業を行はせられ、之を四海に宣明せらるゝのである。その御勅語を拜しても、決して民を威壓さるゝのでなく、又民に誓を立てられるのでもなく、實に「集侍《ウコナハ》せる皇子尊王臣下百官人等天下公民《アメガシタノオホミタカラ》」に對し、寶祚を踐み神器を承けたるが故に、爾今神勅に則り、君民「父子の如き情」を以て此の皇國を彌榮えしめんと仰せ出さるゝのである。此の點　列聖の宣命、勅語が全く同じ御聖旨に出で、而も歷代其の時に應じ眞精神の橫溢して力强く蒼生を諭させらるゝの事實は唯々感佩恐懼の外はないのである。

今上陛下の勅語に曰はく

朕惟フニ我カ皇祖皇宗惟神ノ大道ニ遵ヒ天業ヲ經綸シ萬世不易ノ丕基ヲ肇メ一系無窮ノ永祚ヲ傳ヘ以テ朕カ躬ニ逮ヘリ朕祖宗ノ威靈ニ頼リ敬ミテ大統ヲ承ケ恭シク神器ヲ奉シ茲ニ卽位ノ禮ヲ行ヒ昭ニ爾有衆ニ誥ク

皇祖皇宗國ヲ建テ民ニ臨ムヤ國ヲ以テ家ト爲シ民ヲ視ルコト子ノ如シ列聖相承ケテ仁恕ノ化下ニ洽ク兆民相率ヰテ敬忠ノ俗上ニ奉シ上下感孚シ君民體ヲ一ニス是レ我カ國體ノ精華ニシテ當ニ天地ト竝ヒ存スヘキ所ナリ

皇祖考古今ニ鑒ミテ維新ノ鴻圖ヲ闢キ中外ニ徵シテ立憲ノ遠猷ヲ敷キ文ヲ經トシ武ヲ緯トシ以テ曠世ノ大業ヲ建ツ皇考先朝ノ宏謨ヲ紹繼シ中興ノ丕績ヲ恢弘シ以テ皇風ヲ宇內ニ宣フ朕寡薄ヲ以テ忝ク遺緖ヲ嗣キ祖宗ノ擁護ト億兆ノ翼戴トニ頼リ以テ天職ヲ治メ墜スコト無ク愆ツコト無カラムコトヲ庶幾フ

朕內ハ則チ敎化ヲ醇厚ニシ愈民心ノ和會ヲ致シ益國運ノ隆昌ヲ進メムコトヲ念ヒ外ハ則チ國交ヲ親善ニシ永ク世界ノ平和ヲ保チ普ク人類ノ福祉ヲ益サムコトヲ冀フ爾有衆其レ心ヲ協ヘ力ヲ戮セ私ヲ忘レ公ニ奉シ以テ朕カ志ヲ弼成シ朕ヲシテ祖宗作述ノ遺烈ヲ揚ケ以テ祖宗神靈ノ降鑒ニ對フルコトヲ得シメヨ

と。「上下感孚し君民體を一にす、是れ我が國體の精華」なりと宣はせられ、「民心の和會」「國運の隆昌」を望ませられ、進んで「世界の平和」と「人類の福祉」とを冀念せさせ給ふ。眞に神言の仁慈にして雄渾なる銘肝感佩の外はないではないか。さればまた此の勅語に對し奉り臣民の奉答する所亦素より自我的觀念の挾雜なく、上古より今に至るまで、壽詞《よごと》と稱して唯ひたすらに「君萬歲」を祝ふのみである。

また之を御大禮の神事に徵せ。大禮期日の奉告、卽位の禮、大嘗祭の當日は皇室の御祖神を祀らせらるゝのみならず、或は神殿に或は官國幣社に、實に我々國民の祖神をも祭り賜はるのである。のみならず、抑も亦大嘗祭には大嘗宮にて我が民族神たる天神地祇を天皇自ら祭らせらるゝ。

大嘗祭の神饌は如何。太田主こそ事の便がに定められ、その意は國民一同を代表するもの、諸民自ら手をおろさずとも心は共に齋田を耕すのである。人みな同じ思ひで天候を案じ、神を念ずれば、やがて實のり豊かな瑞穗の姿を見る。此の稻は供納米となつて白酒黑酒に釀され、神飯に炊がれて新帝の御手づから神前に供せられ、御躬らも食召し給ふ。それのみではない、帝國全領土各地方より獻ぜらるゝ米、粟その他諸々の地方特產物も或は神饌とし、或は庭積の机代物として供進せらるゝのである。

饗宴は如何。神に獻げられたると同樣な食饌を民と共にきこし召さるゝさへ有難きに、御場所等の關係上參列することを得ない者の爲めには地方で饗宴を賜はる。かくて津々浦々の民草、すべてその村の長達に依て代表せられ、國民餘すところなく御慶びを共にせしめらるゝ。大御心の宏大無邊、誠にはかり知れないのである。

是等の諸儀に加へて、高齡者に賜杯あるの外、養老賑恤の資として御內帑の資を割かれては、皇恩は、老人、孝子、節婦、貧者を霑され、恩赦の詔書渙發せられては惠風囹圄を隔つることなく、陸軍大觀兵式、海軍大觀艦式を行はせられては皇軍の士氣愈〻昂り、また　今上の御代よりは在鄕軍人、學生、靑年團員をも御親閱あらせられ、爲めに皇國日本一全の銳氣更に隆し。學生靑年團御親閱當日の如き、降雨强きを以て側近より御雨具を召させられんことを請ひ奉りしに、　陛下之を拒み給ひ、無蓋の壇上に凛然立御、分列式を以て行進する五千の團體、七萬五千の代表者を親しくみそなはさる。

君民和親の大道古より今日に亙つて、渝ることなく皇國を貫き、大和民族はひた向きに理想に向ふ。此の皇恩宏被の感謝怡樂は到底我が國民以外の者の體驗し能はぬ所である。神の榮光、君の恩澤は我等日本國民のみに與へらるゝことを感ぜらるゝではないか。

第七　報本反始と追進化育

御大禮の諸儀に報本反始の御精神が罩めらるゝことは人みなの說く所で殆ど詳しい說明を要せないが、唯茲には、更に研究すれば、隨ひて意味の深遠さを感得するものであることを一言したい。

現制の卽位禮は、賢所大前の儀と紫宸殿の儀とから成るが、之は　明治天皇の登極令御制定前は古來一儀として行はせられた。その淵源は實に神代に存するものであつて　天祖天照大神が皇孫瓊々杵尊を天津高御座に坐せ天津《アマツ》璽《シルシ》の鏡劍を捧げ持ち賜ひて有名な神勅を下され且「吾は則ち天津神籬及天津磐境を起し建てゝ我が孫のために齋はれむ」と宣はせられたのに由り、　神武天皇都を橿原に奠め給ふや、天富命天津璽《アマツシルシ》の鏡劍を正殿に奉安し、玉を懸け、幣物を陳ねて殿祭の祝詞を奏し、宮門を祭り、然る後物部は矛盾《ホコタテ》を立て、宮門を開き天位の尊きを觀しめ給うた。故に上古に於ては今日の賢所大前の儀、紫宸殿の儀、大嘗祭が一體となつて居たものであつて、之は　崇神天皇鏡劍の御分身を造らしめ給ひ、原器は之を國の御神體と遊ばされ、宮中には御分身たる鏡劍と原器たる御璽《タマ》を奉安せらるゝやうになつてからも踐祚に當りて中臣《ナカトミ》が天神壽詞《アマツカミノヨゴト》を奏し、忌部が神璽の鏡劍を上るの例となつて、爾來世々此の先蹤を踏ませられたのであるが、　聖武天皇の頃より唐その他との國際交通が盛になり、即位の禮にも威儀を張るの必要を生じたる爲め、古來の御儀を、即位の禮と大嘗祭の二に分たれるやうになつた。故に此の以後に於ては神器承有の事を祭典儀式を以て闡明にすると云ふ點は稍薄れたとも考へられる。之は一方神器の神格化の觀念が年と共に深く、一方唐制の影響に依て服裝の制度は益〻嚴格となつたが爲めであると考へらるゝ。　明治天皇の法制を整へしめらるゝや、「天皇崩するときは皇嗣即ち踐祚し祖宗の神器を承く」（典範第十條）ることを明文に著し、先帝登遐あらせらるれば、御哀しみの裡にも劍璽渡御の儀を行はせられ、掌典長をして賢所（神鏡）を祀らしめらるゝこととせられた（登極令第一條及同附式）。然し賢所の御祭典は諒闇中なれば御親祭を行はれ難いから諒闇明けて愈〻即位の禮を行ふに就いては、從前の即位禮に一大改正を加へられ、即位禮の儀を二に別ち、先づ賢所の儀を行ひ次で紫宸殿の儀（即ち高御座昇御の儀）を行ふべきを定められた。其の御主旨は新帝が踐祚と共に御承けになつた賢所を更めて　天皇御親ら祭らせられ、神人合一の實を完うされた上天津高御座の御業もて現津神として神國の理想を御宣示になると云ふ上古以來の即位の禮の本質を益〻明かにされたものと拜察せらるゝ。

大嘗祭は　皇天二祖の神勅に「吾が孫のために齋はれむ」と宣ひ、又天孫降臨に際し　天照大神が天兒屋命、太玉命を供奉せしめられ、此の二柱の神に「吾が高天原に御《メ》す所の齋庭《ユニハ》の穗を以て又吾が子に御させ奉るべし」と稻穗を授けられしに淵源する。則ち神の生命の永遠の確保を、新帝の登極に當りて新にすると共に、神の生命の萬代を謝し萬代を祈り、國の隆興を禱り給ふ本旨である。其の本旨の表現は神勅のまにまに齋田の新穀を獻じ、神を齋ひ天裔も食し召さるゝのである。中古より踐祚即位の禮と大嘗祭と分れたのも、その神性を益〻強く保持せられんことを思はせられたるも一原由であらうと考へられる。事實當時からして其の一層整備せられたことは延喜式、貞觀儀式等からも之を窺ひ知ることが出來る。神事は永く神代の純性が續けられて居る。今日に於ても貞觀儀式の記述通り、黑木（鉋を用ゐざる素材）にて造り、青草を以て葺き、黑葛を以て結び、蓆を以て承塵《ナゲシ》（天井のこと）とし、壁とせらるゝは一に神代さながらの幽遠さを保つ。

大嘗第一日の儀は天皇の新に承けられたる神の生命を國民にも亦之を傳へ賜はるものと解せらる。古へは十一月中の卯の日に行はれ翌辰の日に悠紀節會、翌々巳の日に主基節會が行はれ、壽詞奏上、鏡劍奉上の儀も此の節會の中に次第された（此の儀は淳和天皇以後絕ゆ）位であつて、大嘗祭の一部とも見られ、大嘗と共に大嘗會とも稱せられたのである。

御大禮の眼目たる此の三儀だけを見ても其處に如何に報本反始の精神が反映され、而も次第や方法も凝滯せず、時世と共に順應推移して、而も日本本來の神性を益〻向上せしめ來つたかが判然感得さるゝのである。

玆に考へて見なければならないことは、我が上代文化はどう云ふものであつたかと云ふことである。多くの人はそれは非常に原始的なものであつて、佛敎傳來や支那及朝鮮との交通が開けてから初めて文物が起つたと說くやうである。果して然りや。我が國の如く雨量の多い土地では、遺物が完全に保存されないから、發掘物のみに依て下す斷案は頗る危險なるのみならず、發掘探見の發達しない我が國に就いては篤と他の材料からも考へて見ねばならぬ。或る人は、或る神が敵を避けんとして逃げ出された時に家を倒したと云ふ様な些末な記事を元にして議論をするけれども、神話傳說の如きは深く硏究し、夫が果してその土地固有の傳說であるか、他民族の傳說が混入しては居らないか、その傳說を一貫する精神はどんなものであるか等綜合包括的な立場からせねば、之を基礎として正當な結論に至ることは出來ない筈である。

自分は固より斯の如き難問題に答ふる資格はないが、ほんの素人の考へからしても、我が國の神話傳說の世界的なること、而して歷史上文明人のみの有する傳說を我が民族固有の形を保ちて、祖先より語り傳へられて居ること、之に依て窺はれる宗敎思想が三神一致說に迄も達して居ること、語部に依て語り傳へられたる文章法の雄大なること、古事記等に現はるゝ日常生活——例へば宮殿、服飾等——の發達して見ゆること、初期人皇の山陵の構造の莊麗なること、通說の如く早く外來文明を消化したりしとせば、その基礎文明の發達が之に應ずるに充分でなければならなかつた筈であること等から考へて、通說を直に首肯することは出來ないのである。

御大禮の諸儀に就いて之を見るも、大嘗宮の構造は簡朴なりとは云へ、審美的には嘆稱に價するものがあるではないか。その儀式の作法が深遠にして而も形式も進んで居るではないか。例へば神饌行立の儀を見よ。脂燭のほのかに照す御廊下に削木《ケヅリギ》（之は西洋の神杖に當るものなるべし）を執る掌典に續きて海老鰭盥槽《エビノハタフネ》（水を受くる器）、多志良加《タシラカ》（御手水用の土器の水差）の掌典、御刀子筥《カタナバコ》（小刀楊子等を納むる葛製の筥）の陪膳女官《ハイゼンノニヨクワン》、御巾子筥《タナゴヒバコ》を執る後取女官《シンドリノニヨクワン》、神食薦《スゴモ》（神の食單）、御食薦（聖上の食單）、御箸筥、御枚手筥《ヒラデ》（神饌用の槲の葉にて編める御皿）、御飯筥（蒸したる米と粟との御飯を槲の葉にて筥形に造れるものに盛りしを納むる筥）、鮮物筥《ナマモノバコ》（調理したる鯛、烏賊、鮑、鮭を窪手に盛りたるを納む）、干物筥《カラモノバコ》（干鯛、堅魚、蒸鮑、干鰺を調理して窪手に盛りて納む）、御菓子筥《クダモノ》（干柿、搗栗、生栗、干棗を窪手に盛りて納む）の女官、蚫汁漬《アハビノシルツケ》（鮑の御煮物を土の鑵坏に盛り葉にて包み土の高坏に戴す）、海藻汁漬《メノシルツケ》（和布の御煮物盛方前に同じ）、空盞（次の御羹物を盛る空の鑵坏）、御羹物八足机（御羹物は鮑のと海松のものとなり、土塙に納む）、御酒八足机（白酒黒酒を盛りたる平居瓶を戴す）、御粥八足机（御粥は米と粟となり、御粥と云ふも煮たる御飯なり）、御直會八足机（御直會の時に用ゐさせらるゝ白酒黒酒を戴す）の掌典、掌典補等整然として立併び、削木の掌典の「オーシー」と稱ふる警蹕と共に御列は進み、本宮に至る。内陣には　陛下在まし、陪膳、後取の兩女官のみ内陣に入り、先づ御手水を進め參らせ、次で御親供あらせらるゝのである。その形の整備せること、食饌内容の完きこと、作法の正しきこと、之を如何なる國の食饌作法に比しても少しの遜色なきのみならず、却てその勝れたるものを多く見るではないか。

基本文明を正當に理解しなければ、報本反始と云ふことの意義も不明確になるであらう。是等の諸點に就いて自分は本邦學者の自由且精密而も偏する所なき研究を待つものである。

固有文明の尊重と云ふことと保守退嬰と云ふこととを混じてはならない。我々の祖先は此の點に於ても充分の用意があつた。例へば隋唐の法制が入つてからは、朝廷の儀式にも大に之を取り入れられたことは明かであるが、その後奈良平安朝時代に於て唐文明を消化し盡し、渾然たる新日本文明の生るゝや、更に之を調節按配して儀式が定められ（内裏式、貞觀儀式等）、神事（禮儀《ライギ》）には純日本風、朝儀には唐制を加へたものを用ゐらるゝこととなつた。卽ちその以前の男子禮服の玉冠、大袖、綬、玉佩、天皇御禮服の袞冕、十二章、牙笏の如き唐風のものは朝賀（御大禮なれば今の紫宸殿の儀に當る）にのみ用ゐられ、神事には帛（白絹）の御袍、節會には黃櫨染の御袍を用ゐらるゝこととされた。登極令の定めらるゝや、唐風は殆ど全廢せられて、日本風の衣冠束帶を通則とせられたのみならず、配役者以外の參列者は洋服にて臨ましめらるゝこととなつた。鹵簿は、賢所を乘せ參らする御羽車の外は六頭立、四頭立、二頭立等の御馬車となつた。而も御料の御馬車の屋根には昔ながらの鳳凰が翼を張りて輝くのである。參列員には有司百官の外、議員、私立學校長、功勞者等在官者以外の者をも加へられた。のみならず、明治以前には曾てない外國の使臣すら招かるゝこととなつた。饗宴の方法も往昔の節會、萬機旬の大意を失ふことなくして西洋の風をも加へられ、食饌や音樂にも大きな開進的な變更が施された。

是等は寧ろ形の末端であるが、卽位禮を賢所大前の儀と紫宸殿の儀に分たれ、地方饗饌を新設されたる等本質的に深味を加へられた點が頗る多いことは、全く我が報本反始の精神の眞骨頂を垂示されたものと拜察され、感激の特に深きものあるを覺ゆる。

結　び

過去に悠久性を誇示し得る民族は、將來に於て悠久性を保つの能力を有す。過去に永くその本性を維持したるものが、常に本を忘れずして益〻その根を培ひ、日と共に進み、世と共に遷るならば、その生命も亦悠久であるべきである。我等にして過去の悠久性を培ひ來りし我等の祖先の眞精神を滅却せず、しかも日に新たならんとして精進を續くる限り、我等の大日本皇國は神勅の豫言せられたるが如く、天壤と共に無窮であらねばならぬ。

神勅の雄大さが單に美辭宏言であるべきでなく、千古の眞理を道破せられたるものであることを、此の一文に依て聊かでも示すことを得たならば、筆者は誠に倖福と考へる。

■岩波オンデマンドブックス■

皇室制度講話

1934年 1月15日 第1刷発行
1994年 9月8日 第3刷発行
2024年 12月10日 オンデマンド版発行

著 者 酒巻芳男《さかまきよしお》

発行者 坂本政謙

発行所 株式会社 岩波書店
〒101-8002 東京都千代田区一ツ橋 2-5-5
電話案内 03-5210-4000
https://www.iwanami.co.jp/

印刷／製本・法令印刷

ISBN 978-4-00-731512-1 Printed in Japan